Patty Lyons'

WUNDERTÜTE DER STRICKTRICKS

Über 70 Geheimtipps für entspanntes Stricken

stiebner

Worte der Weisheit

—

KNITTING is the saving of life

Virginia Woolf

VORWORT

Wie (und wieso) dieses Buch nutzen

Das hier ist kein Buch, um Stricken zu lernen. Hier gibt es keine Anleitungen für grundlegende Techniken, wie Maschenanschlag oder Zunahmen, und das in einer sinnvollen Reihenfolge, sodass man vom Lehrling zum Meister wird. In diesem Buch gehe ich davon aus, dass Sie diese Grundlagen des Strickens beherrschen. (Und nur für den Fall, dass Sie eine Auffrischung brauchen, finden sich einige der anspruchsvolleren Techniken am Ende in einem Anleitungskapitel.)

Anstelle eines »Wie«-Buchs habe ich ein »Warum«-Buch geschrieben. Also kein »Warum stricken wir«-Buch, sondern ein »Warum stricken wir, wie wir stricken«-Buch. Wenn wir einmal das WARUM verstanden haben, kriegen wir auch das WIE besser hin!

Seit über zehn Jahren reise ich durchs Land und unterrichte Stricktricks und predige meine Überzeugung, immer auf das Warum zu achten – nicht auf das Wie. Immer wieder wurde ich gebeten, all meine Tricks in ein Buch zu packen. (Ich werde es versuchen, aber wahrscheinlich sind bis zur Veröffentlichung schon wieder neue dazugekommen.)

Ich empfehle, das Buch beim ersten Mal von vorn nach hinten durchzulesen. Manches baut aufeinander auf, und auf diese Weise holen Sie aus jedem Trick das meiste raus. Ich hoffe, dass Sie es dann in Ihrer Stricktasche lassen und herausnehmen, wenn Sie eine kleine Auffrischung brauchen. Oder Sie blättern in einem ruhigen Moment zu den Kapiteln, die Sie ansprechen. Egal, wie Sie es nutzen, ich hoffe, dieses Buch hilft Ihnen, besser zu stricken.

Worte der Weisheit

FRAGE DICH WARUM UND STRICKE BESSER!

EINLEITUNG

Ein Warum-nicht-Strickbuch

Ich habe mir das Stricken selbst beigebracht. Genauer gesagt, habe ich mir das Stricken selbst beigebracht, dabei alles falsch gemacht und kann jetzt davon erzählen. Als ich das für meine Einleitung aufgeschrieben habe, merkte ich, dass es etwas theatralisch klingt, aber ich denke, es hilft zu erklären, wie dieses Buch und alles darin entstanden ist.

Als ich mit dem Stricken angefangen habe, wusste ich oft nicht, wie man etwas »richtig« macht. Manchmal habe ich keine Antwort gefunden und mir etwas ausgedacht. Wenn ich dann später die »richtige« Methode gelernt habe, fand ich meine Lösung oft besser. Und manchmal habe ich festgestellt, dass schon andere auf dieselbe Idee gekommen waren wie ich. Für mich bietet das Stricken unzählige Möglichkeiten, etwas besser (oder einfacher!) umzusetzen, deswegen habe ich praktisch, solang ich stricke, Tricks »entfunden«.

Entfindungen

Das Wort »**UN**vention«, also Entfindung, hat Elizabeth Zimmermann für das geprägt, was man beim Stricken herausfindet. Dieses Buch enthält einige meiner Lieblingstricks und viele meiner Entfindungen, die mir niemand beigebracht hat und die ich in keinem Buch gelesen habe. Ich bin mit meinen Nadeln ganz allein darauf gekommen. Dabei passt erfinden nicht, weil es weltweit Millionen Stricker:innen gibt, die das ebenfalls tun, daher Entfindung, eine Mischung aus entdecken und erfinden. Andere entfinden an anderen Orten und zu anderen Zeiten ähnliche Lösungen für Strickprobleme. Und manchmal beruht die Entfindung des einen auf der eines anderen. Das liebe ich so am Stricken: Es ist eine lebendige, sich ständig weiterentwickelnde Handarbeit.

Durch manche Tricks sieht das Endergebnis besser aus, aber viele vereinfachen bloß die Umsetzung. Ich glaube ernsthaft, dass Faulheit die wahre Mutter von Erfindungen ist.

Auf keinen Fall glaube ich, dass die Tricks in diesem Buch die einzige Möglichkeit darstellen, etwas zu machen, oder auch nur die beste (falls es die überhaupt gibt). Es ist einfach nur meine Art. Meine Hoffnung, liebe Leser:innen, ist, dass Sie, neben ein oder zwei »Aha-Momenten«, vor allem Ihren eigenen Weg finden, etwas besser zu machen, und zwar durch die Frage »Warum nicht?«. So gesehen, ist es nicht bloß ein Warum-Buch, sondern eher ein Warum-nicht-Buch.

Vielleicht fragen Sie sich jetzt, wie ich, die sich das Stricken selbst beigebracht hat, es jetzt anderen beibringe. Kurz gesagt, indem ich absolut alles vergeigt habe, niemanden kannte, der strickte und mir helfen konnte (es gab damals noch keine Strickblogs oder YouTube Tutorials), und für alles selbst eine Lösung finden musste. Dabei habe ich drei absolute Wahrheiten entdeckt, die mein Stricken für immer verändert haben:

1. Jeder Strickfehler ist eigentlich eine anspruchsvolle Technik, die Sie in dem Moment gar nicht einsetzen wollten.
2. Beim Stricken gibt es ein Schweigekomplott.
3. Es liegt nicht an Ihnen – es liegt an den Maschen.

ABSOLUTE WAHRHEIT NR.1:

Jeder Strickfehler ist eigentlich eine anspruchsvolle Technik, die Sie in dem Moment gar nicht einsetzen wollten.

Als Strickanfängerin dachte ich, ich mache viel zu viele Fehler. Jetzt verstehe ich, dass all diese Fehler bloß bedeuteten, dass ich schon VIEL weiter war. Beim Rippenstricken den Faden nicht in Position gebracht, schwupps ein Umschlag – Ha! Ich stricke Spitze! Mitten in der Reihe die Strickrichtung geändert – wer hätte gedacht, dass ich verkürzte Reihen beherrsche? Ich habe nicht die Masche verfehlt und versehentlich in die Reihe darunter gestochen – ich habe Patent gestrickt.

Wahrscheinlich machen Sie das auch. Nur die Ruhe. Bevor Sie die Fehler aufziehen, schauen Sie sie genau an. Überlegen Sie, warum Sie das getan haben und ob es so besser ist oder vielleicht irgendwo sonst beim Stricken genutzt werden kann. Mit Ihren Fehlern erfinden Sie vielleicht das Rad neu.

ABSOLUTE WAHRHEIT NR. 2:

Beim Stricken gibt es ein Schweigekomplott.

Mit das Schwierigste für mich als Anfängerin war, mich an das Schweigekomplott zu gewöhnen, auf das ich traf. Stricker:innen tun so, als würden bestimmte Dinge einfach funktionieren oder wären leicht, aber manchmal stimmt BEIDES nicht. Irgendwann glaubt man dann, dass alle anderen die letzte verkürzte Reihe ohne diese kleine Lücke beenden können oder abketten, ohne diese komische Schlaufe am Ende oder eine winzige Maschenprobe mit Knötchenrand hinkriegen, die tatsächlich die wahre Maschenprobe zeigt, ohne dass man wie eine Voodoopriesterin die

Nadeln hineinstechen will. Sie tun einfach so, als wäre alles wunderbar: »Hier gibt's nichts zu sehen, gehen Sie weiter.«
Während die Wahrheit eigentlich ist ...

ABSOLUTE WAHRHEIT NR. 3:

Es liegt nicht an Ihnen – es liegt an den Maschen.

Stimmt. In 99 Prozent der Fälle ist es nicht Ihre Schuld, sondern die der Maschen. Oft ist irgendwas an der Maschenanatomie die Ursache des Problems, aber das hat Ihnen nie jemand gesagt (s. Schweigekomplott). In der Anleitung heißt es, locker abketten, aber sie verrät nicht, dass das schwieriger ist, als es klingt, oder warum das einfach schiefgehen muss. Stattdessen versuchen Sie, locker abzuketten, schaffen es nicht und machen sich dann Vorwürfe, nicht gut genug zu sein. Und genau an dieser Stelle beginnt dieses Buch. Wir gehen Stricktechniken auf den Grund, zerstören ein paar Mythen und fragen nicht nur nach dem Warum, sondern auch »Warum nicht?«.

Also, schnappen Sie sich Nadeln und Wolle, gießen Sie sich Ihr Lieblingsgetränk ein und auf geht's zum spielerischen Stricken!

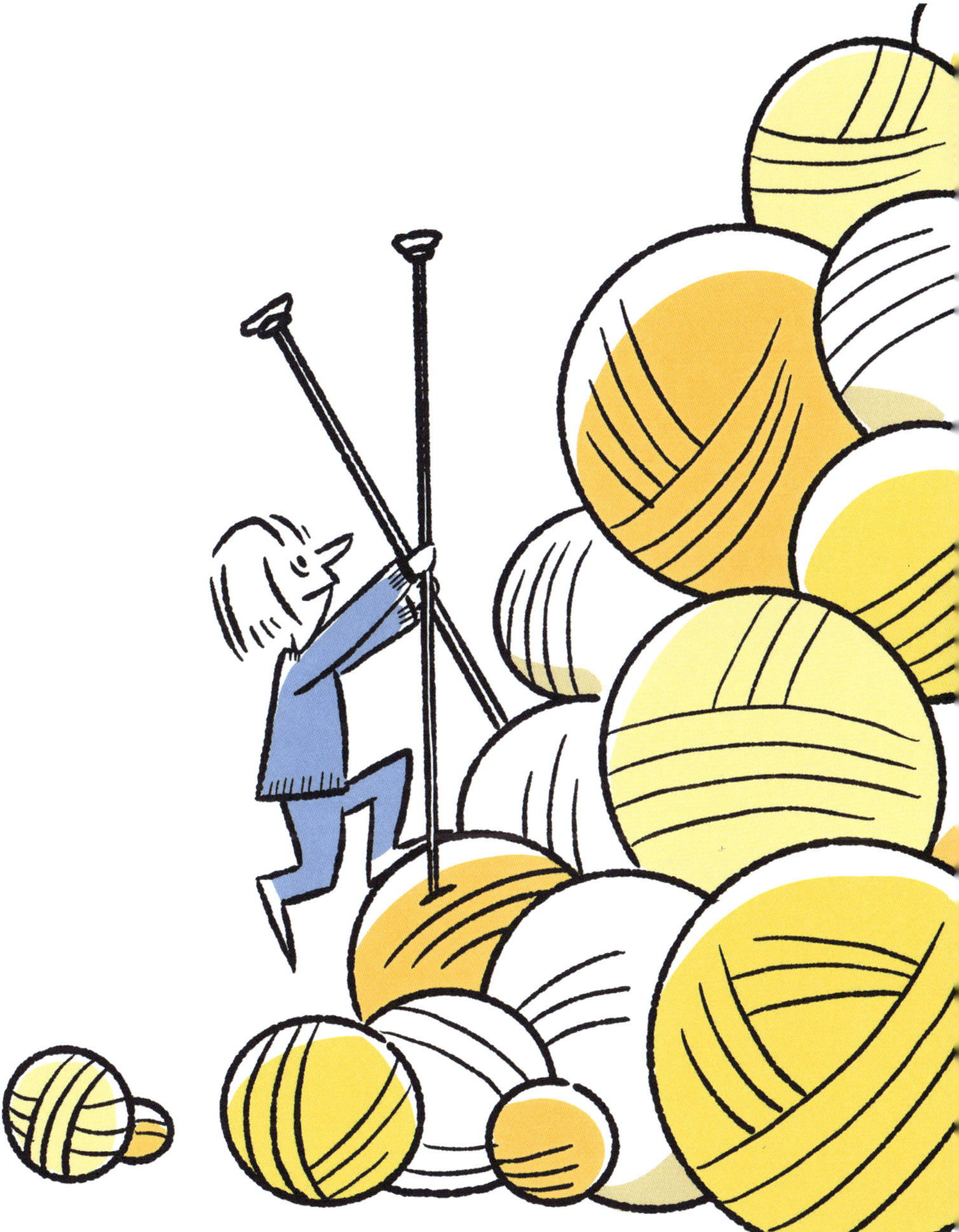

Worte der Weisheit

—

MAKE YOUR **STITCHES** BE YOUR

(REIMT SICH AUF STITCHES)

Bevor wir beginnen: Was Ihre Mutter Ihnen nie erzählt hat

Bevor es mit der Trickparade losgeht, ist es sinnvoll, ein paar grundlegende Dinge zu besprechen. Wir können erst dann etwas ändern, wenn wir wissen, wie es aufgebaut ist.

Rechts und links und der ganze Kram

Beginnen wir ganz am Anfang. Nein, ich meine nicht den Anschlag. Ich rede über die Ursuppe des Strickens: Was ist eine rechte Masche und was eine linke.

Im Grunde ist eine rechte Masche eine Schlaufe, die durch eine Schlaufe gezogen wurde. Eine linke Masche ist eine Schlaufe, die durch eine Schlaufe gedrückt wurde. Und wie Rabbi Hillel meinte »Alles andere ist nur die Erläuterung.« (Googeln Sie's, es ist eine gute Geschichte.) Wenn Sie diese absolute Wahrheit einmal verinnerlicht haben, dann sehen Sie Ihr Stricken mit ganz neuen Augen, und es wird viel leichter, komplexe Techniken zu erlernen.

Ich wünschte wirklich, jemand hätte es mir ganz am Anfang so erklärt. Meine Oma hat mir rechte und linke Maschen beigebracht, aber ich habe lange nicht gestrickt und bin erst mit über 20 darauf zurückgekommen. Dann hat eine Freundin es mir beigebracht, und zwar mit der »So-Methode«. Sie wissen schon. »So stichst du die Nadel hier ein, so nimmst du den Faden auf und so ziehst du ihn durch.«

Das Problem bei der »So-Methode« ist, dass ich keine Ahnung hatte, was genau ich da eigentlich tat. Ich habe nicht erkannt, dass die Nadel bloß ein Mittel ist, um von hinten oder von vorn eine Schlaufe durch eine andere zu ziehen oder zu drücken. Man kann sie sich wie eine Hand vorstellen, die durchgreift und den Faden holt – Ha! genauso funktioniert Armstricken! Mir war auch nicht klar, dass der einzige Unterschied zwischen linker und rechter Masche das ist, was mit dem Kopf der Masche darunter passiert. Schauen wir mal genauer hin.

Maschenanatomie: Die nackte Wahrheit

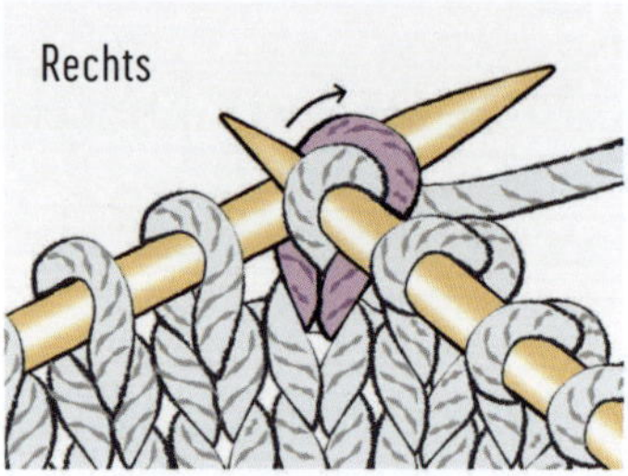

Für eine rechte Masche sticht man die Nadel von vorn nach hinten ein und ZIEHT eine neue Schlaufe durch, und der Kopf der Masche darunter wird nach hinten geschoben, das zeigt der Pfeil in der Illustration.

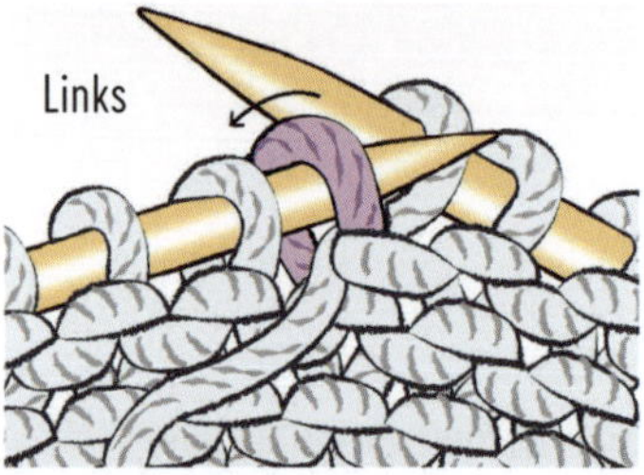

Für eine linke Masche sticht man die Nadel von hinten nach vorn ein und DRÜCKT eine neue Schlaufe durch, und der Kopf der Masche darunter wird nach vorn geschoben (und wird zum Knubbel um die neue Masche, das zeigt der Pfeil in der Illustration).

Diesen linken Knubbel zu verstehen, war der erste Schritt, um zu begreifen, dass es nicht an mir liegt, sondern an den Maschen. Lange habe ich mich gefragt, wieso mein glatt rechts sich immer einrollt. Was habe ich falsch gemacht? Als ich verstanden habe, wie rechte und linke Maschen funktionieren, wurde mir klar, dass es nichts damit zu tun hat, wie ich stricke, sondern allein an der Struktur der Maschen liegt.

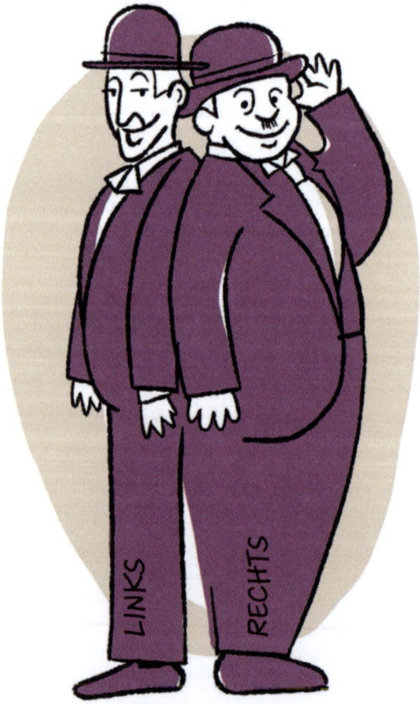

Glatt rechts ist das Laurel-und-Hardy-Strickmuster. Die rechte Masche ist breit und kurz (ein bisschen schwerer oben, wie jemand, der im Fitnessstudio nie die Beinübungen macht), die linke ist groß und dünn. Das heißt, und ich weiß, das klingt verrückt, dass glatt rechts auf der Vorderseite (rechts) breiter ist als auf der Rückseite (links). Wenn alle linken Knubbel auf eine Seite ziehen, rollt sich das Gestrick ein.

Deswegen wurde mein glatt rechter Schal, den ich als stolze Anfängerin gestrickt habe, sofort zu einem Schlauch. Ich habe allen erzählt, es soll so sein. Das war gelogen.

Wenn man »wie rollt sich glatt rechts nicht ein« googelt, findet man viele Blogs und Videos mit Vorschlägen, wie man das schafft, doch die wahre Antwort darauf lautet: Es ist unmöglich. GLAUBEN SIE MIR!

Abgesehen davon, ist der linke Knubbel ein tolles Ding, und wenn man versteht, was er mit dem Gestrick anstellt, hilft es, die Maschen zu kontrollieren.

RIPPEN: LINKE SPALTEN

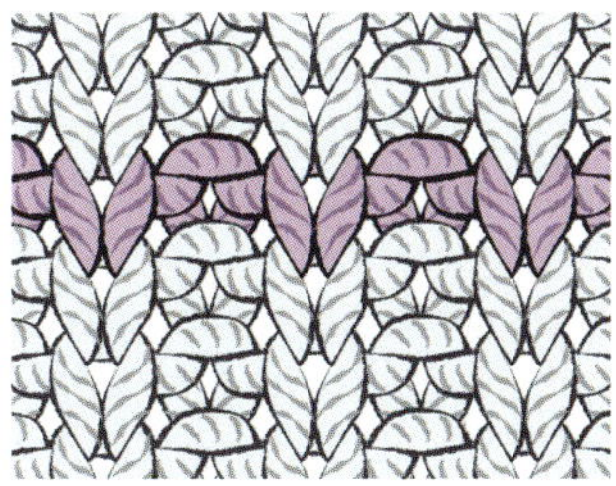

Senkrecht gestapelte, linke Maschen ziehen sich zurück, und das Gestrick wird waagerecht dehnbar. Logisch, da die rechte Masche breiter ist als die linke.

Stellen Sie sich drei Freundinnen am Strand vor, die mittlere sinkt zwischen ihren breiten Freundinnen ganz von selbst in den Sand ein.

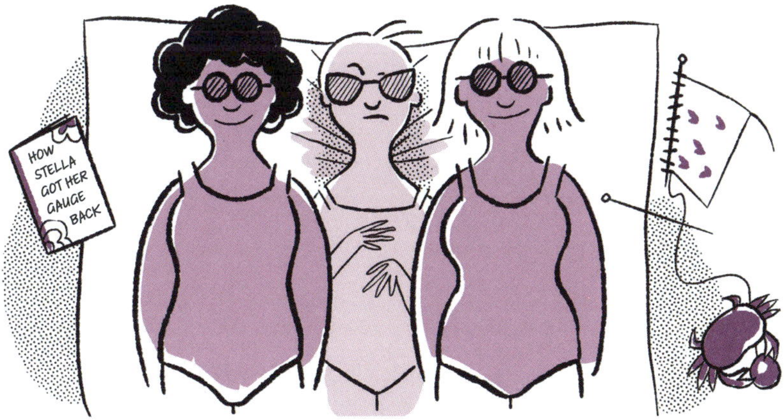

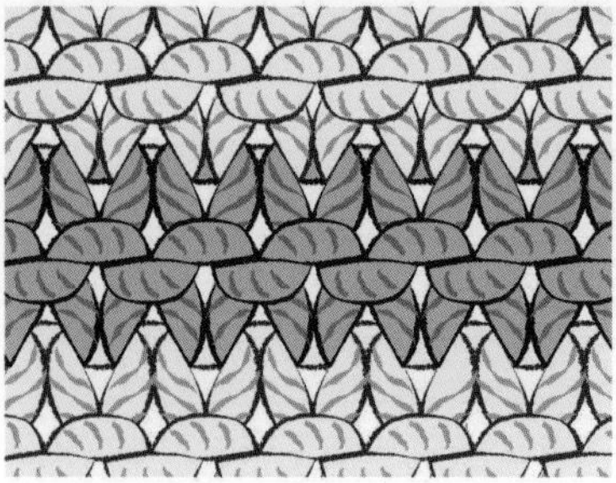

KRAUS RECHTS: LINKE REIHEN

Wenn linke Knubbel waagerecht gestapelt werden, treten sie hervor, und das Gestrick wird senkrecht dehnbar, wie bei kraus rechts. Ich höre schon Ihren Einspruch, die linken Maschen sollten doch die dünnen sein! Richtig, wenn man nur ein paar Reihen kraus rechts strickt, entsteht ein zusammengepresstes Gestrick, strickt man es jedoch über viele Reihen, dehnt es sich durch die Schwerkraft aus.

Stellen Sie sich zwei Zirkusakrobaten vor, einer auf den Schultern des anderen, schön kompakt. Und jetzt acht Akrobaten, die am Hochseil hängen, die Beine um die Schultern des anderen geschlungen, und sehen Sie, was die Schwerkraft bewirkt.

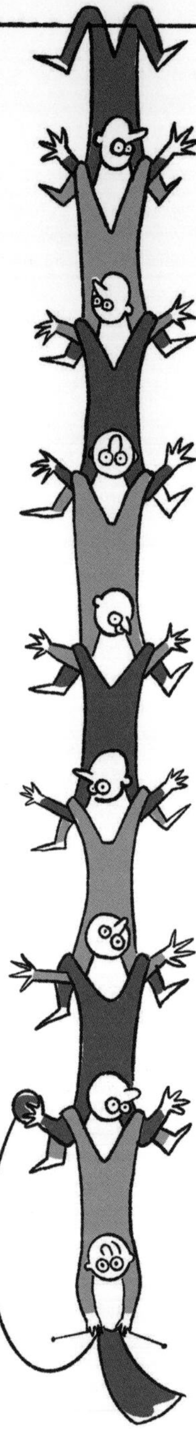

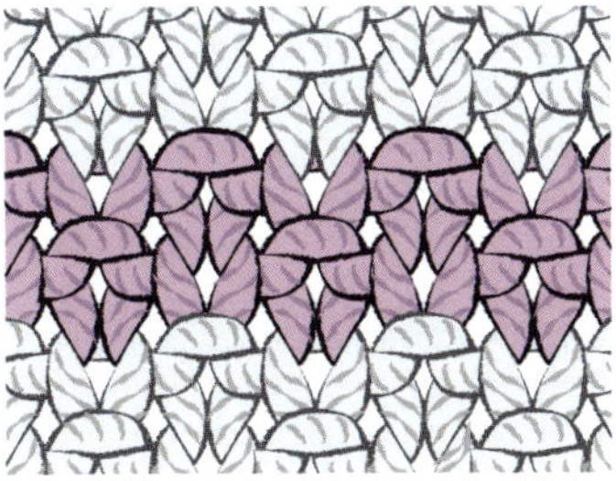

PERLMUSTER: GLEICH VIELE RECHTE UND LINKE MASCHEN

Kommen wir zu Mustern, bei denen rechte und linke Maschen gleichmäßig verteilt sind, wie Perlmuster oder auch Karomuster. In dem Fall liegt das Gestrick flach. Die Tendenz der rechten Maschen, sich in die Breite zu dehnen, und die der linken Maschen, sich zusammenzuziehen, gleicht sich aus, und das Gestrick ist waagerecht wie senkrecht gleich dehnbar und sehr stabil.

Jetzt, da wir wissen, was eine rechte und was eine linke Masche ist, wissen wir doch alles, was wir übers Stricken wissen müssen, oder? Nicht so schnell. Wir müssen auch wissen, wie wir sie stricken. In Kursen frage ich immer, wer auf östliche Art strickt (ein paar Hände), wer kombiniert strickt (ein paar Hände), wer westlich strickt (ein paar Hände) und wer keine Ahnung hat, wovon ich da rede (VIELE Hände). Dazu kommen wir gleich.

Vergessen Sie nicht, wir können die Art, wie wir Maschen stricken, nicht ändern, wenn wir nicht wissen, WIE wir sie stricken. Es wird Zeit, sich das einmal anzusehen …

Wie Maschen aufgebaut sind

Das hier ist von all den absoluten Wahrheiten übers Stricken der Hammer, über den niemand spricht. Es ist die Grundlage jedes Stricktricks in diesem Buch. Die simple Tatsache, dass die Art, wie wir die Nadel einstechen und wie wir den Faden darum legen, absolut nichts miteinander zu tun haben.

Als Strickautodidaktin musste ich viele Fehler machen, um zu erkennen, wie Maschen tatsächlich aufgebaut sind. Man hatte mir beigebracht, dass die Platzierung meiner Nadel (vorne einstechen) und wie ich den Faden hole (von unten bei rechten und von oben bei linken Maschen) eine einzige, unauflöslich verbundene Bewegung sei — »So, so und so«.

Und das stimmt einfach nicht.

Außerdem verdrehte ich meine Maschen manchmal, hatte aber keine Ahnung, wie oder warum. Ich habe viel aufgezogen. Das lag daran, dass man nichts reparieren kann, wenn man nicht versteht, wie es aufgebaut ist.

Bevor wir wirklich die Kontrolle über unsere Maschen erlangen, müssen wir diese beiden getrennten Schritte verstehen:

1. Wo wir die Nadel in die Masche einstechen.
2. Wie wir den Faden um die Nadel führen, um ihn durchzuziehen, sodass eine neue Masche entsteht.

SCHRITT 1:

Wohin mit der Nadel: Drehen oder nicht drehen?

Wenn es schließlich abgekettet ist, liegt das Strickstück flach, aber solange die Maschen noch auf der Nadel sind, befindet sich je ein Maschenglied vor und eins hinter der Nadel.

Das Glied, das der Nadelspitze am nächsten liegt, wird das führende genannt, das weiter entfernte Maschenglied das nachfolgende.

Stellen Sie sich die Masche wie einen Cowboy vor, der O-beinig auf einem winzigen Pferd sitzt, ein Bein vorn und eins hinten.

Wie wir die Nadel einstechen, entscheidet, ob wir die Masche verschränken oder unverdreht lassen. Wenn wir die Nadel in das nachfolgende Maschenglied einstechen, bringen wir, was links war, nach rechts, und wie bei Auto fahrenden Touristen in Großbritannien passiert dann etwas Schlimmes, und wir verdrehen (verschränken) die Masche.

Führendes Maschenglied vorn

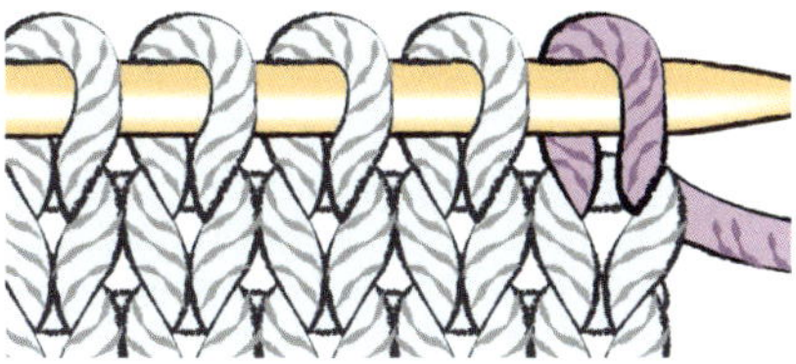

Führendes Maschenglied hinten

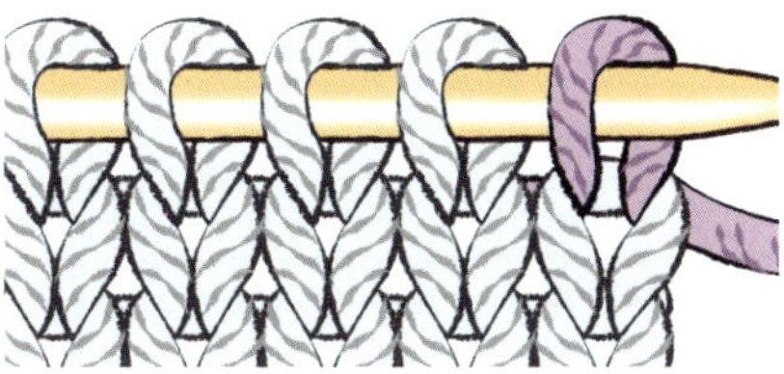

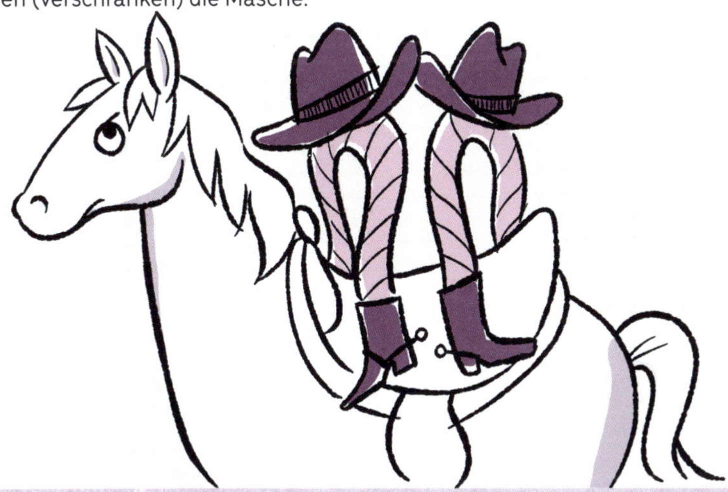

Sehen wir uns mal an, was passiert, wenn wir durch das vordere Maschenglied einstechen, wenn das führende Glied hinten liegt: Wir verschränken die Masche. Wenn die Masche offen bleiben soll, müssen wir die Nadel durch das führende Maschenglied einstechen, egal, wie es auf der Nadel sitzt. Einfacher gesagt, man sticht die Nadel »ins Loch«.

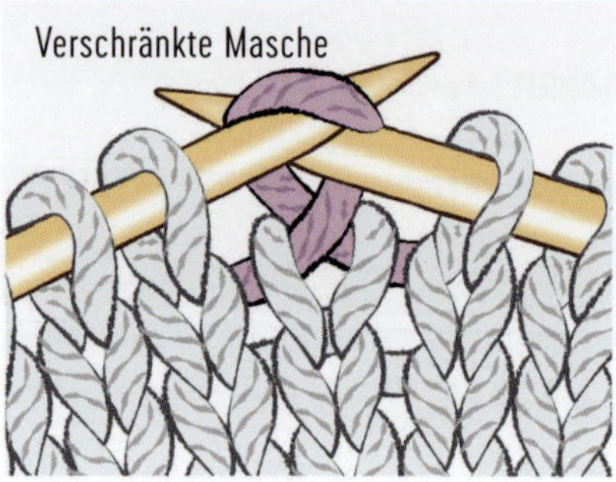

Hier sitzt unsere Masche mit dem führenden Maschenglied hinten auf der Nadel, also sticht man in das hintere Glied oder eben ins Loch ein. Was zu Anfang rechts ist, bleibt rechts, und die Masche bleibt offen. Schauen Sie sich die Schlaufe auf der Nadel an und springen Sie dann wie ein Akrobat durch einen Feuerring direkt durch das Loch, Sie werden sich nicht verbrennen!

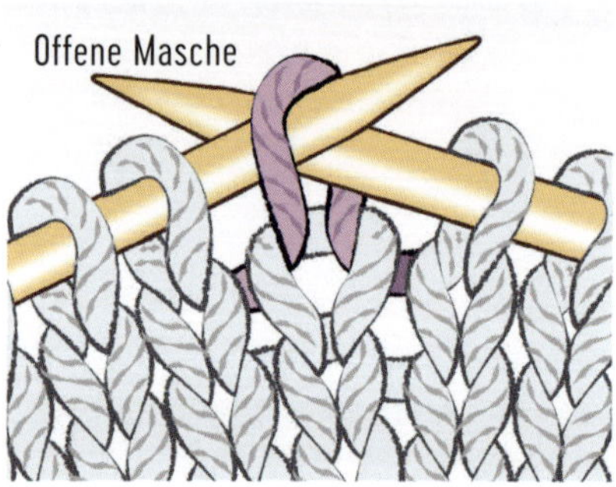

Als ich verstanden hatte, wie wichtig das führende Maschenglied ist, wusste ich, was ich tun musste, um eine Masche, die verkehrt herum auf der Nadel saß (besser gesagt, verkehrt herum für mich), nicht zu verschränken. Was ich nicht wusste, war, wieso sie mal so und mal so auf der Nadel saß. Noch wichtiger, ich wusste nicht, dass die Art, wie ich zu stricken gelernt hatte, nicht die einzige ist.

Mir fehlte aber noch ein Puzzleteil. Ich wusste nicht, dass die Richtung, in der ich den Faden hole, entscheidet, wie die Masche auf der Nadel sitzt – bis ich Marina traf.

ALLE WEGE FÜHREN NACH ROM

(ODER VIELE WEGE FÜHREN ZU EINER MASCHE)

Ich hatte nicht mal darüber nachgedacht, bis ich den Fehler machte und einer Strickerin sagte, ihre Maschen säßen verkehrt herum auf der Nadel. Eine wunderbare russische Strickerin namens Marina korrigierte mich.

Ich habe damals in einem Wollladen gearbeitet, und eine Kundin kam herein und bat um Hilfe. Sie hatte ein Stück aufgezogen und die Maschen wieder auf die Nadel genommen, aber alle saßen mit dem führenden Maschenglied nach hinten darauf. Da ich noch nie Maschen gesehen hatte, die anders auf der Nadel saßen als meine, dachte ich, sie hätte sie beim Aufnehmen verdreht. Ich hatte ja keine Ahnung, dass sich jetzt gleich eine ganz neue Welt vor mir öffnete.

Ich dachte, ich gäbe als Expertin (ha!) einen hilfreichen Tipp, als ich ihr sagte, sie müsse die Maschen nicht einzeln umdrehen, sondern könnte es korrigieren, indem sie sie in der nächsten Reihe verschränkt abstrickt. Sie sah mich perplex an und meinte: »Ja, so strickt man.« Ich sagte: »Ach, Sie kennen diesen Trick?« Vollends verwirrt fragte sie: »Den Trick zu stricken?« Ich machte es nur noch schlimmer, als ich erklärte, dass alle Maschen verkehrt herum auf der Nadel säßen. Schließlich platzte eine Strickerin, die das ganze peinliche Gespräch mitgehört hatte, frustriert heraus: »Sie sind nicht verkehrt herum; sie sind nur für dich verkehrt herum.«

Dann hat mir Marina gezeigt, wie sie strickt, und da habe ich die Macht des führenden Maschenglieds und was es alles kontrolliert, wirklich begriffen.

Womit wir bei Schritt 2 wären …

SCHRITT NR. 2:

Wie wir den Faden holen, hübsch und ordentlich

Denn Marina holte den Faden anders als ich. Ihre Maschen saßen nicht verkehrt herum bzw. nur für mich. Wie wir den Faden holen, wirkt sich auf die neue Masche aus. Wir können den Faden holen, indem wir unter ihn und dann um die linke Nadel gehen oder indem wir über ihn und dann um die linke Nadel gehen. Die Richtung entscheidet darüber, wie die neue Masche in der nächsten Reihe auf der Nadel sitzt.

Sehen Sie sich die Schritte 1 und 2 noch mal an, dann erkennen Sie, dass es sich auf das JETZT auswirkt, wie wir die Nadel einstechen (Schritt 1) — also, wenn wir in das entfernte Maschenglied stechen, verdrehen wir die Masche, stechen wir ins führende, bleibt die Masche offen (oder wie Marina es so einfach formulierte: »Die Nadel sticht ins Loch.«). Wie wir den Faden holen (Schritt 2), wirkt sich auf die ZUKUNFT aus, also wie die Masche in der nächsten Reihe auf der Nadel sitzt.

Wie man den Faden holt, entscheidet, wie die Masche auf der Nadel aussieht. Wenn diese Masche aber korrekt gestrickt wird (nicht verschränkt), sieht sie abgestrickt von der Nadel genauso aus. Marinas und mein Gestrick sahen exakt gleich aus, obwohl wir die Maschen anders strickten.

Schockierende Schlussfolgerung (dramatische Musik erklingt): Es gibt viele Möglichkeiten, eine Masche zu stricken.

Östlich, westlich oder kombiniert: Die Reiserichtung

Wenn über unterschiedliche Arten zu stricken geredet wird, dann denken die meisten an Strickstile. Sie haben vielleicht schon von kontinentalem oder englischem Stil gehört. Aber ein Stil ist etwas anderes als eine Strickmethode. Da Stricker:innen es lieben, viele Namen für dasselbe zu erfinden, kann das etwas verwirrend sein. Kontinentales Stricken (den Faden in der linken Hand halten) wird auch deutsches Stricken genannt. Englisches Stricken (den Faden in der rechten Hand halten) wird auch »throwing« (also werfen) genannt!

Es gibt andere Strickstile, bei denen der Faden um den Hals läuft oder durch eine Brosche. Ich habe das als portugiesisches Stricken kennengelernt. Vor vielen Jahren hat mich eine bosnische Studentin mit dem Faden um den Hals stricken gesehen und gemeint, dass sie genauso strickt. Ich habe sie gefragt, wie sie den Stil nannte (da ich so viele Namen dafür gehört hatte – peruanisch, Anden, portugiesisch), und sie sagte: »Ich nenne es Stricken.«

Egal, wie man ihn nennt, ein Strickstil ist etwas anderes als eine Strickmethode. Bei einem Stil geht es darum, was die Hände tun, aber bei der Methode darum, wie die Masche jeweils entsteht, also wo man die Nadel einsticht und wie man den Faden holt. Ich konzentriere mich auf die Methoden, nicht die Stile, da die Methode den Aufbau der Masche beeinflussen kann.

Strickmethoden

Es gibt drei unterschiedliche Strickmethoden: westlich, östlich und kombiniert. Diese drei Faktoren entscheiden, welche Methode man nutzt:

- Wie die Masche auf der Nadel sitzt.
- In welches Maschenglied die Nadel sticht.
- Wie der Faden geholt wird.

STRICKMETHODEN AUF EINEN BLICK

WESTLICH

Beim westlichen Stricken sitzt das führende Maschenglied vorn. Das Loch, in das die Nadel einsticht, zeigt nach links. Das ist die westliche Position.

Westlich rechts

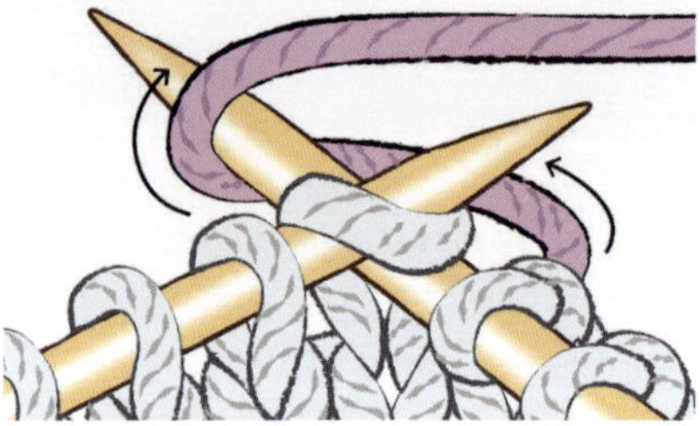

Rechte M = von links ins vordere Glied, Faden unter der Nadel

Westlich links

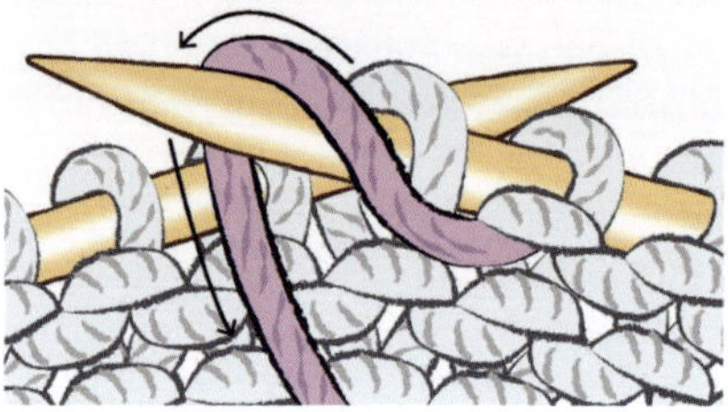

Linke M = von rechts ins vordere Glied, Faden über der Nadel

ÖSTLICH

Beim östlichen Stricken sitzt das führende Maschenglied hinten. Das Loch, in das die Nadel einsticht, zeigt nach rechts. Das ist die östliche Position.

Östlich rechts

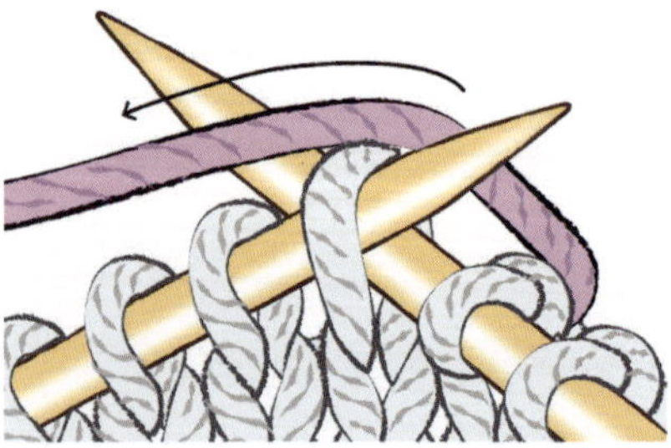

Rechte M = von rechts ins hintere Glied, Faden über der Nadel

Östlich links

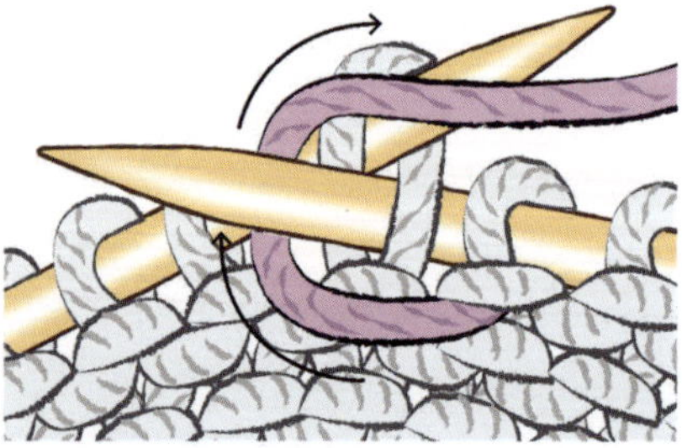

Linke M = von links ins hintere Glied, Faden unter der Nadel

KOMBINIERT

Beim kombinierten Stricken werden diese beiden Methoden kombiniert, logisch, daher der Name. Bei der rechten Masche sitzt das führende Glied hinten (östliche Position), bei der linken vorn (westliche Position). Für rechts sticht die Nadel von hinten ein, aber der Faden ist unter ihr, dadurch sitzt in der nächsten Reihe das führende Glied vorn (westliche Position). Für links wird vorn eingestochen, der Faden liegt unter der Nadel.

Kombiniert rechts

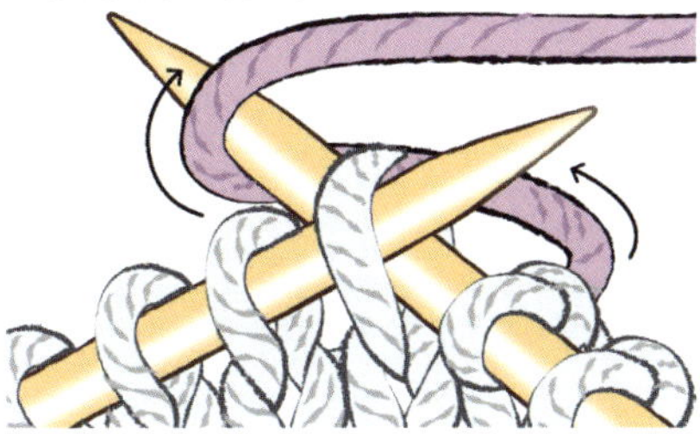

Rechte M = von rechts ins hintere Glied, Faden unter der Nadel

Kombiniert links

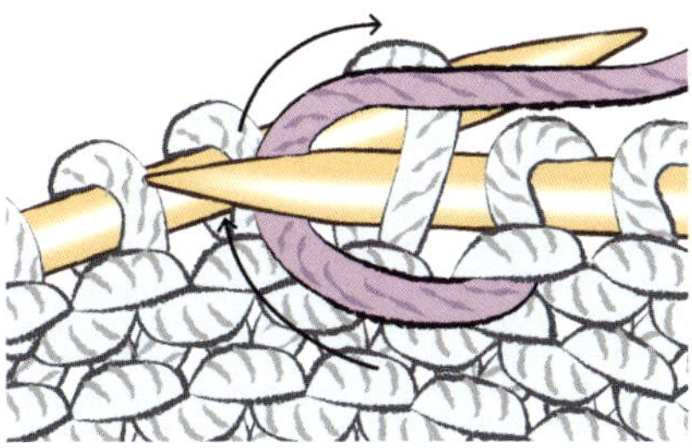

Linke M = von rechts ins vordere Glied, Faden unter der Nadel

Wenn wir die unterschiedlichen Strickmethoden verstanden haben, können wir unsere Maschen vollkommen kontrollieren. Standardanleitungen sind für die westliche Position geschrieben. Wenn Sie weiterlesen, werden Sie allerdings feststellen, dass wir den Faden oft auf die »falsche Art« holen oder die Nadel »falsch« einstechen. Denken Sie immer daran, dass wir Sachen nicht »richtig« machen wollen, sondern besser.

Jetzt, da wir herausgefunden haben, wie wir stricken, sind wir bereit, uns ins erste Projekt zu stürzen, oder? Nicht ganz. Wir haben gerade gelernt, wie Maschen entstehen und strukturiert sind — und die Maschenstruktur kann Ihre Maschenprobe beeinflussen. Sie haben doch nicht etwa geglaubt, wir würden nicht über Maschenproben sprechen?

Worte der Weisheit

—

NULL BOCK AUF **MASCHEN-PROBEN?**

DANN PLANE MEHR ZEIT FÜRS AUFTRENNEN EIN!

KAPITEL 2 – MASCHENPROBE

Das M-Wort (oder nichts als Lug und Betrug)

Bei einem Strickfestival stand ich mal in einer Schlange hinter zwei Teilnehmerinnen, die über die Kurse sprachen, die sie belegt hatten. Eine meinte: »In meinem Kurs geht es darum, wie eine Maschenprobe funktioniert.« Ihre Freundin verdrehte die Augen und meinte: »Ach, der Kurs, den niemand besuchen will und den jeder braucht.« Exakt, das bringt es auf den Punkt! Aber wir sind hier ja alle erwachsen, deswegen können wir über den Elefanten im Raum sprechen, über das Haar in der Suppe, den Spaßkiller schlechthin: die Maschenprobe.

Pullis für Zwerge und Mützen für Riesen

Da ich mir das Stricken selbst beigebracht habe, war mein Weg zum Verständnis der Maschenprobe lang und gewunden und gesäumt von lauter schlecht sitzenden Pullovern und riesigen Mützen. Es ging von einem lächerlichen Extrem zum anderen. Zunächst dachte ich, die Maschenprobe sei eine nette Info, auf die ich allerdings keinen Einfluss habe, dann dachte ich, ich könnte jede Wolle benutzen, wenn nur die Nadelstärke stimmt.

Am häufigsten höre ich die Beschwerde: »Was nützt eine Maschenprobe, wenn sie im Probeläppchen immer anders ist als im fertigen Pullover?« Anders gesagt, Stricker:innen sind davon überzeugt, dass ihre Maschenproben lügen. Tun sie das? Wirklich? Oder belügen wir uns selbst? Bevor wir herausfinden, wie wir eine ehrliche Maschenprobe hinkriegen, müssen wir darüber reden, wieso wir überhaupt eine brauchen (vorweg: Es ist nicht das, was Sie denken).

Der Spiralschneider des Strickens

Auf den Shopping-Sendern, bei denen man spätabends gern mal landet, finden sich immer tolle Tipps zur Problemlösung, bei denen man »einfach nur« irgendwas machen muss. Achtung Spoiler – keiner davon hat je funktioniert. Ich kenne wirklich jede Methode, bei der man für die Maschenprobe irgendwas »einfach nur« machen muss, aber es gibt schlicht keine Abkürzung. Und wieso auch? Es geht doch ums Stricken! Es macht Spaß, und man lernt dabei die Wolle und das Muster kennen. Können Sie sich vorstellen, dass ein Chefkoch ein Rezept entwickelt, aber keine Zeit mit dem Probieren der Zutaten verschwenden will? Es wurden schon so viele Gründe für eine Maschenprobe genannt, aber meiner Meinung nach konzentriert man sich oft auf die falschen.

Bevor wir das Lügengestrüpp lichten und zu einer ehrlichen Maschenprobe gelangen, müssen wir verstehen, warum wir überhaupt eine brauchen. Sitzen Sie? Es geht nicht darum, die Maschenprobe in der Anleitung zu erreichen. Moment, bevor Sie in die Buchhandlung stürmen, um das Buch umzutauschen, hören Sie mir noch etwas zu. Ein Probeläppchen strickt man nicht, um auf die angegebene Maschenprobe zu kommen, sondern um ein Gestrick zu erhalten, das einem gefällt, und um dessen Maschendichte zu ermitteln.

Die Rechnung, die nötig ist, um sie dann anzupassen, ist einfach. Einen kompletten Pullover mit falschem Maschenbild zu stricken jedoch nicht. Eine Hobbyschneiderin würde niemals mit einem Schnittmuster für einen lässigen Leinenanzug in einen Stoffladen gehen, dort die fließende Seide sehen und denken: »Ja, aus dir mache ich meinen lässigen Leinenanzug.« Sie weiß, dass es der falsche Stoff dafür ist. Was wir Stricker:innen manchmal vergessen, weil wir endlich anschlagen und losstricken wollen, ist, dass aus all diesen Maschen ein Stoff wird. Eine Maschenprobe ist eine Stoffprobe, bei der wir sicherstellen, dass sie zum Muster passt, den gewünschten Fall hat und robust genug für einen Pullover ist. Es ist kein Test, ob man auf die magischen Zahlen kommt, die in der Anleitung stehen.

Da wir jetzt ergründet haben, warum wir eine Maschenprobe machen, schauen wir uns mal einige der häufigsten Fehler dabei an.

MASCHENPROBENPATZER: VERDRÄNGEN BRINGT NICHTS

Bevor wir zu Mathe und Messen kommen, enthüllen wir die häufigsten Maschenprobenlügen. Lassen Sie mich ein »Erwischt!« hören, wenn eine davon auf Sie zutrifft.

- **Sie schlagen nicht genug Maschen an.** Denn ein paar Maschen zu stricken ist praktisch dasselbe wie ein ganzes Kleidungsstück, stimmt's?

- **Sie stricken bloß ein paar Zentimeter.** Die gute alte »Das sieht aus, als reicht es«-Technik.

- **Sie ziehen am Probeläppchen, damit Sie auf die gewünschte Maschenprobe kommen.** Das ist in etwa so, wie die Luft anzuhalten, wenn man eine 10 Jahre alte Jeans anzieht und dann zu behaupten, sie passt – solange man sich nicht bewegt oder atmet.

- **Sie machen sich nicht die Mühe, die fertige Maschenprobe zu waschen.** Ähm ... wollen Sie Ihren Pulli später spannen? Oder waschen?

- **Sie ignorieren die Schwerkraft.** Daraus wird dann der Pulli, der 45 Minuten lang perfekt passt und sich dann in die Länge zieht ...

- **Sie messen mit den Maschen noch auf der Nadel.** Wenn Sie nicht gerade Carol Burnett in der »Vom Winde verweht«-Parodie sind (Googlen Sie's!), wird das nicht funktionieren.

Falls Ihnen irgendwas davon schmerzhaft bekannt vorkommt, keine Angst, liebe Leser:innen, die Wahrheit wird Sie befreien.

Die Wahrheit ist da draußen!
(Oder die Maschenprobe als beste Freundin)

Wir brauchen keine Maschenprobe, die uns anlügt. Wir brauchen eine, die unsere beste Freundin ist. Sie wissen schon, diejenige, die sagt: »Ja, stimmt, in der Hose hast du einen dicken Hintern.« Sie muss uns die Wahrheit sagen, auch wenn wir sie nicht hören wollen. Hier sind meine einfachsten Schritte, um der Maschenprobenlügenfalle zu entkommen.

WIE MAN EINE MASCHENPROBE STRICKT

Genug Maschen anschlagen.

Aus zwei Gründen brauchen wir genug Maschen: (1) Damit wir normal stricken können, anstatt über ein winziges Stück in Hin- und Rückreihen, und (2) damit genug Gestrick entsteht und wir vernünftig messen können, weit weg von den sich einrollenden Rändern. Bei dünneren Garnen (24 bis 32 M auf 10 cm) sollte man Maschen für ca. 15 cm anschlagen, bei dickeren Garnen, die weniger Maschen pro Zentimeter haben, sollte das Probeläppchen 20–25 cm breit sein.

Genug Reihen stricken.

Erinnern Sie sich daran, wie Sie als Anfänger Maschen für 20 cm angeschlagen haben, weil Sie einen 20 cm breiten Schal wollten, und nach einer Weile des Strickens plötzlich gemerkt haben, dass er 30 cm breit ist? Wir müssen also lange genug stricken, damit unsere Maschen sich entspannen und, ganz wichtig, damit wir entspannt stricken können.

WIESO MEHR MASCHEN ALS NÖTIG ANSCHLAGEN?

Ich bin mir sicher, Sie haben das hier schon mal gehört: Wenn die gewünschte Maschenprobe 20 Maschen auf 10 cm beträgt, dann schlagen Sie nur 20 Maschen an und messen sie, dann ändern Sie die Nadelstärke, bis das Strickstück 10 cm misst. Das Problem dabei ist, dass die Randmasche eine völlig andere Anatomie hat. Bei der ersten Masche einer Reihe kommt der Faden das einzige Mal von einer anderen Masche (der letzten der Reihe) und kehrt dann in genau dieselbe zurück, wodurch sie sich zurückrollt. Das verzerrt die Maße.

Einrollende glatt rechte Kante

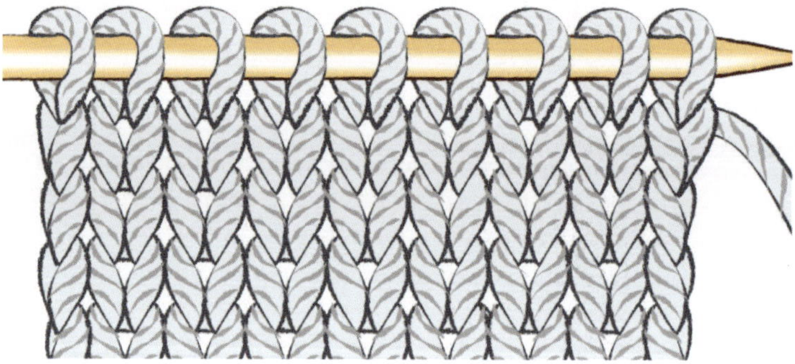

Ich höre Sie schon murmeln: »Deswegen stricke ich eine breite kraus rechte Kante, dann liegt alles flach.« Moment, dazu kommen wir gleich …

Das benötigte Muster Probe stricken.

Wenn es glatt rechts sein soll, stricken Sie ein glatt rechtes Probestück ohne Ränder. Wenn die rollenden Kanten Sie sehr stören, dann stricken Sie nur ein paar kraus rechte Maschen an der Seite oder noch besser im Perlmuster, weil es genauso viel Platz wie glatt rechts braucht. Bei einem Muster wie Zöpfen oder Spitze, bei dem die Maschenprobe über eine gesamte Musterwiederholung läuft, ergänzen Sie beidseitig ein paar glatt rechte oder Perlmustermaschen.

WIESO KEINE KRAUS RECHTE KANTE STRICKEN?

Das ist eine dieser schlechten Angewohnheiten, die sich nicht ausrotten lässt. Sie ergibt eine gefährliche Formel:

ein kleines Probestück + eine breite kraus rechte Kante + gedehntes Spannen = eine lügende Maschenprobe.

Haben Sie eine Ahnung, was kraus rechts einem kleinen glatt rechten Probestück antut? Dessen Maschenprobe ist enger als glatt rechts. Erinnern Sie sich an die Akrobaten und was wir über kraus rechts gelernt haben? Da es die Seiten einzieht, kann es das Gestrick verzerren, wodurch die Reihen schwer zu zählen sind.

Und die Maschen? Wieso können wir nicht einfach innerhalb des kraus rechten Rands messen? Weil die rechten Maschen neben dem krausen Rand eine andere Größe haben als die in der Mitte. Das liegt daran, dass man mehr Faden verbraucht, wenn man ihn von linker zu rechter Masche, also von hinten nach vorn bewegt (dazu mehr, wenn wir uns um Rippen kümmern). Wenn man also neben dem kraus rechten Rand misst, erhält man eine lügende Maschenprobe.

Kraus rechter Rand verzerrt die Maschenprobe

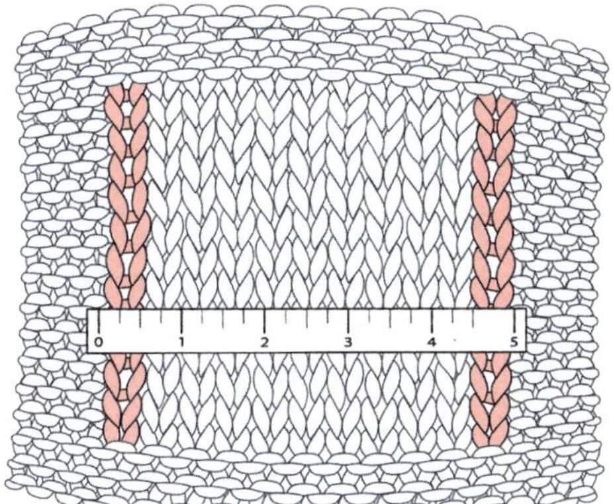

Stricken Sie die Maschenprobe, wie Sie das Projekt stricken werden.

Das bedeutet mehr, als nur dieselbe Nadelstärke zu benutzen. Es bedeutet, ALLES gleich zu benutzen. Wussten Sie, dass das Nadelmaterial sich auf die Maschenprobe auswirken kann? (Fun Fact: Oft kann man die Probe in den Reihen verändern, indem man eine Nadel derselben Stärke, aber aus einem anderen Material nimmt.)

Auch weniger greifbare Dinge können die Maschenprobe beeinflussen. In meinem Kurs dazu habe ich erzählt, dass ich die Maschenprobe immer in der U-Bahn stricke, weil ich dort sowieso am meisten stricke. Wenn Sie nur abends bei einem Glas Wein vor dem Fernseher stricken, dann schenken Sie sich einen leckeren Chardonnay ein und setzen Sie sich zur Maschenprobe abends hin. Falls Sie vor allem morgens ein paar Reihen stricken, nach einem Kaffee und dem Kampf mit den Kindern um Pünktlichkeit, dann kochen Sie Kaffee, streiten Sie ein wenig und schlagen Sie dann Ihre Maschenprobe an.

Vielleicht wird irgendwann mal in den Anleitungen nicht nur die Nadelstärke stehen, sondern »die Maschenprobe wurde auf einer Rundnadel mit 10 cm Wechselspitzen aus Edelstahl erstellt. Die Strickerin strickt kontinental mit norwegischen linken Maschen und hatte kurz zuvor einen Riesenkrach mit ihrer Mutter.«

WIE SIE DIE MASCHENPROBE MESSEN

Mit diesem hübsch großen Probestück kann man die wahre Maschenprobe ermitteln. Man muss es sowohl ungespannt wie auch gespannt messen, damit bekommt man ein Gefühl dafür, wie sich das Gestrick nach dem Spannen verändert. Die Ränder werden sich einrollen, aber weil das Probestück groß genug ist, kann man beim Messen weit von ihnen wegbleiben.

Ich nutze lieber ein festes Lineal anstatt eines Maßbandes, das sich dehnen kann. Legen Sie das Lineal an, achten Sie darauf, dass es gerade und genau an einer Reihe anliegt. Zählen Sie dann jede ganze Masche.

KANN ICH EINEN 5-CM-L-ZÄHLRAHMEN BENUTZEN?

Kleines Fenster,verborgene Maschen

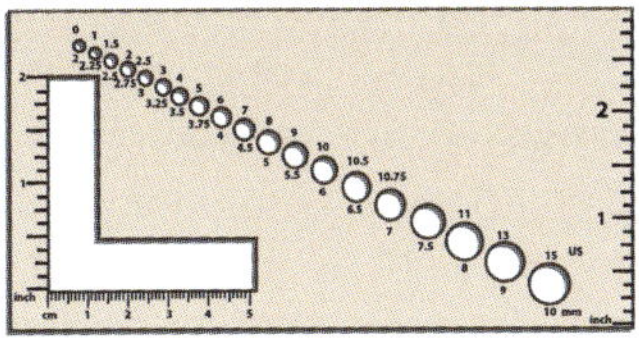

Solche Rahmen können schwierig sein. Erstens reicht es nicht, nur 5 cm Gestrick zu messen – man muss mehr sehen. Zweitens, wenn die meisten Maschen bedeckt sind und man nur die im Fenster sieht, kann es passieren, dass man versehentlich auf- oder abrundet, weil halbe Maschen verborgen sind.

Messen Sie zuerst das ungespannte Probestück.

Natürlich kann es sich einrollen, wenn es nicht gespannt ist, aber man erhält trotzdem ein ungespanntes Maß. Weil Ihr Probeläppchen größer ist, kann man ein normales Lineal in die Mitte legen, weit weg von den Kanten.

Ungespannt gemessen

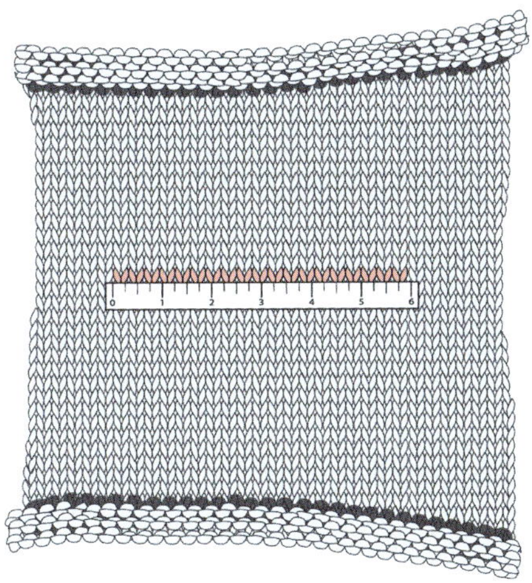

Messen Sie dann das gespannte Probestück.

Spannen Sie das Probestück genauso, wie Sie es mit dem Pulli machen werden. Das heißt, nass machen oder dämpfen oder zartere Fasern und Dinge, die nicht gewaschen werden (wie Tücher und Schals) mit Wasser besprühen.

Zöpfe oder Spitze muss man vielleicht stark dehnen, glatt rechts Gestricktes aber bitte nicht. Nach einem entspannenden Bad oder Dampf drücken Sie sanft das Wasser aus, legen es flach hin und lassen es trocknen.

WARUM DAS GLATT RECHTE PROBESTÜCK NICHT IM QUADRAT FESTSTECKEN?

Dehnen Sie die glatt rechte Maschenprobe nicht

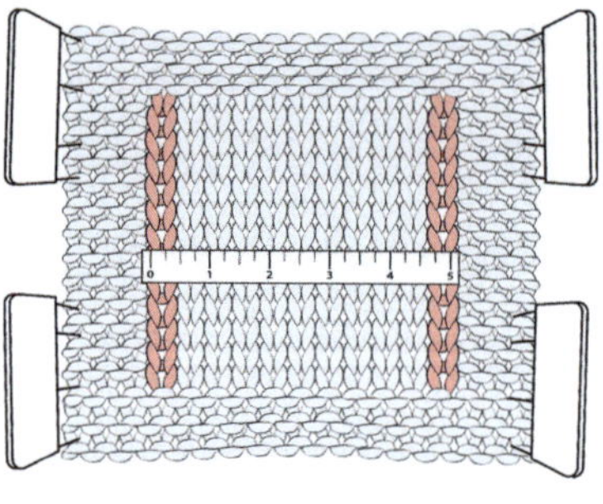

Noch eine Gefahr: Das Probestück festpinnen. Oft wird die verzogene Kante bemerkt (gerade, wenn es einen kraus rechten Rand gibt), und dann wird versucht, das zu *korrigieren*, indem man das Gestrickte mit Stecknadeln zum Quadrat zwingt.

Wenn man eine glatt rechte Maschenprobe dehnt, werden die Maschen doch wieder zu ihrer natürlichen Größe zurückkehren. Wenn man die Nadeln löst und sofort misst, erhält man völlig andere Zahlen als einen Tag später, wenn sie sich wieder entspannt hat. Wenn Sie nicht mit zwei Begleitern herumlaufen möchten, die ständig Ihren Pulli dehnen, ist die Probe nutzlos. Sie LÜGT!

Das getrocknete Probestück kurz schütteln und dehnen (wie wenn man einen Pulli über den Kopf zieht) und vor dem Messen einmal kurz entspannen lassen.

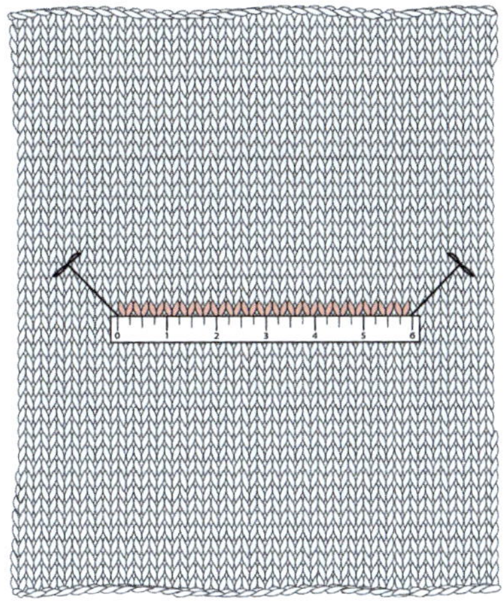

Weil die Probe groß genug ist, kann man mit einem Lineal so messen, dass man eine ganze Masche erwischt. Wenn man z. B. über 10 cm misst und in einer halben Masche endet, probiert man es über 12 cm oder 15 cm. Sagen wir mal, bei 15 cm endet es mit einer ganzen Masche.

Bei 15 cm zählt man 25 Maschen. *25 ÷ 15 cm = 1,67 Maschen auf 1 cm*. Das heißt, Ihre wahre, real gestrickte, nicht verzerrte, nicht gedehnte, nicht lügende Maschenprobe beträgt (Trommelwirbel) 16,7 Maschen auf 10 cm. Wenn die Anleitung 16 Maschen auf 10 cm verlangt, wissen Sie jetzt, wie Ihre Maschenprobe sich dazu verhält.

MARKIEREN UND MESSEN = MEHR MATHE!

Eine andere Möglichkeit ist, einen guten Teil mitten im Probestück zu markieren: Messen Sie bis auf den nächsten 1 mm und rechnen Sie dann. Wenn Sie z. B. 30 Maschen markieren und die messen 18,5 cm, dann teilen Sie *30 ÷ 18,5 cm = 1,62 Maschen auf 1 cm*. Damit hat man dieselbe Maschenprobe errechnet wie beim Messen auf eine ganze Masche – aber man braucht mehr Mathe dafür.

IST DIE MASCHENPROBE GUT ABGEHANGEN?

Wenn Sie den Verdacht haben, dass die Wolle sich dehnen wird (siehe Kapitel 3) oder das Stück sehr lang wird oder ein schweres Muster hat, dann kann man schauen, was die Schwerkraft damit anstellt. Hängen Sie das trockene Probestück mit ein bisschen Gewicht auf (ich benutze dafür Ohrringe, die mir wehtun), um das Gewicht des fertigen Stücks zu simulieren. Man muss das exakte Gewicht nicht präzise ausrechnen. Lassen Sie alles über Nacht hängen, lassen Sie es ruhen und messen Sie erneut über Maschen und Reihen. Wieso auch die Maschen? Weil beides zusammenhängt, je länger eine Masche wird, umso schmaler wird sie. Schauen Sie sich die Zeichnungen rechts an. Da sieht man, wie jede Masche schmaler und länger wird, wenn sich das Probeläppchen zur Endlänge zieht.

Um es kurz zu machen (ich weiß, schon zu spät), gehen Sie mit der Maschenprobe um, wie Sie mit dem Projekt umgehen: Dieselben Nadeln, dieselbe Strickmethode und achten Sie darauf, dass sie groß genug ist, messen Sie dann, ohne zu schummeln. Es ist immer am besten, der Wahrheit ins Auge zu sehen, auch wenn sie Ihnen nicht gefällt.

Breite, kurze Maschen:
16 Maschen & 22 Reihen

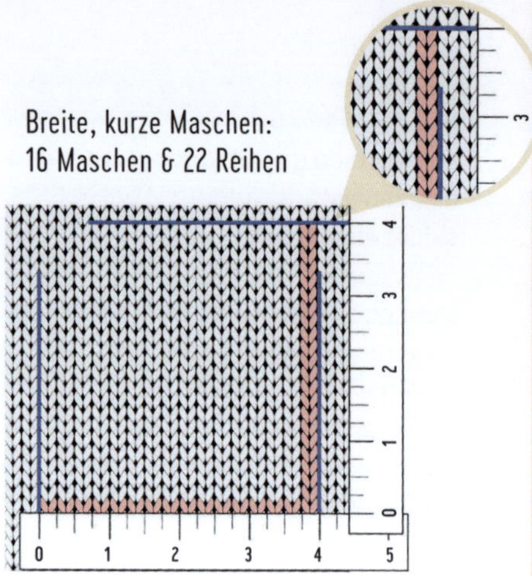

Schmale, lange Maschen:
17 Maschen & 21 Reihen

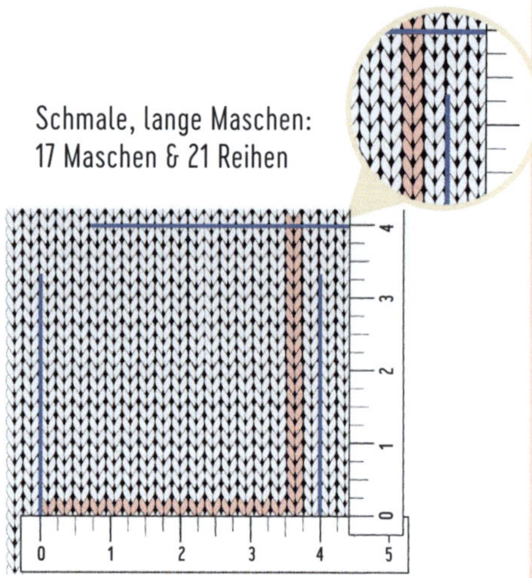

TIPP: Bei dunklem oder flauschigem Garn sind die Maschen schwer zu erkennen. Kleben Sie die Maschenprobe mit Tesa an ein Fenster, sodass die Sonne durchscheint, und messen Sie da!

WAS JETZT — DICKER ODER DÜNNER?

Wenn Ihnen das Gestrick nicht gefällt und Sie das ändern wollen, müssen Sie die Nadelstärke ändern. Aber soll sie dicker oder dünner sein? Glauben Sie mir, selbst erfahrene Stricker:innen stolpern manchmal noch über diese Frage.

Denken Sie daran: Wenn Sie **mehr** Maschen auf 10 cm brauchen als in der Anleitung, sind Ihre Maschen zu klein. Die Nadel muss dicker sein. Wenn Sie **weniger** Maschen auf 10 cm brauchen als in der Anleitung, dann sind Ihre Maschen zu groß. Die Nadel muss **kleiner** sein. Stellen Sie es sich so vor: Wenn Sie mehr Maschen auf demselben Raum unterbringen als der Designer, dann, weil sie kleiner sind.

Dasselbe gilt bei den Reihen. Aber ich habe festgestellt, dass das mit Blick auf die Länge oft durcheinandergeworfen wird. Ich habe zum Beispiel mal gehört: »Ich komme nur auf 28 Reihen, nicht 32 auf 10 cm, aber ich bin klein, mein Pulli sollte ohnehin etwas kürzer werden.« Wenn man weniger Reihen für dieselbe Strecke braucht als der Designer, dann sind die Reihen höher. Bei Anleitungen mit Reihenangaben, wie alle acht Reihen abnehmen, werden Ihre acht Reihen länger sein als die des Designers. Stellen Sie sich acht iPhones auf einem Tisch neben acht iPads vor. Sie werden die Reihen anpassen müssen.

Ein besseres Gestrick: Stricktechnik

Was, wenn sich die Maschenprobe auch mit anderen Nadeln nicht viel verändert? Keine Panik. Hier noch ein Geheimnis, über das niemand spricht: Wir sind keine Maschinen und stricken nicht immer mit der optimalen Technik. Haben Sie sich schon mal gefragt, warum manche Stricker:innen immer drei Nadelstärken dünner und andere drei Nadelstärken dicker wählen? Das liegt alles daran, wie man seine Nadel einsetzt und wo die Masche entsteht.

Wie bei den meisten Dingen möchte ich das mit so wenig Aufwand wie möglich machen, nutzen wir also ein Werkzeug!

DAS PERFEKTE WERKZEUG: DER MESSBECHER

Wir halten das perfekte Werkzeug für jederzeit perfekte Maschen in unseren Händen. Es ist die bescheidene Stricknadel, aber wir müssen jeden Teil davon korrekt nutzen, um die perfekte Masche zu erhalten. Die Nadel hat eine Spitze und einen Schaft – und beide haben Aufgaben zu erledigen. Die hübsche, dünner werdende Spitze ist dafür da, die Masche, die gestrickt werden soll, auf die Spitze der linken Nadel zu schieben, damit Platz genug ist, mit der rechten Nadel hineinzustechen, ohne die Masche zu überdehnen.

Der Schaft der Nadel bestimmt die Maschengröße. Für eine neue Masche legt man den Faden um den Schaft der rechten Nadel. Es gibt viele Nadelstärken, man wählt also diejenige, die zur gewünschten Größe führt. Man kann sie als eine Art Messbecher sehen.

Wie kommen wir zu einer Masche der perfekten Größe? Zuerst schiebt man die alte Masche zur linken Nadelspitze, dadurch entsteht unter der alten Masche Platz. Nutzen Sie die rechte Nadel, um in die Masche einzustechen, ohne sie zu verdrehen.

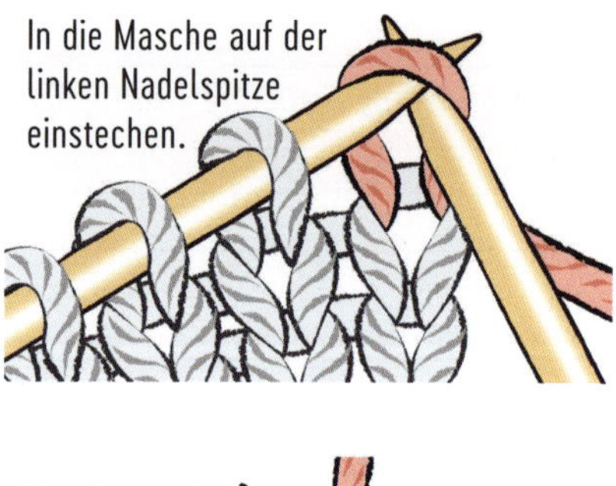

Mit der Nadel den Faden holen und ihn mit gleichmäßiger Spannung durch die alte Masche ziehen oder schieben. Das Wichtigste dabei: Achten Sie darauf, dass die neue Masche zur Dicke der rechten Nadel passt, bevor Sie die linke herausziehen.

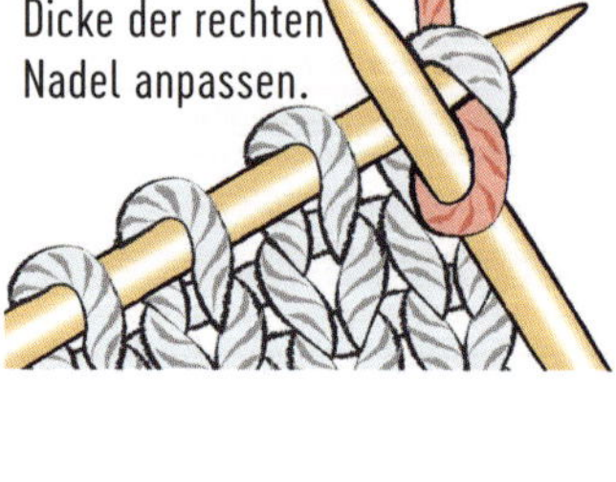

REIN-UND-WEG VS. SPITZENFANS

Wenn man die Nadeln nicht richtig nutzt, kann das Probleme bereiten. Man strickt dann entweder zu locker oder aber zu fest.

Viele lockere Stricker:innen nenne ich gern »rein und weg«. Rein-und-weg-Stricker:innen nutzen die Nadel, um in die alte Masche reinzugehen und den Faden durchzuziehen und auf die rechte Nadel zu bringen, aber dann sind sie weg. Sie nutzen die Nadel nicht, um die Größe der neuen Masche festzulegen. Als würde man mit dem Messbecher ins Mehl eintauchen und das gehäufte Mehl nicht glatt streichen.

Masche ist größer als die rechte Nadel.

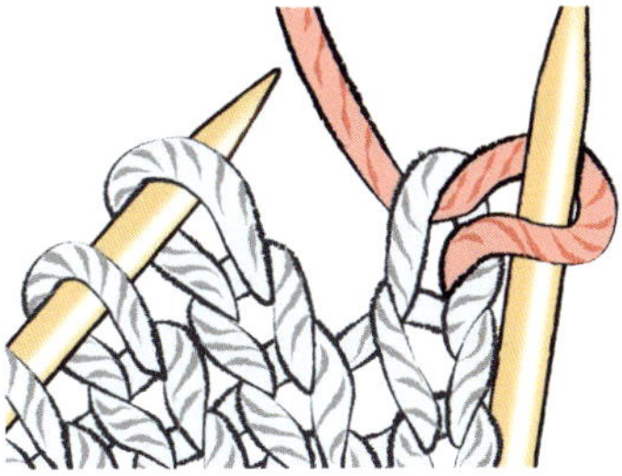

Platz unter den Maschen

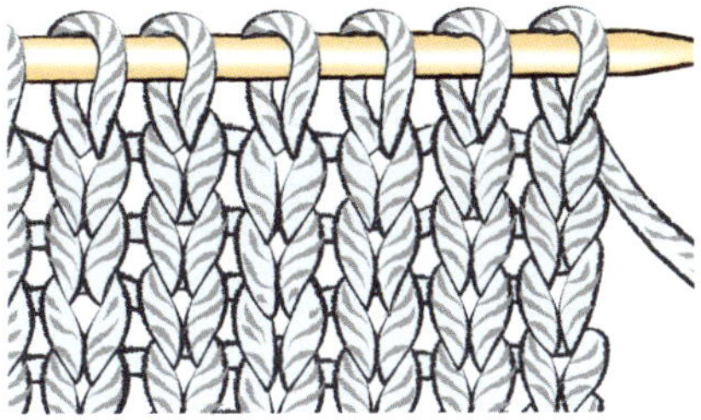

Das verräterische Anzeichen dafür, dass man die Nadel nicht für die Maschengröße nutzt, ist Platz unter den Maschen auf der Nadel. Manchmal so viel Platz, dass man eine zweite Nadel einfädeln könnte.

Man könnte jetzt glauben, dass man diese Masche locker durchziehen kann, und sobald sie auf der rechten Nadel sitzt, am Arbeitsfaden ziehen, um sie kleiner zu machen. Aber dadurch hebt sich nur die Masche der vorigen Reihe an, die neue Masche erhält nicht die richtige Größe. Beim Eishockey wird nicht geheult und beim Stricken nicht gezogen.

Wenn man am Faden zieht, hebt man die Reihe darunter hoch.

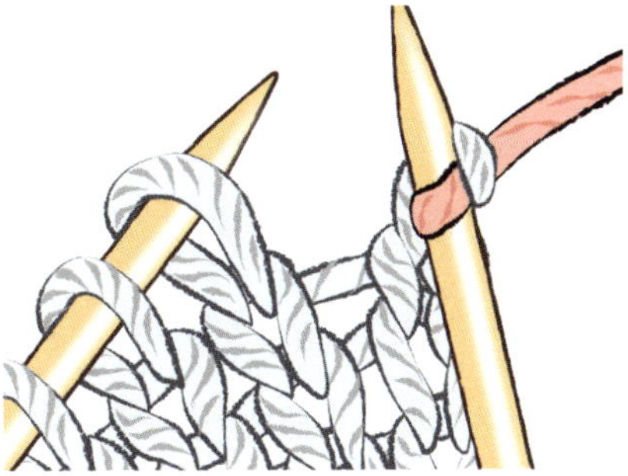

Und das zu feste Stricken? Wie passiert das?

Ein Spitzenfan macht so enge Maschen, dass man kaum die Nadelspitze einstechen kann. Spitzenfans heben die alte Masche problemlos auf die linke Nadelspitze, aber auch sie nutzen die rechte nicht, um der Masche die richtige Größe zu verleihen. Anstatt den Schaft der Nadel dafür zu nutzen, heben sie die neue Masche ab, wenn sie sich noch auf der rechten Nadelspitze befindet.

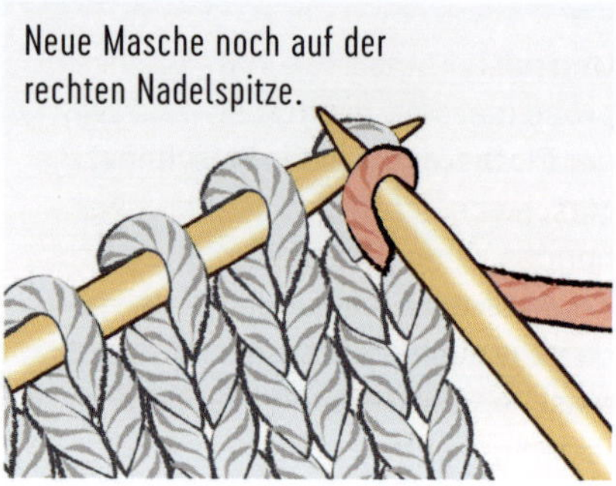

Da die Spitzen der Nadel viel dünner sind als der Schaft, sind auch die Maschen zu klein. Nachdem ein paar (zu kleine) Maschen auf der Spitze sitzen, werden sie auf den dickeren Schaft der rechten Nadel geschoben, wo sie sich zu eng anfühlen. Stellen Sie sich einfach vor, eine Reihe Maschen auf einer 2,75 mm Nadel zu stricken und dann zu versuchen, sie auf eine 3,75 mm Nadel zu schieben!

Es ist also klar, wie schwierig es ist, als Rein-und-weg-Stricker:in oder als Spitzenfan eine gleichmäßige Spannung und Maschenprobe zu halten. Anstatt jede Masche an der Nadelstärke auszurichten, macht man sie entweder größer (rein und weg) oder ganz unterschiedlich, je nachdem, an welcher Stelle der sich verjüngenden Nadelspitze man sie strickt.

Strickübung:

Wenn Sie herausfinden wollen, welche Nadelstärke tatsächlich zu Ihren Maschen passt, ziehen Sie die aktuelle heraus und probieren Sie, eine dickere Nadel einzufädeln, bis Sie eine finden, die problemlos und ohne Platz unter der Masche hineingleitet. Das ist die richtige Nadelstärke für diese Masche.

Stricken Sie jetzt mit dieser Nadelstärke, aber richten Sie dieses Mal die Maschengröße am Schaft der rechten Nadel aus.

DER PLATZ ZWISCHEN DEN MASCHEN: DIE FREUNDE ZUSAMMENHALTEN

Maschenteile

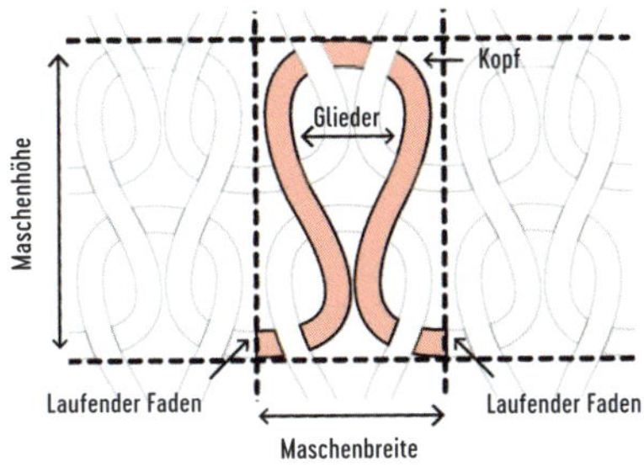

Und noch etwas kann Ihre Maschenprobe massiv beeinflussen, und zwar der Platz zwischen den Maschen. Eine Masche besteht aus einem durchgehenden Faden, die Glieder und der Kopf aus dem Teil auf der Nadel. Aber da ist ja auch noch das Fadenstück, zwischen zwei Maschen, laufender Faden genannt. Je länger dieser laufende Faden, umso mehr Platz zwischen den Maschen.

Stellen Sie sich eine Reihe Maschen vor wie lauter Freunde, die in gleichmäßigem Abstand Arm in Arm nebeneinanderstehen. Stellen Sie sich jetzt vor, wie sie die Arme um die Taille des anderen legen, VIEL zu nah, oder wie sie die Arme ausstrecken und die Fingerspitzen berühren, zu weit voneinander weg. Ihre Maschen sollen Arm in Arm nebeneinanderstehen, mit angenehm viel Platz dazwischen.

Das Geheimnis hinter der perfekten Entfernung zwischen den Freunden ist die Kontrolle ihres Abgangs. Stellen wir uns die Maschen auf der linken Nadel wie Waren auf einem Fließband vor. Sobald die neue Masche auf der rechten Nadel sitzt, sollten die Nadeln wie ein X verbunden sein, dann lässt man die neue Masche in die Richtung, in die die linke Nadel zeigt, abgleiten. So gleitet Ihre neue Masche nicht nur ordentlich raus, ohne den laufenden Faden zu verzerren, die nächste Masche bewegt sich so auch ganz natürlich auf die linke Nadelspitze.

Nadeln sind verbunden, während die Masche ihre Größe erhält.

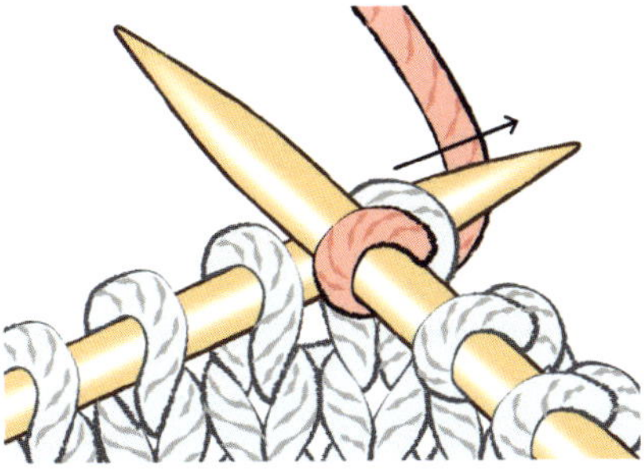

Die Masche folgt beim Abgehen dem Winkel der linken Nadel.

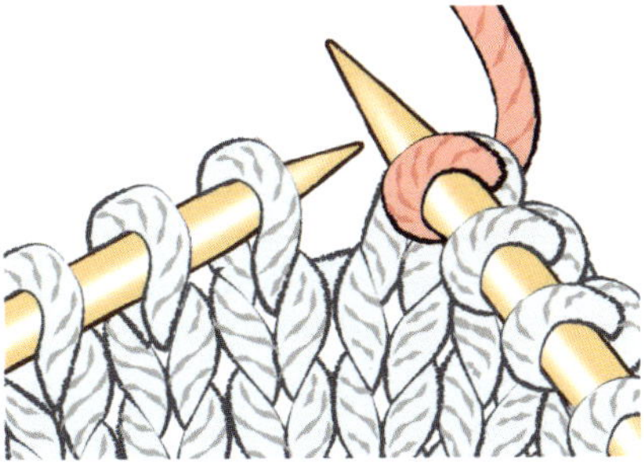

DIE BREITBEINIGEN!

Manchmal liegt die Frustration mit der Maschenprobe daran, dass man zu breitbeinig strickt. Dann ist die Maschenprobe sogar auf winzigen Nadeln zu locker. Ein Grund dafür: Zu viel Zwischenraum zwischen den Maschen.

Woher kommt dieser Platz zwischen den Maschen? Mir fallen da ein paar Erklärungen ein. Wenn man in die alte Masche auf dem Schaft der Nadel einsticht anstatt auf der Spitze oder die Nadeln beim Stricken zu sehr spreizt oder aber die neue Masche auf der rechten Nadel zu weit schiebt. Oder es ist eine Mischung aus alldem. Bei allem muss der laufende Faden einen weiteren Weg zurücklegen, wodurch die Maschen sich weiter voneinander entfernen. Egal was, die Maschen halten sich nicht mehr Arm in Arm.

Rechte und linke Nadel sind zu weit entfernt.

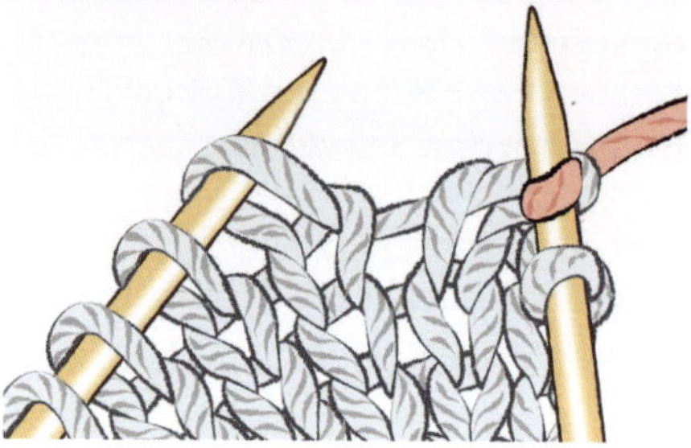

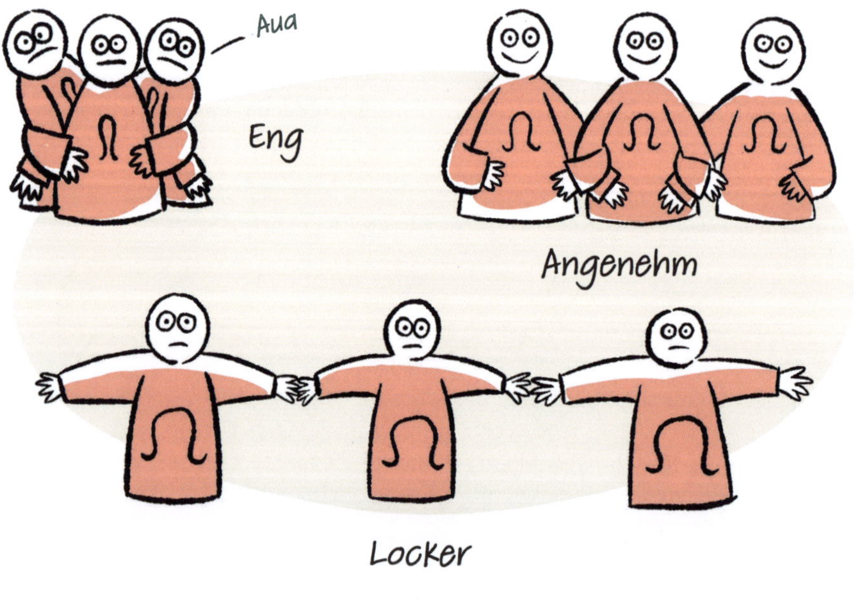

Mit ist aufgefallen, dass viele dieses breitbeinige Stricken dadurch zu kompensieren versuchen, dass sie auf eine immer kleinere Nadelstärke wechseln, dabei aber immer stärker am Garn ziehen, was alles nur noch schlimmer machen kann. Das Ergebnis ist dann eine scheinbar rätselhafte Maschenprobe mit vielen Reihen und wenigen Maschen auf 10 cm.

Maschen auf winzigen Nadeln fest anzuziehen führt zu kurzen Maschen, also mehr Reihen auf 10 cm. Die Maschen weiter voneinander wegzuziehen, vergrößert den Zwischenraum, also weniger Maschen auf 10 cm. Daher erkennt man das breitbeinige Stricken auch daran, dass es wenige Maschen und viele Reihen auf 10 cm ergibt. Hier ein Vergleich.

Jedes Probestück wurde mit derselben Anzahl Maschen und Reihen gestrickt. Das erste auf der empfohlenen Nadelstärke, das zweite, kurz und breit, auf viel kleineren Nadeln mit engen Reihen und lockeren Maschen.

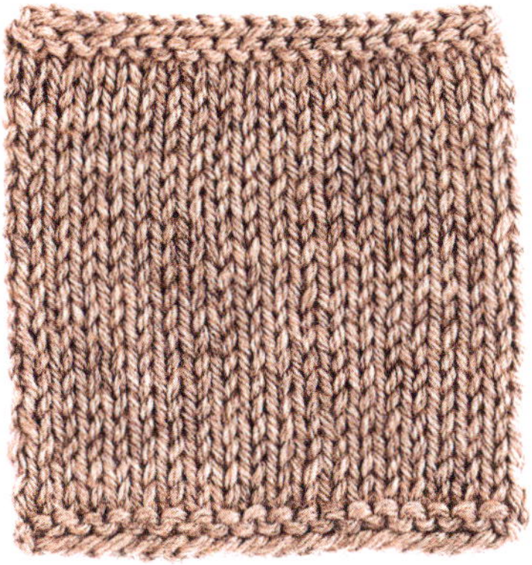

5-mm-Nadel – 20 M + 26 R auf 10 cm

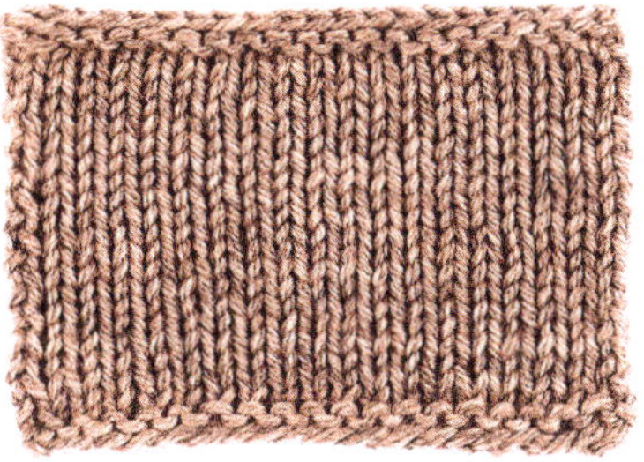

3,5-mm-Nadel – 19 M + 36 R auf 10 cm

Das Ziel ist natürlich, dass die Form der Funktion folgt und wir damit einfach ein gleichmäßiges Maschenbild erzeugen. Nach alldem gilt immer noch, jeder strickt anders. Manchmal entsteht ein gleichmäßiges Maschenbild, das aber nicht der Maschenprobe in der Anleitung entspricht, und das kann toll sein!

Warum es toll ist, wenn die Maschenprobe NICHT passt

Ich habe mich meinen Schülern schon so vorgestellt: »Hi, ich bin Patty. Ich habe einen kleinen Brustumfang, eine mittlere Taille und breite Hüften – welche Größe soll ich stricken?« Ich will darauf hinaus, dass eine Anleitung eigentlich eine Handvoll Beispiele dafür sind, wie ein spezielles Kleidungsstück gestrickt werden kann, **falls** man bei Maschen und Reihen der Probe entspricht **und** man mit allen Maßen für eine bestimmte Größe übereinstimmt. Wie wahrscheinlich ist das?

Schauen wir uns mal die Größen an. Durchschnittlich liegen 5–10 cm zwischen den einzelnen Größen. Wenn Sie unschlüssig sind, ob der Brustumfang von 91,5 cm oder 101,5 cm besser ist, wäre da die Maschenprobe NICHT zu treffen, eventuell genau das Richtige?

Wenn man mal verstanden hat, wie die Maschenprobe funktioniert, kann man eine Anleitung (oder Teile davon) ändern und an die eigenen Maße und Maschenprobe anpassen. Es ist einfache, aber effiziente Mathe. Ja, ich habe es gesagt ... MATHE. Ich sage es noch mal: MATHE. Ich habe keine Angst, und Sie brauchen auch keine zu haben.

MASCHENPROBE-ZAUBERDREIECK

Man braucht für die Maschenprobe nur drei einfache Gleichungen. Das war's. Besser noch, die drei Gleichungen hängen zusammen und enthalten dieselben drei Faktoren. Kennt man zwei Faktoren, findet man den fehlenden dritten.

Die drei Faktoren sind:

- Anzahl der Maschen oder Reihen (die Anleitung)
- Länge oder Breite in Zentimetern (die fertigen Maße)
- Die Maschenzahl auf eine bestimmte Anzahl Zentimeter (Ihre Maschenprobe).

PATTYS MAGISCHES DREIECK DER MASCHENPROBE

Maschen oder Reihen

»Na, dann ...«

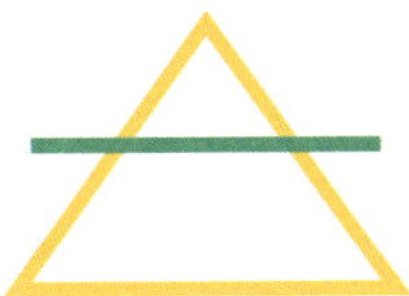

cm »... schätze ...« X **Maschenprobe** »... ich mal«

Hier mein praktisches kleines Schema, das ich das magische Dreieck der Maschenprobe nenne. Wenn Sie überlegen, was Sie immer gesagt haben, **bevor** Sie von der Macht der Maschenprobe erfahren haben, dann erinnern Sie sich immer an das Dreieck: »Na, dann schätze ich mal.«

Die grüne Linie ist der Bruchstrich, und X steht für die Multiplikation. Bedecken Sie einfach den gesuchten Faktor, dann erkennen Sie die Formel, um ihn zu berechnen.

- **Wie viele Zentimeter?** Verdecken Sie diese Ecke des Dreiecks, und Sie erkennen, wie man es errechnet: Maschen- oder Reihenzahl geteilt durch Maschenprobe.
- **Wie viele Maschen oder Reihen?** Verdecken Sie diese Ecke des Dreiecks, und Sie erkennen, wie man es errechnet: Zentimeter mal Maschenprobe.
- **Welche Maschenprobe?** Verdecken Sie diese Ecke des Dreiecks, und Sie erkennen, wie man es errechnet: Maschen- oder Reihenzahl durch Zentimeter.

Diese simple Rechnung nutzen wir ganz problemlos tagtäglich, aber merkwürdigerweise, wenn es ums Stricken geht, FLIPPEN WIR AUS.

Ich nenne diese Herangehensweise auch »Keksmathe«. Schauen wir mal, warum.

MASCHENPROBE ERRECHNEN = KEKSMATHE

Wenn Sie zehn Kekse haben und fünf Freunde Sie besuchen kommen, dann hätten Sie doch keine Panik wegen der komplizierten Rechnung, wie viele Kekse jeder bekommt?

Kekse insgesamt ÷ Freunde = Keksportion

10 ÷ 5 = 2 Kekse

Wenn Sie 20 Maschen auf 10 cm im Probestück haben, dann bekommen Sie keine Panik, wenn Sie ausrechen wollen, wie viel das auf 1 cm sind.

Maschen (oder Reihen) ÷ cm = Maschenprobe

20 ÷ 10 cm = 2 Maschen auf 1 cm ist Ihre Maschenprobe

Wenn Sie fünf Freunde erwarten und jedem zwei Kekse geben wollen, dann haben Sie keine Panik wegen der komplizierten Rechnung, wie viele Kekse Sie brauchen, oder?

Freunde x Keksportion = Kekse insgesamt

5 x 2 = 10 Kekse

Wenn Ihre Maschenprobe 2 M auf 1 cm beträgt und Sie einen 20 cm breiten Schal wollen, dann bekommen Sie keine Panik wegen der komplizierten Rechnung, wie viele Maschen Sie anschlagen müssen, oder?

cm x Maschenprobe = Maschen

20 cm x 2 = 40 M

Wenn Sie zehn Kekse haben und jedem Freund zwei geben wollen, dann bekommen Sie keine Panik wegen der komplizierten Rechnung, wie viele Freunde Sie einladen können.

Kekse insgesamt ÷ Keksportion = Freunde

10 ÷ 2 = 5 Freunde

Wenn die Anleitung sagt, wie viele Maschen die Pullibreite ausmachen (z. B. 115 Maschen an der Brust), *warum* bekommen wir dann Panik, wenn wir mithilfe der Maschenprobe – hier 2,5 Maschen auf 1 cm – ausrechnen wollen, wie breit das ist?

Die Maschenprobe ist nicht so komplex – sie sagt nur, wie viele Maschen oder Reihen auf 1 cm kommen.

Maschen ÷ Maschenprobe = cm

115 ÷ 2,5 = 46 cm für das Vorderteil an der Brust

ANDERE MASCHENPROBE, GLEICHE KEKSMATHE!

Wenn Sie Ihre Meinung über die Portion ändern und jedem Freund nur anderthalb Kekse geben wollen, dann bekommen Sie keine Panik wegen der komplizierten Rechnung, wie viele Freunde Sie dann einladen können.

Kekse insgesamt ÷ Keksportion = Freunde

10 ÷ 1,5 = 6,6 Freunde (also 6 Freunde und ein Kind)

Es ist dieselbe Art Mathe wie vorher – und dieselbe Art Mathe wie beim Berechnen der Werte einer Anleitung.

Hier ein Beispiel. Nehmen wir an, die Anleitung gibt folgende Informationen:

Maschen am Brustumfang (Vorder- und Rückenteil): 104 (117, 130, 143, 156, 169, 182, 195) M

Pulloverbreite (Vorder- und Rückenteil): 40,5 (45,5, 51, 56, 61, 66, 71, 76) cm

Fertiger Brustumfang: 81,5 (91,5, 101,5, 112, 122, 132, 142, 152,5) cm

Maschenprobe = 26 Maschen auf 10 cm oder 2,6 M auf 1 cm

Wenn Sie weniger Maschen pro Zentimeter als in der Anleitung brauchen, ist keine komplexe Rechnerei nötig, um herauszufinden, wie groß der Pulli würde, wenn Sie mit Ihrer Maschenprobe eine der Größen stricken.

Maschen ÷ Maschenprobe = cm

Sagen wir, Sie kommen z. B. auf 24 Maschen auf 10 cm bzw. 2,4 Maschen auf 1 cm, und wollen eine Größe ähnlich der dritten Größe stricken. Da Ihre Maschenprobe abweicht, können Sie so errechnen, was herauskäme, wenn Sie die zweite Größe stricken. Sie wären der dritten Größe viel näher.

117 Maschen ÷ 2,4 = 48,75 cm

48,75 cm x 2 (Vorder- und Rückenteil) = 97,5 cm

Wenn Sie noch keine Maschenprobe gestrickt haben, können Sie leicht herausfinden, welche Sie erzielen sollten.

Sagen wir mal, ich möchte eine Größe zwischen der zweiten und dritten Größe. Ich will einen fertigen Brustumfang von 95,5 cm, was bedeutet, dass Vorder- und Rückenteil je 47,5 cm messen. Doch in der Anleitung gibt es nur eine Größe mit 91,5 cm und eine mit 101,5 cm Brustumfang. Welche Maschenprobe sollte ich also anstreben?

Maschen ÷ cm = Maschenprobe

Sie können die Rechnung an jeder Seite der Zwischengröße machen, beginnen Sie mit einer angegebenen Größe. Wenn ich z. B. die Maschenzahl für die zweite Größe nehme:

117 M ÷ 47,5 cm = 2,5 Maschen auf 1 cm

Ich weiß also, dass ich eine Maschenprobe von 2,5 Maschen auf 1 cm oder 25 Maschen auf 10 cm brauche. Gar nicht so schwer, oder?

Natürlich müssen wir uns aber auch noch um die Reihen kümmern. Am besten jetzt gleich!

REIHEN: WARUM?

Viele melden sich, wenn ich im Maschenprobenkurs frage: »Wer hat Schwierigkeiten, sowohl bei den Maschen wie auch bei den Reihen die Maschenprobe zu erreichen?« Dann sage ich: »Schauen Sie sich um. Jeder, der keine Hand hebt, gehört zu einer von zwei Gruppen. Entweder haben Sie Ihre Reihen noch nie gemessen oder Sie schwindeln.«

Es gibt viele Gründe, warum die Reihenanzahl nicht stimmt: Nadelmaterial, Strickmethode, Garnzusammensetzung und -konstruktion. Sie können versuchen, einen dieser Faktoren zu ändern, aber wirklich wichtig ist, dass Sie genau wissen wie viele Reihen es in Ihrem gespannten Probeläppchen genau sind, um damit zu arbeiten.

Mein bester Tipp zum Stricken eines Pullovers: Finger weg vom Maßband. Ich sage meinen Schülern immer, das Maßband berührt nur zwei Mal das Gestrick: Beim Messen der Maschenprobe und beim Spannen. Moment, fragen sie dann: »Was, wenn es in der Anleitung heißt, weiterstricken, bis das Stück 32,5 cm ab dem Anschlag misst, was ist damit, hm?« Okay, nur mit der Ruhe. Wenn es in einer Anleitung heißt: »33 cm stricken«, gehen Sie davon aus, dass es bedeutet: »Stricken Sie 33 cm laut Ihrer endgültigen Reihen-Maschenprobe.« Ehrlich, so kann nichts schiefgehen.

Denken Sie daran, wenn Ihre Reihenanzahl nicht mit der Anleitung übereinstimmt, muss in Abschnitten mit Zu- oder Abnahmen angepasst werden. Keine Panik – rechnen Sie genauso wie bisher! Es sind nur ein paar einfache Schritte.

GLEICHE GRÖSSE, ANDERE MASCHENPROBE

1. Zählen Sie die Reihen im Bereich der Zu- und Abnahmen.
2. Diese Reihenzahl durch die angegebene Reihen-Maschenprobe dividieren. Damit hat man die Zentimeter, über die in der Anleitung geformt wird.
3. Die Zentimeter mit IHRER Reihen-Maschenprobe multiplizieren, damit erfährt man, wie viele Reihen man für dieselbe Formgebung stricken muss.
4. Die Gesamtreihenzahl im Bereich der Formgebung durch die Reihenzahl aus Schritt 3 dividieren, dann auf eine ganze Zahl abrunden.

Wenden wir diese Schritte mal in einer echten Situation an, bei einem Ärmel. Sie kennen das Trauma: Laut Anleitung soll man beidseitig je eine Masche zunehmen und diese Zunahmen dann noch zwölf Mal alle zehn Reihen wiederholen und dann weiterstricken, bis der Ärmel 45,5 cm misst, aber wenn Sie mit den Zunahmen fertig sind, misst Ihr Ärmel schon 48,5 cm! Tja, das liegt an unserem Freund, der Reihen-Maschenprobe.

Die Maschenprobe in der Anleitung beträgt 3 Reihen auf 1 cm, aber meine Maschenprobe 2,5 Reihen auf 1 cm.

Rechnen wir mit den oben genannten vier Schritten. Es gibt aufwendigere Arten, Zu- und Abnahmen zu berechnen, aber ich will es einfach halten, und das hier klappt sicher.

SCHRITT NR. 1:

Die Reihen im Bereich der Formgebung zählen.

Der Ärmel beginnt mit dem Bund: Eine Zunahmereihe stricken und diese dann in jeder zehnten Reihe zwölf Mal wiederholen.

10 x 12 = 120 Reihen, in denen zugenommen wird.

SCHRITT NR. 2:

Diese Reihenzahl durch die angegebene Reihen-Maschenprobe dividieren, um die Zentimeter, über die am Ärmel zugenommen wird, zu berechnen.

120 Reihen ÷ 3 Reihen = 40 cm. Den Bund stricken, den Ärmel so formen, dass ganz oben noch ein Stück ohne Zunahmen gestrickt werden kann.

SCHRITT NR. 3:

Die Zentimeter mit der Reihen-Maschenprobe multiplizieren.

40 cm Abschnitt mit Zunahmen x meine Reihen-Maschenprobe von 2,5 Reihen auf 1 cm = 100 Reihen.

SCHRITT NR. 4:

Die Gesamtreihenzahl im Bereich der Formgebung durch die Reihenzahl aus Schritt 3 dividieren und auf eine ganze Zahl abrunden.

100 Reihen ÷ 12 = 8,33 (auf 8 abrunden)

Den Bund stricken, die erste Zunahmereihe stricken, dann die Zunahmereihe in jeder achten Reihe noch 12-mal wiederholen. Dann weiterstricken, bis der Ärmel 45,5 cm misst.

GLEICHE RECHNUNG FÜR ANDERE FORMEN!

Sie können mit dieser Rechnung nicht nur die Formgebung bei einem Pulli an eine andere Maschenprobe anpassen, sondern auch die Form eines Kleidungsstück (teilweise) ändern.

Sagen wir, Sie stricken denselben Ärmel, wollen aber eine ¾-Länge *und* haben eine andere Reihen-Maschenprobe.

Es kommt noch ein Schritt dazu, um den Ärmel zu verkürzen. Natürlich funktioniert das genauso, um ihn zu verlängern.

ANDERE GRÖSSE, ANDERE MASCHENPROBE

1. Die Reihen im Bereich der Formgebung zählen.
2. Diese Reihenzahl durch die angegebene Reihen-Maschenprobe dividieren. Damit hat man die Länge (in cm), über die in der Anleitung geformt wird.
3. Ziehen Sie die Zentimeter ab, die der Ärmel kürzer sein soll.
4. Die Zentimeter mit Ihrer Reihen-Maschenprobe multiplizieren, für die Reihenzahl der Formgebung.
5. Die Gesamtreihenzahl im Bereich der Formgebung durch die Reihenzahl aus Schritt 3 dividieren, dann auf eine ganze Zahl abrunden.

Nehmen wir denselben Ärmel wie oben. Die Ärmellänge der Anleitung beträgt 45,5 cm, die Reihen-Maschenprobe 3 Maschen auf 1 cm.

Sie wollen einen 35,5 cm langen Ärmel, und Ihre Reihen-Maschenprobe beträgt 2,5 Maschen auf 1 cm.

Den Bereich der Formgebung haben wir bereits in diesen Schritten berechnet.

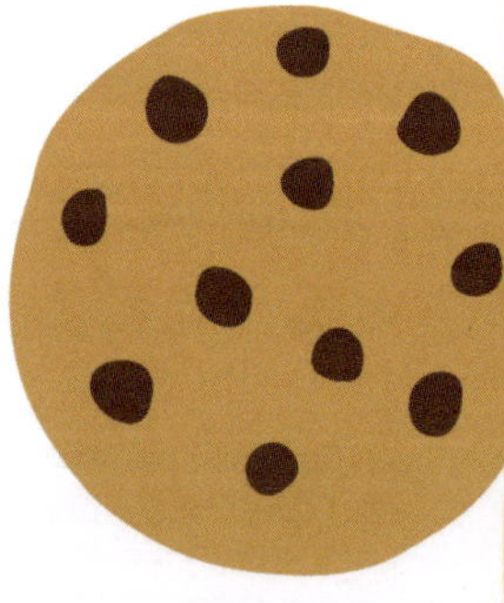

SCHRITT NR. 1:

Die Reihen im Bereich der Formgebung zählen.

Der Ärmel beginnt mit dem Bund: Eine Zunahmereihe stricken und diese dann in jeder zehnten Reihe 12-mal wiederholen. 10 x 12 = 120 Reihen in denen zugenommen wird.

SCHRITT NR. 2:

Diese Reihenzahl durch die angegebene Reihen-Maschenprobe dividieren. Damit hat man die Zentimeter, über die in der Anleitung geformt wird.

120 Reihen ÷ 3 Reihen auf 1 cm = 40 cm.

SCHRITT NR. 3:

Ziehen Sie jetzt die Zentimeter ab, die Ihr Ärmel kürzer sein soll.

Ich möchte innerhalb der Zunahmen um 10 cm kürzen. Laut Anleitung wird über 40 cm zugenommen - 10 cm = 30 cm für die Zunahmen.

SCHRITT NR. 4:

Die Zentimeter mit der Reihen-Maschenprobe multiplizieren.

Der angepasste Bereich der Zunahmen ist 30 cm x 2,5 (meine Reihen-Maschenprobe) = 75 Reihen.

SCHRITT NR. 5:

Die Gesamtreihenzahl im Bereich der Formgebung durch die Reihenzahl aus Schritt 3 dividieren, dann auf eine ganze Zahl abrunden.

75 Reihen ÷ 12 weitere Zunahmereihen = 6,3
Den Bund stricken, die erste Zunahmereihe stricken, dann die Zunahmereihe in jeder sechsten Reihe noch 12-mal wiederholen. Dann weiterstricken, bis der Ärmel 35,5 cm misst.

Zack! Keksmathe!

Stricken Sie eine Maschenprobe, die nicht lügt, und ein Probestück, das Sie lieben, und einen Pulli, der passt. Benutzen Sie Mathe zum Guten, nicht zum Bösen. Und jetzt nehmen Sie sich einen Keks. Sie haben ihn verdient!

Worte der Weisheit

STRICKANLEITUNGEN SIND WIE DAS LEBEN: AM BESTEN WIRD ES, WENN WIR SIE NICHT VERKOMPLIZIEREN.

Ignorieren oder nicht: Das ist die Frage

Bevor wir zum Herzen, zum sahnigen Zentrum dieses Buchs kommen – den Stricktricks –, muss ich noch eine letzte Sache ansprechen: die Anleitung. Als Anfänger wissen wir nicht, was wir von einer Anleitung erwarten können und was wir darin ignorieren dürfen. Den Worten exakt folgen? Alle Techniken genau umsetzen?

Eines ist sicher: Die Anleitung hilft, bevor wir anschlagen, bei zwei großen Entscheidungen. Indem sie Maschenprobe, Wolle und Größe angibt, sagt sie uns, was wir stricken und womit.

Womit stricken (Oder wie man zum Meisterkoch wird)

Zuerst unsere Zutaten. Stricker:innen lassen sich in zwei Gruppen aufteilen: diejenigen, die sich in eine Anleitung verlieben und dann passende Wolle suchen, und diejenigen, die sich in Wolle verlieben und dann eine passende Anleitung suchen. Aber egal wie rum, die Hochzeit von Wolle und Anleitung ist ein geheiligter Bund, den man nicht leichtfertig eingehen sollte, sondern nach ernstem Nachdenken und dem Segen einer Maschenprobe.

Über das Austauschen der angegebenen Wolle wurden schon ganze Bücher geschrieben, ich werde also nicht versuchen, die Welt der Wolle in ein paar Zeilen abzuhandeln. Stattdessen kommen hier meine drei Toperfolgstipps.

TIPP NR. 1:

Auf Testfahrt mit der Wolle

Zuallererst und am allerwichtigsten: Lassen Sie sich mit der Entscheidung Zeit. Ein Garn allein nach der Banderole auszuwählen ist eine übereilte Entscheidung. Es ist, als hätten Sie Lust auf einen Apfelkuchen, schauen sich in der Küche um und finden eine Packung Toastbrot, eine Dose Erbsen und Corned Beef und verkünden: »Ich kann es gar nicht erwarten, meinen Apfelkuchen zu backen!« Machen Sie es besser. Backen Sie keinen Corned-Beef-Kuchen.

Denken Sie über die Wolle nach, bevor Sie einkaufen gehen. Ein Meisterkoch geht auch nicht mit seinem Rezept auf den Markt und fragt nach Kuhfleisch. Oh nein! Ein Meisterkoch weiß genau, welches Stück Rind mit welcher Marmorierung er möchte. Wir sollten uns genauso viele Gedanken über unsere Zutaten machen. Experimentieren Sie, spielen Sie herum, machen Sie einfach so ein paar Maschenproben.

Eine vernünftige Wollwahl bedeutet, über die Maschenprobe auf der Banderole hinauszudenken und an alles, was das Garn ausmacht: Materialzusammensetzung, Aufbau, Verzwirnung, Struktur, der ganze Kram eben. Wie finden Sie heraus, ob Ihnen das Strickstück aus der Wolle gefällt oder ob es das Muster gut zeigt? Sagen wir es alle zusammen – Mit einer MASCHENPROBE. Und zwar nicht einem winzigen 10 cm großen, »Ich bin fertig, kann ich jetzt loslegen«-Quadrat, sondern einer großen Probe, die man schütteln und anfassen und fühlen und ziehen kann. Wir haben schon gelernt, warum wir für die perfekte Maschenprobe ein großes Probestück brauchen, aber wir brauchen es eben auch, um das fertige Strickstück kennenzulernen.

TIPP NR. 2:

Es wächst und wächst

Wenn wir ein Garn für ein Projekt aussuchen, dann müssen wir dessen Eigenschaften berücksichtigen: Wärme, Saugfähigkeit, Elastizität und Gedächtnis. Und auch wenn man durch eine große Maschenprobe viel über das Garn erfährt, gibt es da noch etwas, das ich ansprechen will, weil es die häufigste Beschwerde von Stricker:innen ist. Ich meine natürlich das gefürchtete Wachsen: ein Kleidungsstück, das beim ersten Tragen toll aussieht und dann länger und länger wird. Ich habe mal ein kleines Top mit eckigem Ausschnitt aus einem Baumwoll-Bambus-Garn gestrickt. Im Laufe des Tages spürte ich irgendwann vorn eine leichte Brise. Ich wusste, dass es einen kritischen Punkt erreicht hatte, als ich ein Zimmer betrat und meine Freundin rief: »Meine Herren, heute überlässt du aber nichts der Fantasie!« Natürlich wird das Gestrick nicht ewig weiterwachsen, aber unter bestimmten Umständen kann aus einer Strickjacke innerhalb weniger Stunden ein Bademantel werden.

Um vorhersagen zu können, ob ein Garn wachsen wird, müssen wir uns seine Elastizität und sein Gedächtnis, also die Fähigkeit, in die Ursprungsform zurückzuspringen, ansehen. Erinnern Sie sich, was wir im vorigen Kapitel über den Effekt der Schwerkraft auf die Maschenprobe gelernt haben?

Woher weiß man, ob ein bestimmtes Garn wächst? Mein Tipp: Wenn es glänzt, könnte es auch wachsen. Denken Sie an Fasern wie Seide, Viskose, Nylon, superwash Merino, Bambus. All diese Fasern reflektieren das Licht, weil die Oberfläche so glatt ist, und glatt bedeutet, dass die Maschen einer Reihe nirgendwo verankert sind oder festgehalten werden. Die Maschen rutschen aneinander vorbei, und das Gestrick dehnt sich in die Länge.

Einer der schlimmsten Strickfehler ist es, eine Faser ohne Gedächtnis in einem Muster mit Längs-Dehnung, wie kraus rechts (die Akrobaten, Sie erinnern sich?) zu verstricken (fragen Sie mich nicht, woher ich das weiß). Im Zweifelsfall schauen Sie sich die Garnzusammensetzung des Originalgarns der Anleitung an. Wenn es eines mit Gedächtnis ist, dann wählen Sie eines, das das ebenfalls hat, wie z. B. Wolle.

TIPP NR. 3:

Dichte ist was Feines.

Wenn ich entscheiden müsste, welches Element am häufigsten bei der Garnwahl übersehen wird, dann würde ich sagen, die Dichte. Damit wird die längenbezogene Masse angegeben, also das Verhältnis von Gewicht und Lauflänge. Zwei Garne, die mit derselben Maschenprobe verstrickt werden, können im Gewicht variieren, manchmal sogar enorm. Die Materialzusammensetzung und -konstruktion bestimmen das Gewicht. Wenn ein 100 g Knäuel 320 m Lauflänge hat, das andere, genauso viel Gramm, aber auf 160 m, dann wird der fertige Pulli aus dem zweiten Garn doppelt so schwer sein. Die Dichte hat nicht nur Auswirkungen auf das Gesamtgewicht, sondern auch auf Stand und Fall des Kleidungsstücks. Eine schlechte Garnwahl in Kombination mit der falschen Größe führt nicht zum gewünschten lockeren Pulli, sondern zu einem tonnenschweren Zelt.

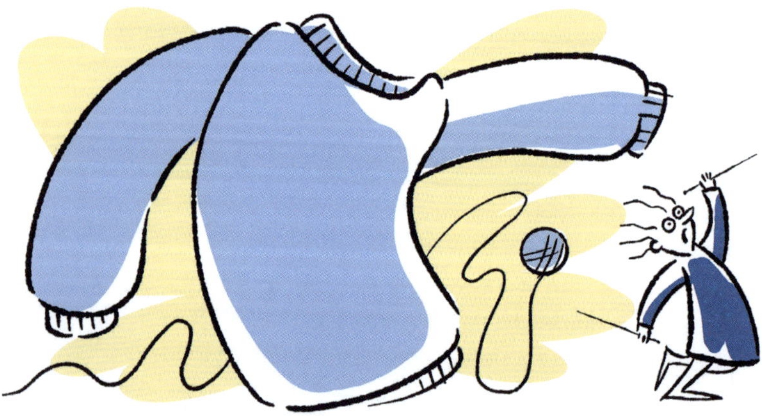

Wählen Sie richtig: Größe ist wichtig

Beim Pulloverstricken ist entscheidend, nicht nur die richtigen Zutaten auszuwählen, sondern auch die richtige Größe. Wenn der gestrickte Pulli am Ende zu klein ist, dann liegt das meiner Erfahrung nach in 99 Prozent der Fälle daran, dass die Maschenprobe nicht ordentlich gemacht wurde. Bei einem zu großen Pulli jedoch wurde in 99 Prozent der Fälle die falsche Größe gewählt.

In letzter Zeit ist das noch schwieriger geworden, weil so viel über die Bequemlichkeitszugabe, also zusätzliche Weite, gesprochen wird. Manchmal geben wir als Designer gerade so viel Informationen, dass es gefährlich ist. Dass die Erwähnung der zusätzlichen Weite in einer Anleitung für mehr Verwirrung sorgen kann, habe ich erst gemerkt, als mir lauter Fragen gestellt wurden: »Ist diese Weite eingeplant?« oder »Es heißt, dass der Pulli mit 5 cm zusätzlicher Weite getragen werden soll. Ich will einen Pulli, der 101,5 cm Brustumfang hat, stricke ich also den mit 96,5 cm oder den mit 106,5 cm Umfang?« oder »Muss ich Maschen für 5 cm zusätzlich anschlagen?«.

Dröseln wir es auf. Kurz gesagt, mit zusätzlicher Weite ist die Differenz in Zentimetern zwischen ihren Körpermaßen und denen des Pullis gemeint. (Erstaunlich!) Mehr nicht. Die Schemazeichnung zeigt die Maße des fertigen Pullovers, und das ist kein Trick. Wenn da steht, der Brustumfang beträgt 101,5 cm, dann beträgt er 101,5 cm. Wenn Sie bei einem Brustumfang von 96,5 cm diese Größe stricken, dann hat der Pulli an der Brust 5 cm zusätzliche Weite.

Der Unterschied zwischen Körper- und Kleidungsmaßen

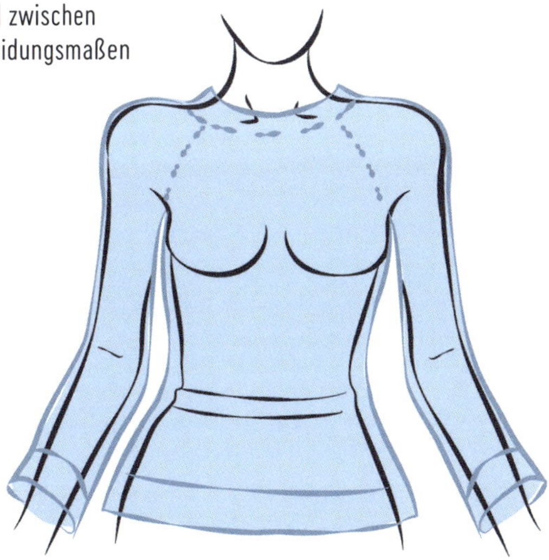

Stellen Sie es sich so vor: Wenn Sie in einem Möbelkatalog einen Tisch mit den Maßen 1,2 x 1,8 m sehen, dann ist das die Tischgröße, nicht die des Zimmers, in das Sie ihn stellen. Sie müssen entscheiden, ob die Tischgröße in Ihr Zimmer passt. Der Designer kennt Ihre Zimmergröße nicht oder wie viel Abstand Sie zwischen Wänden und Tisch möchten! Das variiert von Zimmer zu Zimmer und von Mensch zu Mensch.

Was zusätzliche Weite angeht, sind vor allem drei Dinge wichtig.

KONSTRUKTION DES PULLIS

Unterschiedliche Konstruktionen verlangen nach unterschiedlich viel Bewegungszugabe. Ein Pulli mit überschnittenen Schultern kann z. B. 15–20 cm Zugabe haben. Warum so viel? Weil ein Teil der Körperweite über die Schultern fällt und so den oberen Ärmelteil ausmacht. Ist der Körper zu eng, entstehen Falten unter den Achseln. Ein Fledermauspulli braucht mehr zusätzliche Weite, um richtig zu sitzen, da auch dieser Schnitt die Körperweite für die Ärmel braucht. Andererseits kann ein Pullover mit eingesetzten Ärmeln in praktisch jeder Weite gestrickt werden, da die Ärmelweite sich am Arm orientiert. Orientieren Sie sich an den Größenangaben in der Anleitung.

WAS WILL DAS DESIGN

Schauen Sie sich zunächst das Foto an: Sitzt der Pulli oversize, locker oder körpernah? Wie sieht er am Model aus? Steht dabei, welche Größe es trägt und mit wie viel zusätzlicher Weite? Wenn Small z. B. 101,5 cm Brustumfang des Pullovers bedeutet, könnte da stehen »für Brustumfang 86,5–91,5 cm gedacht« oder »zu tragen mit 10–15 cm zusätzlicher Weite«. All das hilft dabei, die richtige Größe und Extraweite zu wählen.

PERSÖNLICHE VORLIEBE

Hier kommt der Knüller! Was wollen SIE? Wie soll der Pulli sitzen? Was tragen Sie darunter? Was gefällt Ihnen? Meine Meinung über Größe ist eigentlich völlig egal, es sei denn, Sie stricken etwas für mich.

Wie beim Austauschen der Wolle gibt es auch viele tolle Bücher zur Pulloverpassform, daher kommen jetzt nur meine vier Toptipps.

PATTYS VIER TIPPS FÜR DIE GRÖSSENWAHL

TIPP NR. 1:

Die vorgeschlagene Bewegungszugabe ist kein Befehl.

Wenn sie erwähnt wird, dann als Empfehlung. Designer:innen erklären damit, wie sie sich den Sitz dieses Pullovers vorstellen. Es ist keine Formel, man muss dem nicht exakt folgen oder irgendwas deswegen tun.

TIPP NR. 2:

Zusätzliche Weite – aber wo? (Pst: Es geht um die Brust.)

Wenn es in einer Anleitung heißt, dass der Pullover mit »5–10 cm zusätzlicher Weite« oder »Bequemlichkeitszugabe« getragen werden soll, dann bezieht sich das auf den Brustumfang.

Warum die Brust? Jeder Pulloverschnitt sitzt anders am Armloch und den Schultern, aber jeder Pulli ist im Grunde ein Schlauch, und egal, wie die Schulter konstruiert ist, dieser Schlauch muss über die Brust. Deswegen bezieht sich der Sitz immer auf die Brust.

Aber wo misst man? In Anleitungen wird immer so getan, als gäbe es nur einen Brustumfang, dabei gibt es tatsächlich zwei: die Achselweite und den Brustumfang (manchmal auch Oberbrustweite genannt). Für den Brustumfang legt man das Maßband um die stärkste Stelle der Brust, für die Achselweite, wie der Name verrät, oberhalb der Brust, direkt unter den Achseln. Die Achselweite ist ein guter Ausgangspunkt, um die richtige Größe zu wählen, addieren Sie hier die gewünschte Bewegungszugabe dazu. Denken Sie daran, dass die Achselweite ein Maß ist, das direkt mit anderen durch das Skelett vorgegebenen Maßen verbunden ist, wie Armlochtiefe und Rückenbreite (Schulterblatt zu Schulterblatt). Der Brustumfang ist dagegen ein »Fleischmaß«, weshalb manchmal zu viel Zugabe dazu führt, dass der Pullover schlecht sitzt.

TIPP NR. 3:

Messen Sie einen gut sitzenden Pulli.

Da die Maße der Schnittzeichnung sich auf das fertige Kleidungsstück beziehen, messen Sie einen gut sitzenden Pulli aus. Vergleichen Sie Äpfel mit Äpfeln. Das ist oft hilfreicher als die eigenen Körpermaße zu nehmen. Achten Sie nur darauf, dass der Pullover oder das Top aus einem ähnlich schweren oder leichten Stoff ist und eine ähnliche Ärmelkonstruktion hat.

Jetzt der wichtigste (und vielleicht unglaublichste) Tipp (Trommelwirbel)...

TIPP NR. 4:

Es gibt keine Einheitsgröße.

Hier kommt der Hammer, der die meisten Stricker:innen schockt, für Schneider:innen aber völlig selbstverständlich ist. Sitzen Sie? Hier kommt's: Die Größe, die Sie auswählen, ist nur der Ausgangspunkt, die Basisgröße. Keine Pulloveranleitung, egal wie viele Größen sie bietet, kann jeder Körperform passen. Wählen Sie also die beste Größe, basierend auf dem Brustumfang, aus, erfreuen Sich sich an ein bisschen Keksmathe und bewundern Sie die Macht der Maschenprobe!

Die Geheimsprache der Anleitungen

Bevor wir zu den Tricks kommen, reden wir noch über die Anleitungssprache. Diese einschüchternde, merkwürdige Sprache, die manchmal wie ein Geheimcode wirkt. Ich werde oft gefragt, warum Tricks wie meine nicht in Anleitungen auftauchen. Ein Grund dafür ist, dass die Anleitungen in einer Art Kurzschrift geschrieben sind und voraussetzen, dass die Stricker:innen über Grundwissen verfügen. Aber sie sind auch auf die einfachste Art geschrieben.

Nehmen wir das Abketten für die Schulter als Beispiel. Als jemand zum ersten Mal einen Pulli gestrickt hat (nennen wir sie Maddie Blyons, um ihre Anonymität zu wahren), hat sie es sich etwas schwerer gemacht als nötig. Da stand: »Zweimal an jeder Schulterkante je 5 Maschen abketten.« Diese Anfängerin kettete 5 Maschen am Reihenbeginn ab, strickte bis zu den letzten 5 Maschen, kettete die ab, eine einsame Masche blieb übrig, sie schnitt den Faden ab, zog ihn durch und vernähte ihn, dann begann sie mit neuem Faden wieder am Reihenanfang und wiederholte alles. »WAS?« Damals schien es eine gute Idee.

Die Anleitung ist nicht nur in Kurzschrift geschrieben – »an jeder Schulterkante je 5 Maschen abketten« – und setzt das Wissen voraus, dass man nur am Reihenbeginn abketten kann, sondern nutzt auch einfachste Techniken. Um die Schultern zu formen, wird hier abgekettet. Die Anleitung sagt nur, wie viele Maschen weg müssen, bei der Entscheidung, wie Sie diese entfernen, können Sie Ihre wahnsinnigen Strickfähigkeiten glänzen lassen.

Die Anleitung sagt einem, wie man ein Ding herstellt, aber vermittelt jedoch keine Strickgrundlagen. Anleitungen sind wie ein Rezept, das einem sagt, was man tun muss, ohne es genau zu erklären. Daher hilft es, sich eine Anleitung als eine grundlegende Liste der Zutaten, Maße und knappen Anweisungen vorzustellen.

Und jetzt geht's endlich los mit Tipps und Tricks, um diese Rezepte zu meistern!

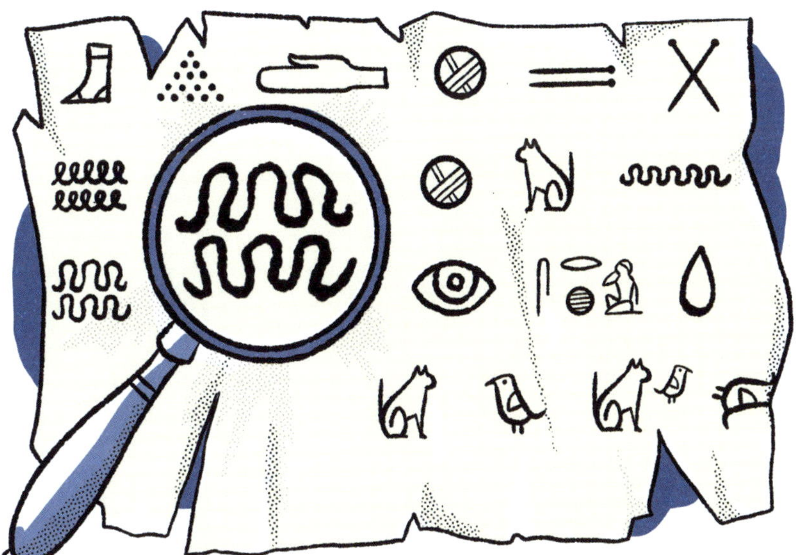

Worte der Weisheit

Lieber
GESTRICKT & AUFGETRENNT
ALS NIEMALS GESTRICKT ZU HABEN

Die Schokoladenseite: Man hat nur eine Chance auf einen guten ersten Eindruck

Beginnen wir ganz unten, mit dem bescheidenen Anschlag. Dürfte ich auf eine einsame Insel nur zwei Anschläge mitnehmen — okay, ich weiß, das ist Unfug, erlauben Sie mir das Gedankenspiel einfach —, würde ich mich für den Kreuzanschlag und das Aufstricken entscheiden. Mit diesen beiden Standards liegt einem die (Strick-)Welt zu Füßen. Doch es gibt so viele Möglichkeiten, beide zu verbessern.

Kreuzanschlag

Der Kreuzanschlag ist nicht umsonst eine der bekanntesten und beliebtesten Anschlagvarianten. (Zum Auffrischen s. Technik, S. 202.) Wie der perfekte Lebenspartner ist der Kreuzanschlag vielseitig und fest, aber flexibel. Aber sind wir ehrlich, auch ein perfekter Lebenspartner kann ein paar Verbesserungen vertragen.

Hier kommen vier einfache Tricks, die den Kreuzanschlag ziemlich perfekt machen.

TRICK NR. 1:

Handwerkerweisheit: Zweimal messen, einmal anschlagen

Wenig ist so unfassbar nervig, wie wenn bei der 394. angeschlagenen Masche von 400 die Wolle ausgeht. Ich kenne so viele Tricks, um genug abzumessen, vom Messen am Arm bis zu Tabellen, wie viel Zentimeter Wolle man je nach Lauflänge braucht, bis zu Formeln, die Pi nutzen (ernsthaft!). Für all so was bin ich zu faul. Ich mag es einfach, aber präzise. Und zwar so:

1. Ein Fadenende zum Vernähen stehen lassen (15–20 cm), den Faden zehnmal um die Nadel wickeln.

2. Beginnend mit der letzten Schlaufe und diesem Faden über dem Daumen 10 Maschen zur Probe anschlagen.

3. Alle Maschen bis auf die erste von der Nadel ziehen, dabei die zuletzt angeschlagene Masche und auch die erste festhalten.

4. Ziehen Sie die Hände auseinander, sodass die 10 angeschlagenen Maschen aufgehen. Der Faden zwischen Ihren Händen zeigt, wie viel man braucht, um 10 Maschen anzuschlagen.

5. Nutzen Sie diese Länge jetzt als Maß für den gesamten Anschlag. Verkomplizieren Sie es nicht durch einen Taschenrechner oder so, legen Sie den Faden einfach so oft wie möglich darüber.

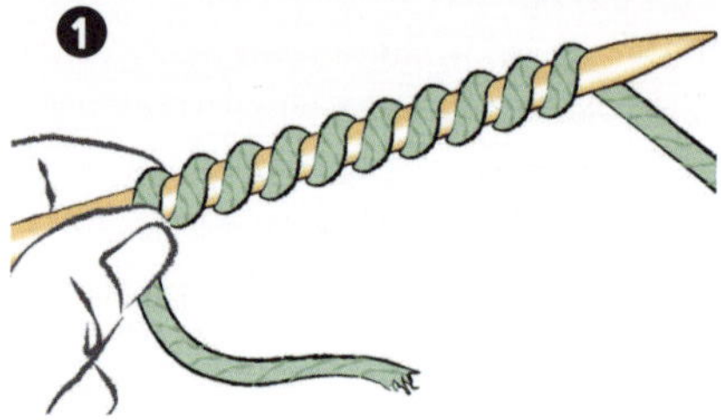

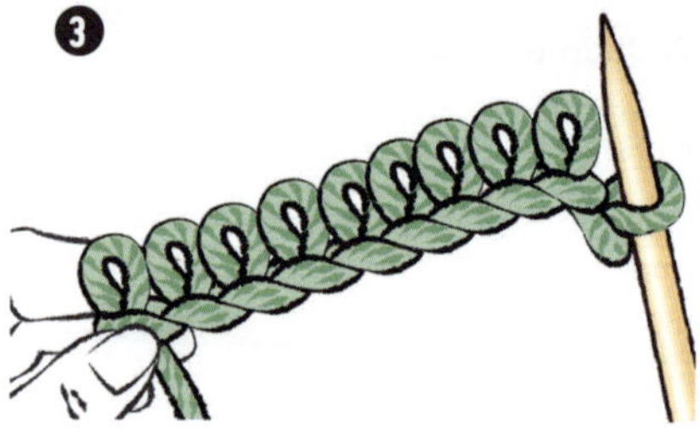

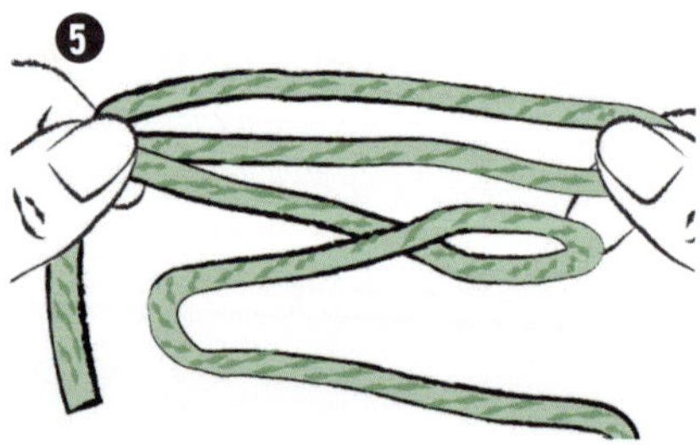

TRICK NR. 2:

Ein besserer Anfang: Weg mit dem hässlichen Knoten

Vertrauen Sie mir, machen Sie keine Grundschlinge. Ich weiß, ich weiß, jede Anleitung beginnt mit einer Grundschlinge. Warum? Wenn die erste Masche genauso aussehen soll wie all die anderen, lassen Sie die Grundschlinge weg und schlagen die erste Masche genauso an wie alle anderen. Messen Sie die passende Fadenlänge ab und legen Sie ohne hässlichen Knoten los.

1. Den abgemessenen Faden über die Nadel legen, das Fadenende nach vorn. Mit derselben Hand, die die Nadel hält, den Faden mit dem Zeigefinger festhalten. Das wird die erste Masche.

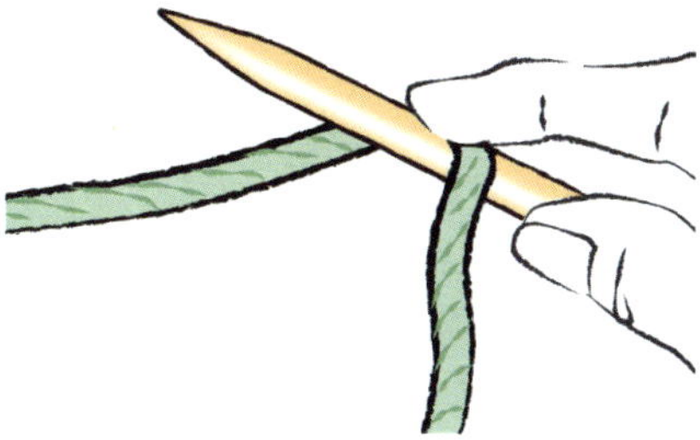

2. Daumen und Zeigefinger der anderen Hand zwischen Fadenende und Arbeitsfaden führen und eine Masche anschlagen. Dadurch verdreht sich der Faden über der Nadel. Das ist die erste angeschlagene Masche. Das war's schon!

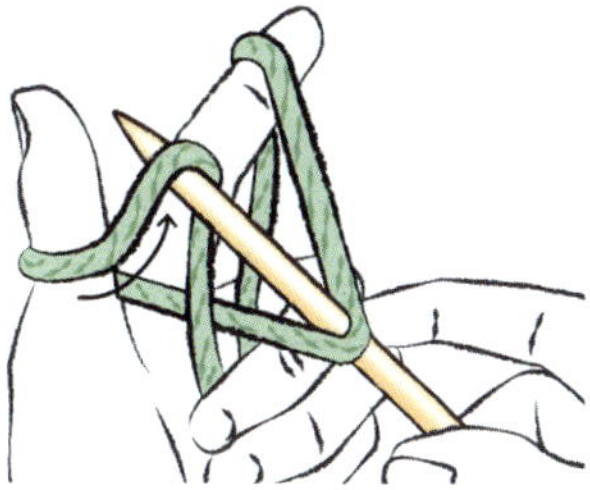

TRICK NR. 3:

Viel zu wenig Drall

Beim Kreuzanschlag ist Ihnen vielleicht schon aufgefallen, dass sich das Fadenende, das von der Nadel zum Daumen führt, langsam aufdreht. Das ist nicht nur nervig, sondern kann auch gefährlich sein. Wenn sich das Garn in mehrere Fäden teilt, ist der Anschlag dünner und kann reißen oder ausfransen.

Wie bei allem in Pattyland erklären wir das Was, das Warum und die Lösung.

Zuerst: das Was. Der Kreuzanschlag ist deswegen so beliebt, weil dabei eine echte erste Maschenreihe entsteht und nicht bloß lose Schlaufen. In Kapitel 1 haben wir gelernt, dass eine Masche eine Schlaufe ist (aus dem Arbeitsfaden), die durch eine andere Schlaufe (der Masche auf der Nadel) gezogen wird. Zu Beginn eines Kreuzanschlags gibt es jedoch noch keine Masche auf der Nadel. Man muss zunächst eine erschaffen, erst dann kann man den Arbeitsfaden durchziehen. Schauen wir es uns genauer an.

Beim Anschlag halten Sie den Faden in der linken und die Nadel in der rechten Hand. Der Arbeitsfaden (aus dem Knäuel) liegt über dem Zeigefinger —nennen wir ihn den **Fingerfaden** und das Fadenende über dem Daumen den **Daumenfaden**.

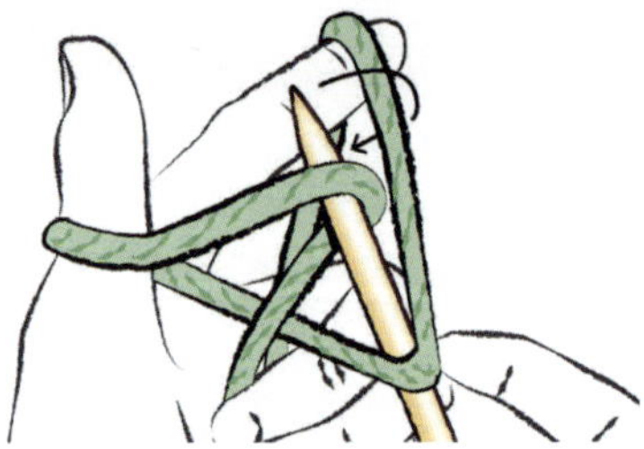

Beim Anschlagen bewegt sich die Nadel außen am Daumenfaden und hoch durch die Schlaufe um den Daumen. Stellen Sie sich Ihren Daumen als linke Nadel vor. Wenn Sie den Fingerfaden mit der rechten Nadel nehmen und in die Daumenschlaufe stechen und eine neue Schlaufe durchziehen, ist es genau dasselbe, wie eine neue Masche zu stricken.

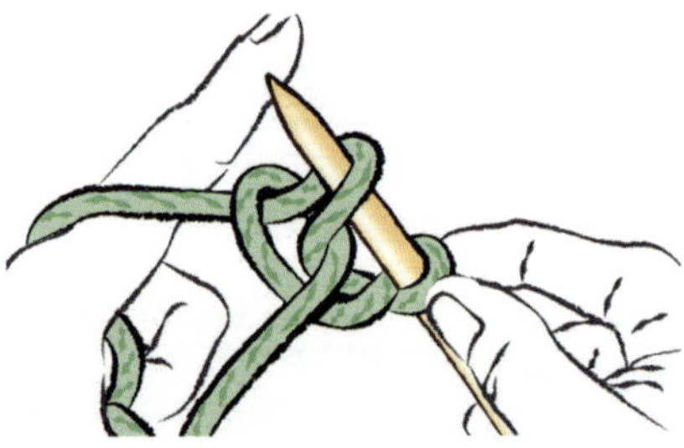

Wie meine stets positive Mutter sagen würde: »Da gibt es nur ein Problem.« Jedes Mal, wenn die rechte Nadel auf Sie zubewegt wird, nimmt man innen etwas Drall vom Daumenfaden, je mehr, umso stärker dreht sich der Faden auf.

Zum Glück gibt es eine Lösung! Kehren wir zum Anfang zurück.

1. Nachdem Sie den ellenlangen Faden für den Anschlag abgemessen haben, wickeln Sie ihn zu einer Docke. Halten Sie dafür das Fadenende zwischen der Hand und zwei Fingern und wickeln Sie den Faden wie eine Acht um Mittel- und Zeigefinger.

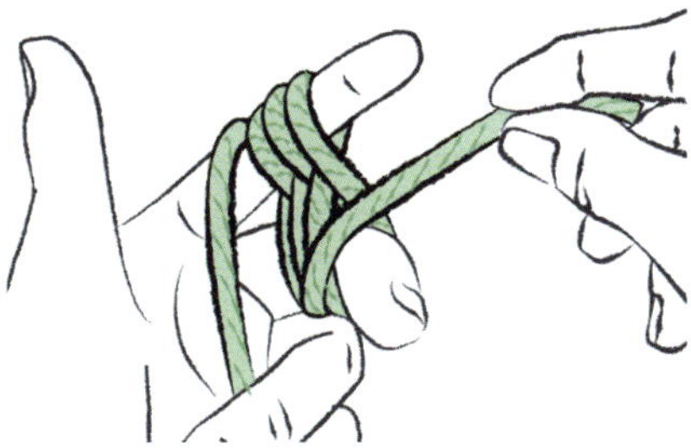

2. Wenn der Faden zum großen Teil aufgewickelt ist, ziehen Sie die Docke von den Fingern, machen eine Schlaufe aus dem Fadenende, legen sie oben über die Docke und ziehen das Ende durch. Und da aller guten Dinge drei sind, machen Sie noch zwei weitere Schlaufen und ziehen sie noch zwei Mal um die Docke fest.

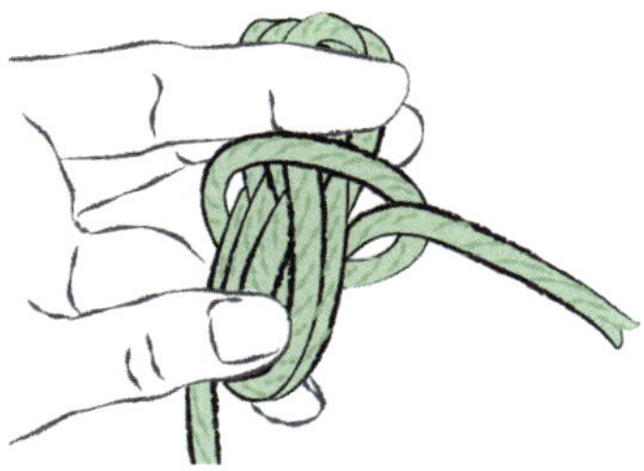

3. Wenn der Daumenfaden sich dann beim Anschlagen langsam aufdreht, lassen Sie die Docke von ihrem Daumen fallen. Durch das Gewicht dreht sich der Faden wieder zurück, wie er war!

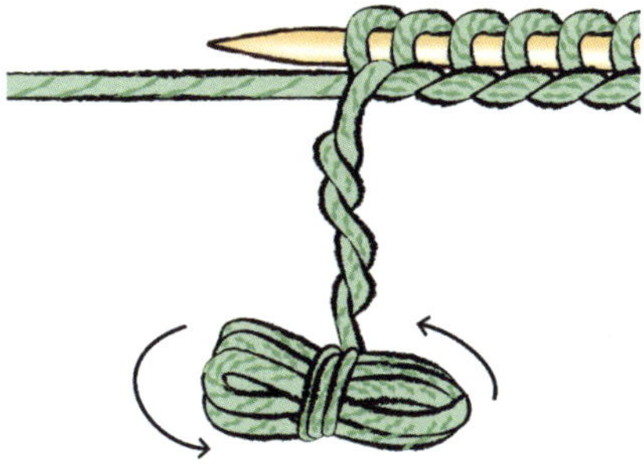

TRICK NR. 4:

Kein trauriger Anschlag mehr

Wir haben es alle schon erlebt. Wir haben uns so angestrengt, ganz locker anzuschlagen, manchmal sogar auf zwei Nadeln zusammen, aber trotzdem ist der Anschlag zu fest und scheint traurig zu lächeln.

Hier ein Beispiel für einen Anschlag, wie die meisten von uns ihn gelernt haben. Ein klassischer trauriger Mund.

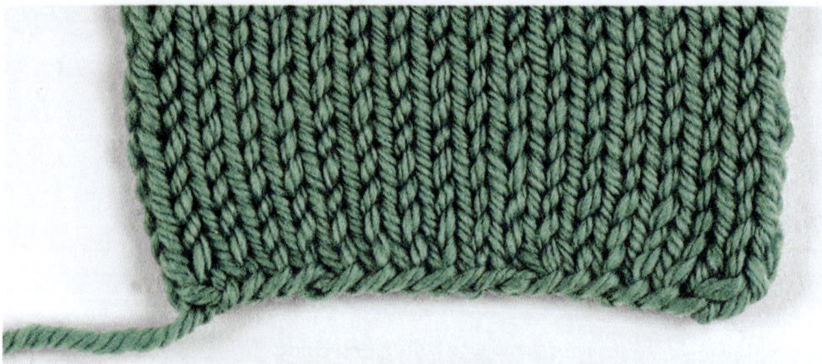

Auf zwei Nadeln anzuschlagen hilft nicht, die Maschen zu trennen.

Ich habe versucht, locker anzuschlagen, ja sogar mit zwei Nadelstärken dicker, aber dadurch wurde der Anschlag nicht dehnbarer, bloß die erste Reihe höher. Hier auf der Rückseite sieht man die höhere Anschlagsreihe deutlich.

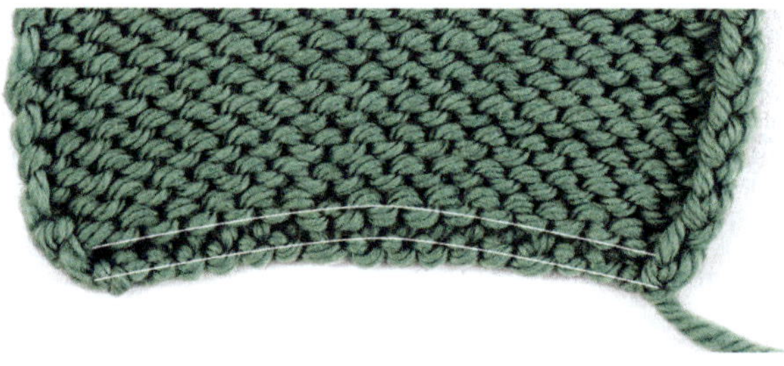

Durch die dickere Nadel wird die erste Reihe höher.

Ich kann ihre Schreie bis hierher hören: »ABER WARUM ERZÄHLT UNS JEDER, DASS ES FUNKTIONIERT?« Keine Ahnung, meine Lieben, keine Ahnung. Aber ich weiß, warum es nicht funktioniert, und auch, wie man es löst. Schauen wir uns die Struktur des Kreuzanschlags an.

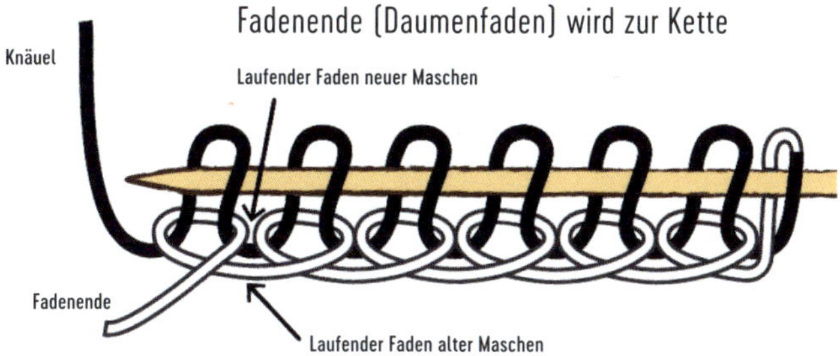

Wenn man auf einer dickeren Nadel anschlägt, glaubt man, dass die größere Schlaufe auf der Nadel auch zu einem lockeren laufenden Faden zwischen den Maschen führt, sodass sie Platz haben. Aber das Problem sind nicht die Schlaufen auf der Nadel, sondern dass sie vom Faden darunter wie von einem Lasso zusammengehalten werden.

Das Fadenende (Daumenfaden) bildet die Basis des Anschlags. Sie besteht aus den Schlaufen, die entstehen, wenn die Nadel am Daumenfaden nach außen geführt wird. Die sind sozusagen die Grundreihe, in die man mit dem Fingerfaden strickt.

Der Fingerfaden ist also der Arbeitsfaden, mit dem man *strickt* und aus dem die Maschen auf der Nadel und der laufende Faden dazwischen besteht. Sehen Sie ihn als 1. Reihe. Der Grund, wieso der Anschlag zu eng ist, liegt darin, dass die Basis (die Schlaufen unter der Nadel) und die 1. Reihe (die angeschlagenen Maschen) gleichzeitig entstehen. Es geht um den Platz zwischen den Maschen, unseren laufenden Fäden.

Wenn wir beim Anschlagen die Maschen direkt nebeneinander aufreihen, ist es, als stünden sie im Profil. Dass die Maschen durch die Basis eng zusammengehalten werden, macht es noch schlimmer. Erinnern Sie sich an die kopflastige rechte Masche? Nun, wenn die Maschen nicht auf der Nadel sitzen, sondern flach liegen, dann können sie sich nicht ausbreiten und ziehen einen traurigen Mund.

Stellen Sie sich vor, was passieren würde, wenn eine Reihe Revuetänzerinnen mit ihrem riesigen Kopfschmuck alle im Profil aufgereiht und an den Fesseln zusammengebunden wären und dann versuchten, nach vorn zu schauen. Es wäre nicht schön.

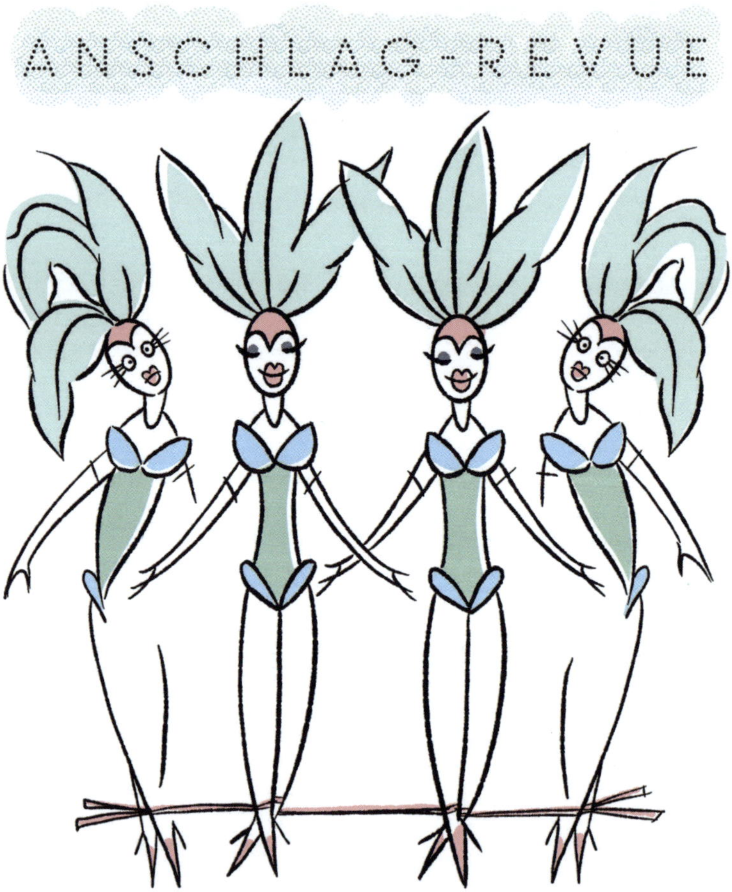

Wir brauchen mehr Platz zwischen den Maschen. Nachdem eine Masche aufgeschlagen ist, legen Sie einfach Ihre Fingerspitze auf die Nadel und schlagen Sie die nächste Masche an und so weiter.

Der Finger als Abstandhalter

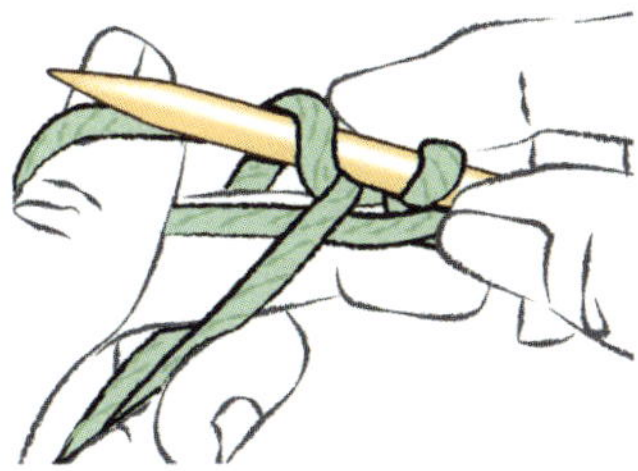

Dadurch entsteht der nötige Platz zwischen jeder angeschlagenen Masche, sodass die kleinen, kopflastigen Lieblinge, wenn sie sich vom Profil (auf der Nadel sitzend) nach vorn drehen, Platz für die Schulter haben. Hier sehen Sie den Unterschied zwischen den ersten fünf Maschen (traditionell angeschlagen) und den nächsten fünf (mit dem Finger als Abstandhalter angeschlagen).

Maschen mit und ohne Finger als Abstandhalter angeschlagen

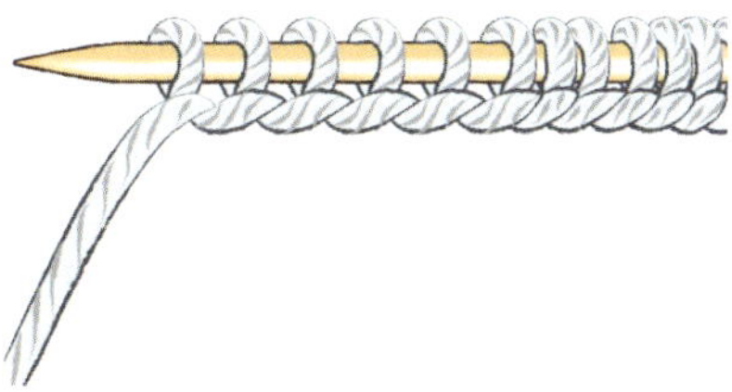

Das Ergebnis beweist es.

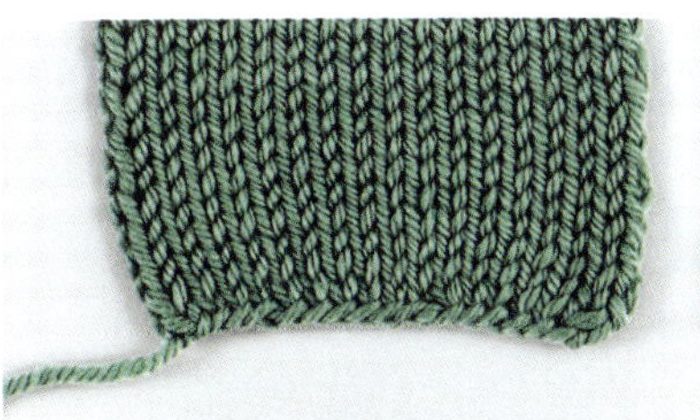

Mit 6-mm-Nadel angeschlagen, ohne Abstandhalter.

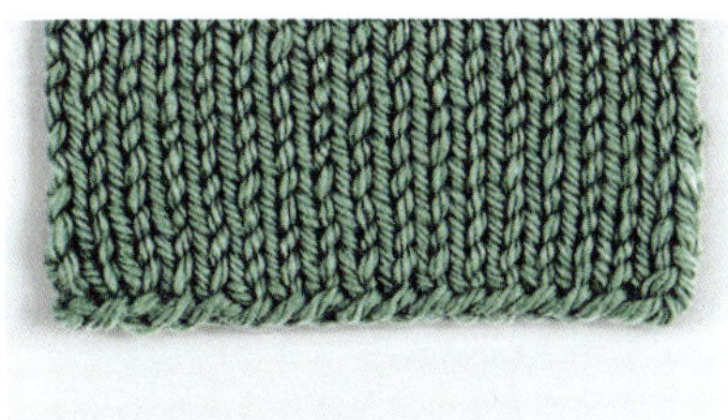

Mit 5-mm-Nadel und dem Finger als Abstandhalter angeschlagen.

DEN KREUZANSCHLAG AUFS NÄCHSTE LEVEL BRINGEN

Wenn man einmal erkannt hat, dass ein Kreuzanschlag eine gestrickte Reihe ist, eröffnen sich Welten. Vielleicht fragen Sie sich: »Wenn man rechts anschlagen kann, dann vielleicht auch links?« Natürlich!

Gehen wir zurück zum Anfang des Anschlags. Da befinden sich zwei Fadenabschnitte um die Nadel: der Fingerfaden und der Daumenfaden. Wir haben uns angesehen, wie wir die Basis bilden, indem wir in den Daumenfaden stechen und mit dem Fingerfaden neue Maschen stricken. Wir haben auch beobachtet, dass der Fingerfaden hinten und der Daumenfaden vorn liegt. Logisch, bei einer rechten Masche ist der Faden hinten, bei einer linken vorn (Okay, beim norwegischen links Stricken nicht, ich weiß, bitte keine Leserbriefe!).

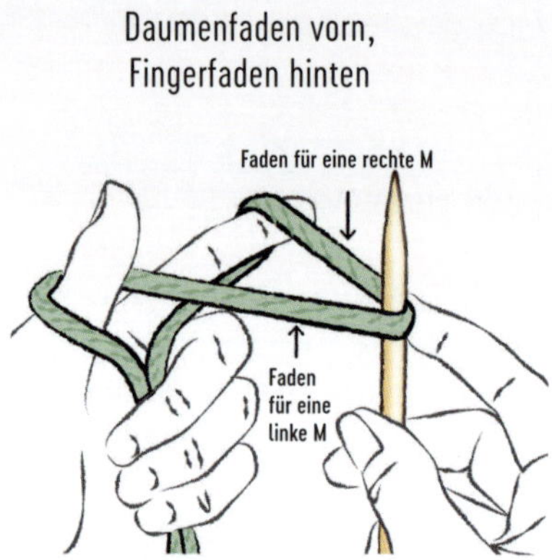

Eine rechte Masche ist eine Schlaufe, die durch eine Schlaufe gezogen wird, und eine linke Masche eine Schlaufe, die durch eine Schlaufe geschoben wird. Jetzt wenden wir das Prinzip beim Anschlag an. Wenn wir eine rechte Masche anschlagen können, indem wir den Fingerfaden durch die Schlaufe des Daumenfadens ZIEHEN, dann können wir (sagen Sie es laut) auch eine linke Masche anschlagen, indem wir den Daumenfaden durch den Fingerfaden SCHIEBEN. Verstanden?

Schritt für Schritt. Folgen Sie mir beim Anschlag.

1. Für eine rechte Masche geht die Nadel außen am **Daumenfaden** hoch in die entstandene Schlaufe, als wäre der Daumen die linke Nadel. Für eine linke Masche geht die Nadel außen am **Fingerfaden** hoch in die Schlaufe auf dem Zeigefinger, die Nadel kommt auf Sie zu, wie beim links Stricken. Jetzt ist der Zeigefinger die andere Stricknadel.

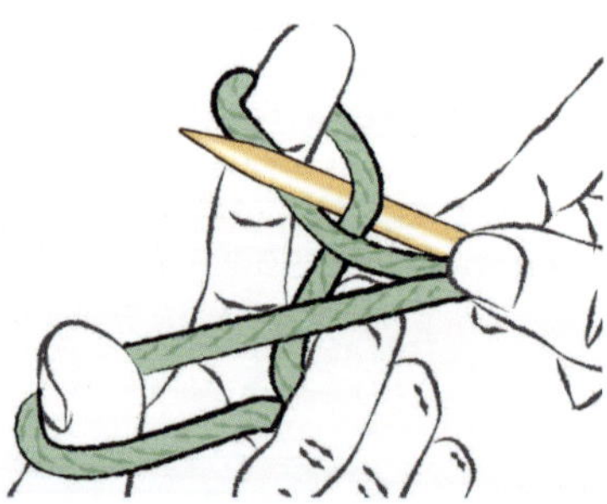

2. Schauen Sie sich den Daumenfaden an der Nadel an, er ist vorn, wie der Arbeitsfaden beim links Stricken. Führen Sie den Daumenfaden in derselben Richtung um die Nadel wie beim links Stricken. Bei der westlichen Methode heißt das, die Nadel geht UNTER den Daumenfaden, sodass der Faden DARÜBER verläuft, bei der östlichen und kombinierten Methode heißt das, die Nadel geht ÜBER den Daumenfaden, sodass der Faden DARUNTER verläuft. (Bei der östlichen Methode kontrolliert man die Maschen beim Anschlag und führt die Nadel für eine rechte Masche unter den Fingerfaden, sodass er sich über die Nadel legt.)

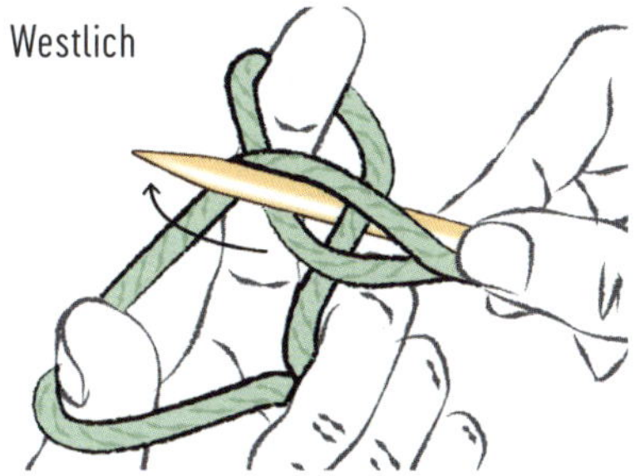

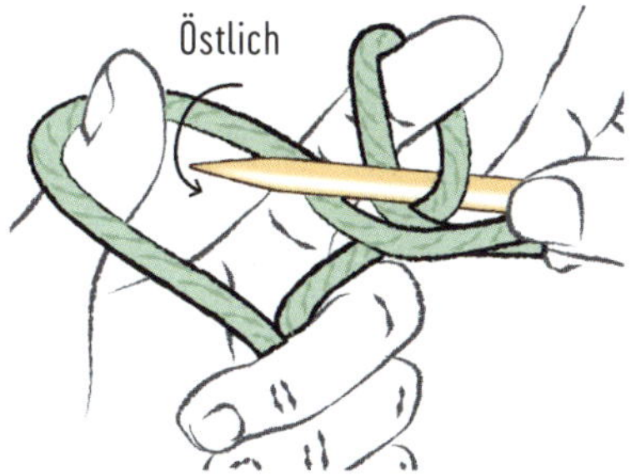

3. Was ist eine linke Masche? Eine Schlaufe, die durch eine andere Schlaufe geschoben wird, also schieben Sie die Nadel durch die Schlaufe auf Ihrem Zeigefinger und ziehen Sie den Finger dann heraus, um die Masche zu richten.

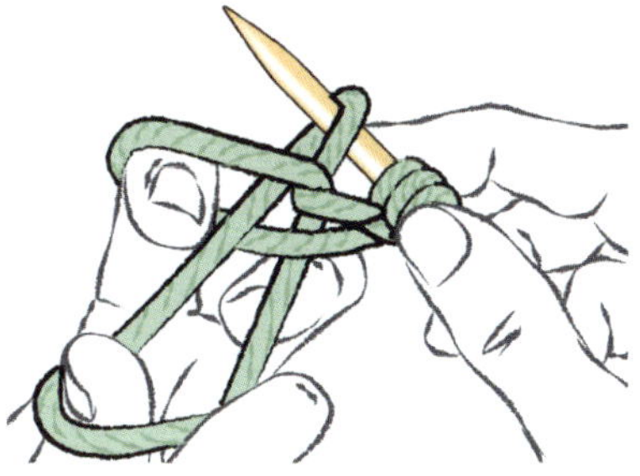

Jetzt, da Sie Maschen rechts und links anschlagen können, eröffnen sich lauter neue Möglichkeiten! Wenn Sie zum Beispiel 2 rechts, 2 links Rippen stricken, dann können Sie in ebendiesem Muster anschlagen: 2 Maschen rechts anschlagen, dann 2 Maschen links usw. Dadurch verschwindet die erste, merkwürdig aussehende Reihe. Schlagen Sie einfach laut der 1. Reihe ihres Musters an und beginnen dann mit der 2. Reihe. Dieser Trick funktioniert in Reihen wie Runden.

AH, EINE MASCHE AM ANSCHLAG IST GEFALLEN!

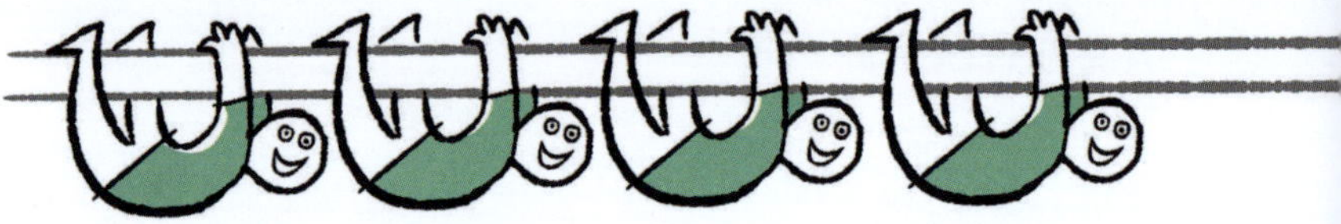

Wenn man 400 Maschen sorgfältig angeschlagen hat, nur um dann in der ersten Reihe eine fallen zu lassen, möchte man den ganzen Kram am liebsten verbrennen! Aber keine Sorge, es gibt Hilfe.

Auch wenn es in diesem Buch nicht um Rettungsaktionen mitten im Strickstück geht (vielleicht im nächsten!), musste ich das hier einfach einfügen. Weil wir uns die Struktur des Anschlags angeschaut haben und genau wissen, was Daumen- und Fingerfaden bewirken, passt dieser Trick perfekt hierher.

Bevor wir uns mit dem Anschlag befassen, betrachten wir erst, wie man eine gefallene Masche im Strickstück retten kann.

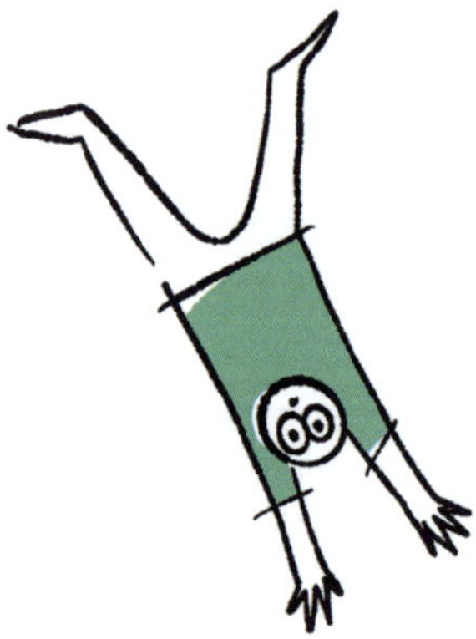

1. Die rechte Seite vorn, mit der linken Nadel von vorn in die gefallene Schlaufe einstechen, um die Masche auf die Nadel zu nehmen. Jetzt die linke Nadel unter den Querfaden (den Arbeitsfaden) einstechen, sodass er auf der Nadelspitze liegt.

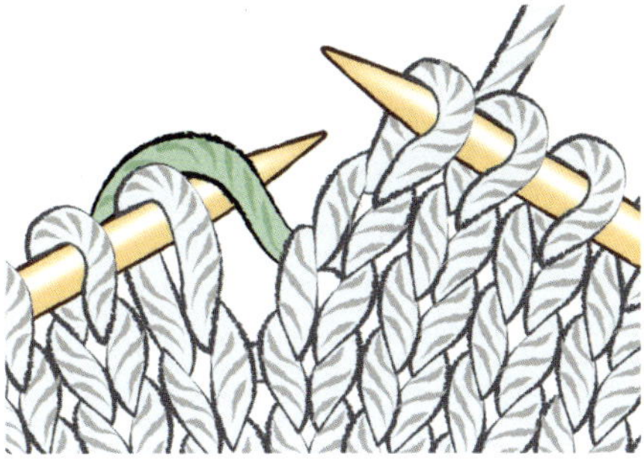

2. Dann nimmt man mit der rechten Nadel diese Schlaufe am führenden Maschenglied und zieht die gefallene Masche über den Querfaden. Ta-daa! Die gefallene Masche ist gerettet.

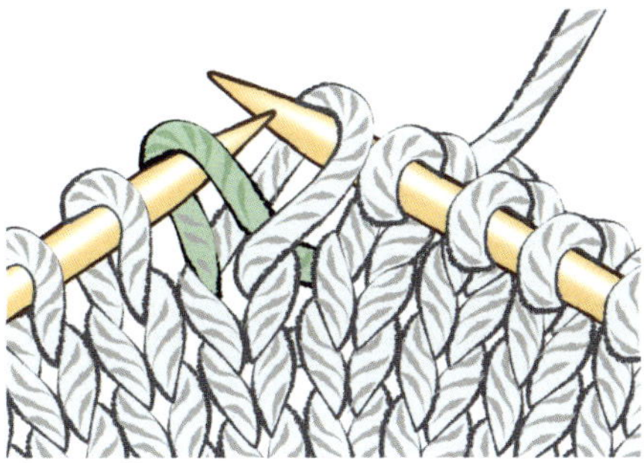

Man kann eine gefallene Masche am Anschlag auch mit einer Häkelnadel retten. Die Häkelnadel nach unten zwischen den beiden Fäden einstechen. Die Häkelnadel gegen den Uhrzeigersinn drehen, um den vorderen Faden zu verschränken, dann den hinteren Faden durch die Schlaufe auf der Häkelnadel ziehen und diese Masche dann auf die Stricknadel heben.

Hier mit einer Häkelnadel zu arbeiten kann etwas mühsam sein. Wie gezeigt, brauchen wir keine, um eine Masche, die eine Reihe gefallen ist, zu retten. Die können wir auch mit der Stricknadel aufheben. Machen wir es bei einer verlorenen Masche am Anschlag also genauso.

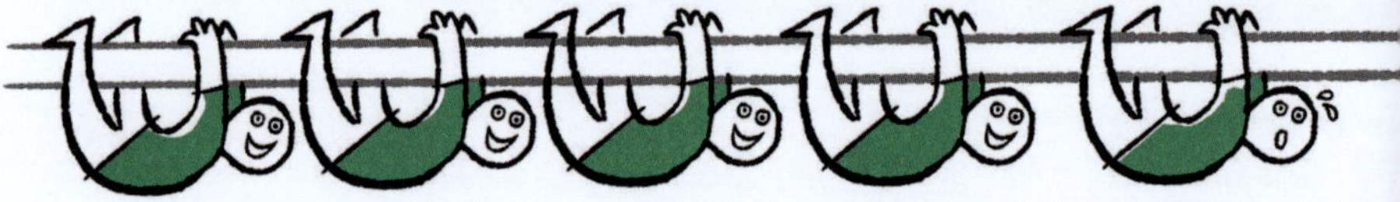

Also was passiert, wenn wir eine Masche vom Anschlag fallen lassen? Anstatt einer gefallenen Schlaufe sehen wir nur zwei furchteinflößende Fäden, doch keine Panik.

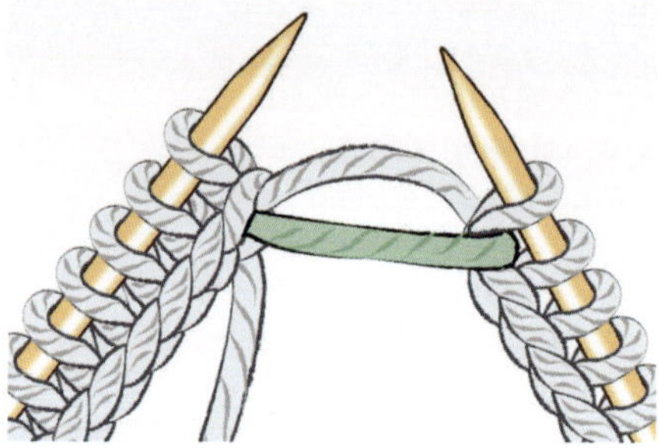

Wir erinnern uns, dass wir beim Kreuzanschlag eigentlich eine rechte Reihe stricken. Außerdem wissen wir, dass man eine verlorene Masche am besten auf der rechten Seite aufhebt. Das bedeutet, wenn Sie in Reihen stricken, müssen Sie die Arbeit wenden, um die Masche zu retten. Wenn Sie rund stricken, haben Sie den Anschlag zu Beginn nicht gewendet, da passt es also.

Schauen Sie sich die Fäden genau an. Der vordere ist etwas tiefer und kürzer als der hintere. Das ist der Daumenfaden, den man beim Anschlag verdreht. Der hintere Faden ist der Fingerfaden.

Was machen wir noch mal beim Kreuzanschlag? Ähnlich wie bei der Zunahme aus dem Querfaden, müssen wir den Faden verdrehen und den anderen durchziehen. So etwas in der Art machen wir jetzt auch.

1. Die linke Nadel von unten nach oben zwischen die beiden Fäden einstechen, den vorderen Faden mit dem führenden Maschenglied (dem, das der Nadel am nächsten ist) hinten. Das ist die gefallene Masche.

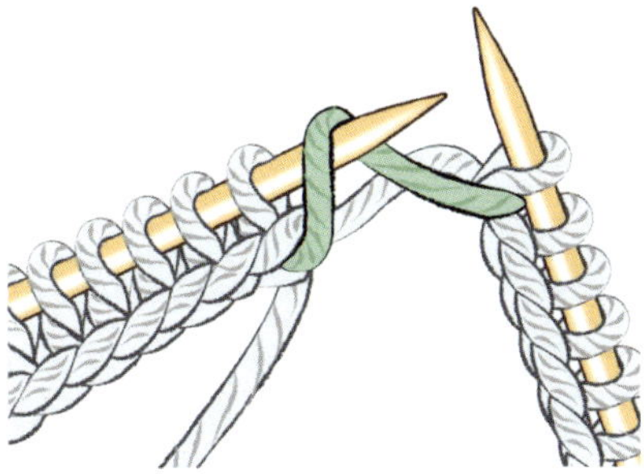

2. Die linke Nadel unter dem hinteren Faden einstechen, sodass er auf der Nadelspitze liegt. Es sieht wie eine Acht aus. Das ist der Arbeitsfaden.

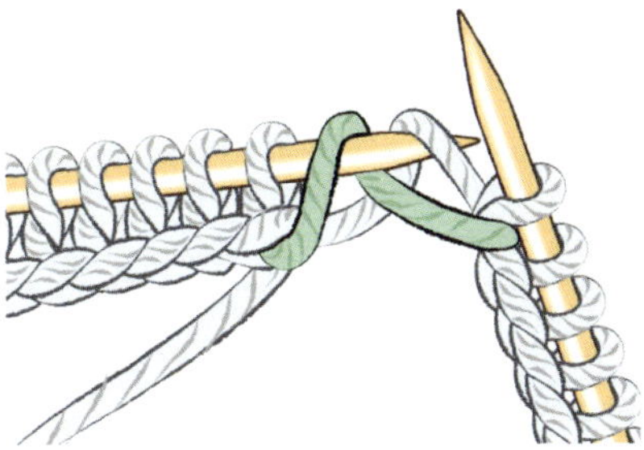

3. Die vordere Schlaufe des vorderen Fadens – das nachfolgende Maschenglied – mit der rechten Nadel aufnehmen und hoch über das hintere heben.

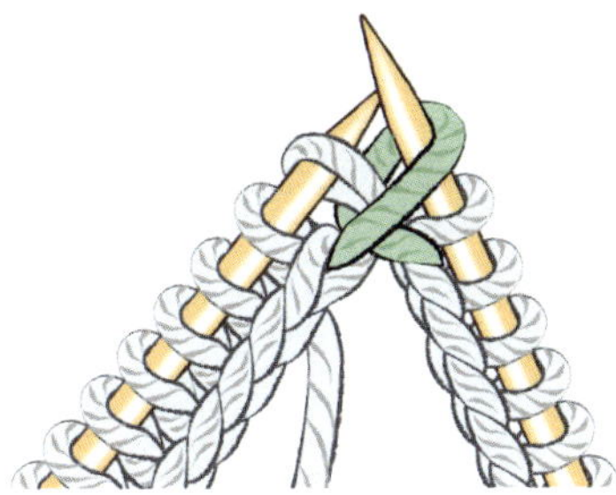

Was haben wir gemacht? Indem wir das nachfolgende Maschenglied (das von der Nadel am weitesten entfernte) geholt haben, haben wir den Faden verdreht und eine Schlaufe gebildet. Wenn wir die anheben und über den anderen Faden ziehen, haben wir die Masche durchgezogen. Schwupp, da ist sie!

Achten Sie darauf, die gerettete Masche auf die richtige Nadel zu heben. Falls Sie in Reihen stricken, wenden Sie die Arbeit wieder.

Aufstricken

Mein zweiter Anschlag für die einsame Insel ist das Aufstricken. Dabei entsteht eine wunderschöne, feste Kante, die geflochten aussieht und die Form behält (s. Technik, S. 202.). Aber beim Aufstricken gibt es zwei unschöne Dinge, um die wir uns kümmern müssen: den Anfang und das Ende.

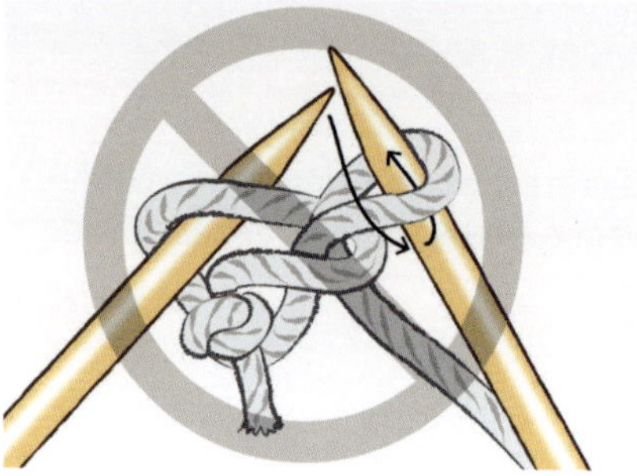

Da wir beim Aufstricken die Nadel zwischen zwei Maschen einstechen, um eine neue anzuschlagen, müssen sich zunächst zwei Maschen auf der Nadel befinden. In den meisten Anleitungen knüpft man zuerst eine Grundschlinge, in die man dann hineinstrickt, um eine rechte Masche zu stricken und sie wie zum rechts Stricken auf die linke Nadel zu heben.

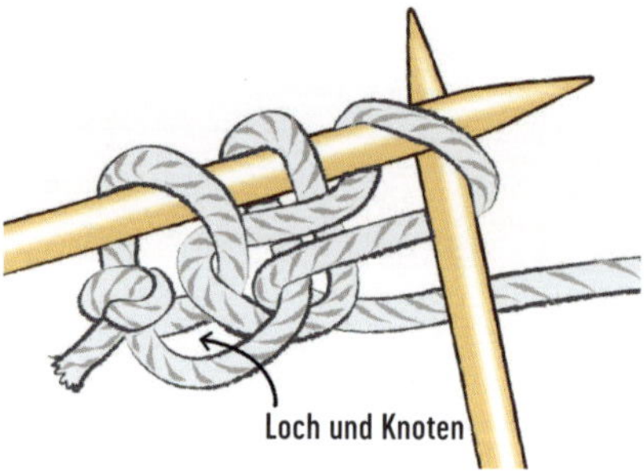

Da sich jetzt zwei Maschen auf der Nadel befinden, kann man mit dem Aufstricken beginnen und zwischen den Maschen eine neue Masche durchziehen. Doch auf diese Weise bleiben ein hässlicher Knoten und ein komisches kleines Loch.

Es gibt zwei Möglichkeiten, das zu beheben.

TRICK 1:

Man braucht eine Rundnadel oder eine von einem Nadelspiel. Nun werden die gewünschte Maschenzahl und zwei zusätzliche Maschen angeschlagen. Wenn alle Maschen angeschlagen sind, schiebt man sie ans andere Ende der Nadel und lässt die Grundschlinge und die erste Masche fallen.

Das Ergebnis ist auf jeden Fall eine Verbesserung, aber nicht immer perfekt. Sehen Sie die etwas längere Schlaufe an der Basis? Die lag um die Masche, die jetzt fallen gelassen wurde.

Aufstricken nach Entfernen der zusätzlichen Maschen

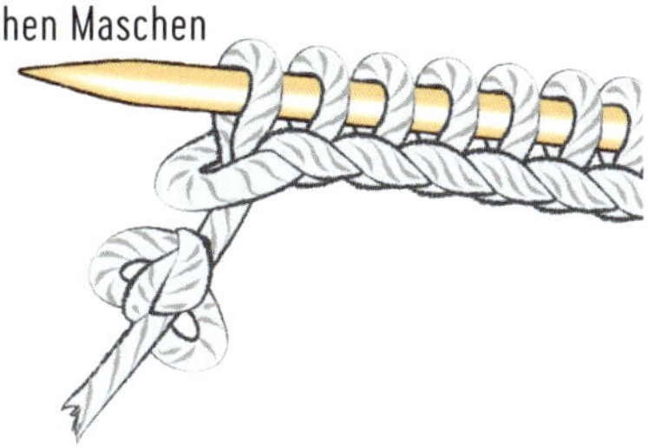

Ziehen Sie leicht am Fadenende, um die Schlaufe zu verkleinern und eine saubere Kante zu erhalten. Seien Sie behutsam, denn wenn man zu fest anzieht, lässt sich das kaum noch korrigieren.

Sauberer Beginn des Aufstrickens

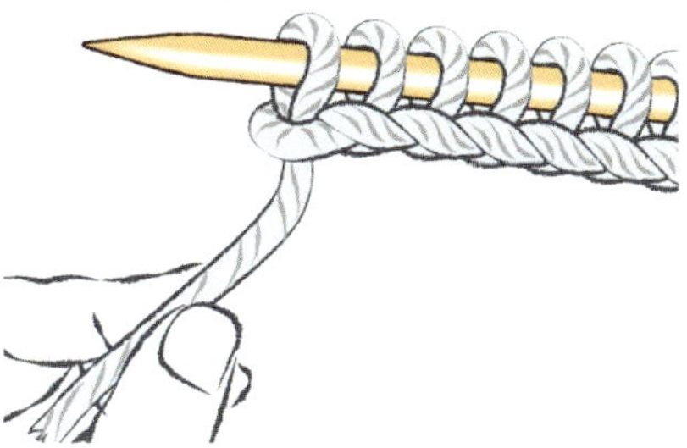

TRICK 2:

Wenn wir allerdings im Muster anschlagen, dann fange ich lieber genauso an wie beim Kreuzanschlag, indem man das Fadenende über die Nadel legt und eine Masche anschlägt. Da man die Nadel wendet, um mit dem Aufstricken zu beginnen, ist das Geheimnis einer hübschen Kante, dass die ersten, im Kreuzanschlag angeschlagenen Maschen zu den aufgestrickten passen. Das heißt, wenn man rechte Maschen aufstrickt, schlägt man eine linke Masche im Kreuzanschlag an, wendet und beginnt, die Maschen rechts aufzustricken. Falls sie linke Maschen aufstricken (richtig gelesen), dann schlägt man eine rechte Masche im Kreuzanschlag an, wendet und beginnt, die Maschen links aufzustricken.

Im Kreuzanschlag beginnen

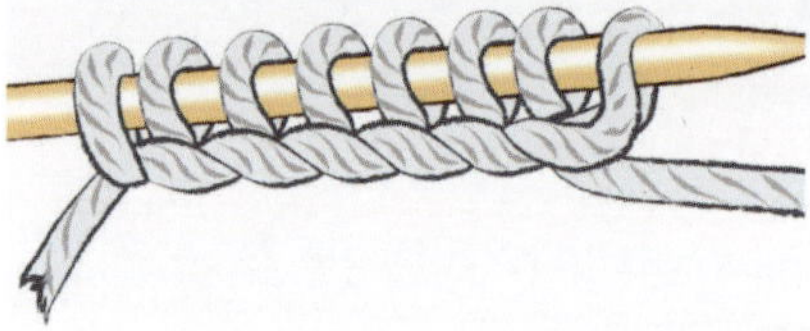

Bitte schön: Kein komischer Knoten, kein Loch.

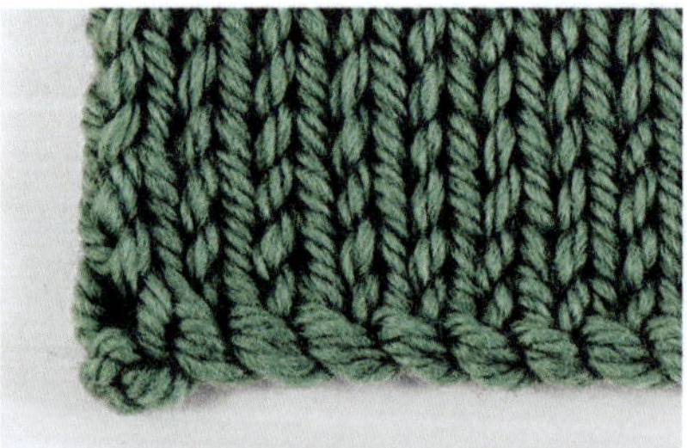

Aufstricken mit Grundschlinge

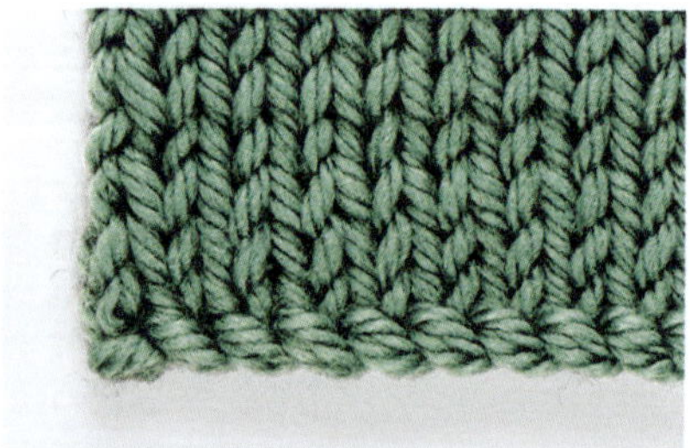

Aufstricken ohne Grundschlinge

JA, LINKE MASCHEN!

Jetzt haben wir den perfekten Start, also brauchen wir auch ein perfektes Ende. Aber vor dem letzten Zaubertrick reden wir noch über linke Maschen. Es ist überraschend intuitiv, links anstatt rechts anzuschlagen. So geht's.

1. Zunächst die erste Masche anschlagen (da wir links aufstricken, wird diese erste Masche im Kreuzanschlag rechts angeschlagen). Die Arbeit wenden und die Nadel mit dem Faden vor der Arbeit von hinten einstechen wie zum links Stricken.

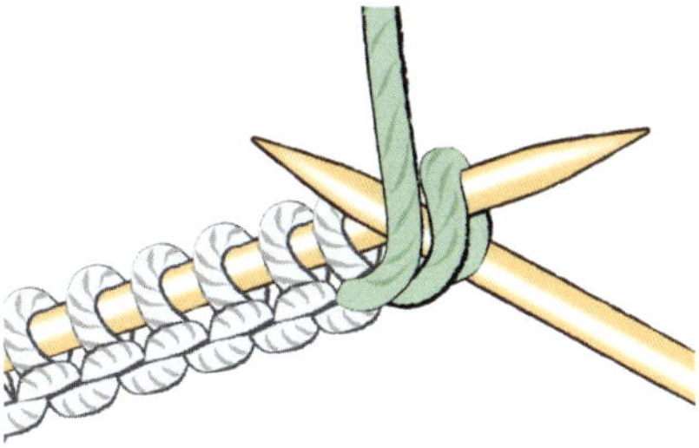

2. Den Faden wie bei einer linken Masche üblich durchziehen und wie zum rechts Stricken auf die linke Nadel heben (die linke Nadel unten in diese Masche einstechen).

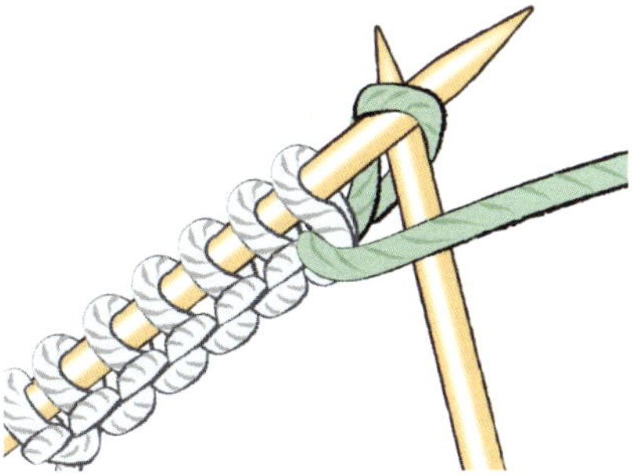

So entsteht eine sehr stabile Reihe linker Maschen. Ich finde es großartig für kraus rechte Stücke.

Natürlich kann man auch im Rippenmuster aufstricken, indem man rechte und linke Maschen abwechselt. Der Rippensaum ist sehr fest und passt besser zu einem Pulloverbund als zu einer Mütze oder Socke, die einen sehr elastischen Rand brauchen. Sehen Sie die runde Kante? Sie sieht fast wie ein italienischer Anschlag aus – ist aber VIEL einfacher.

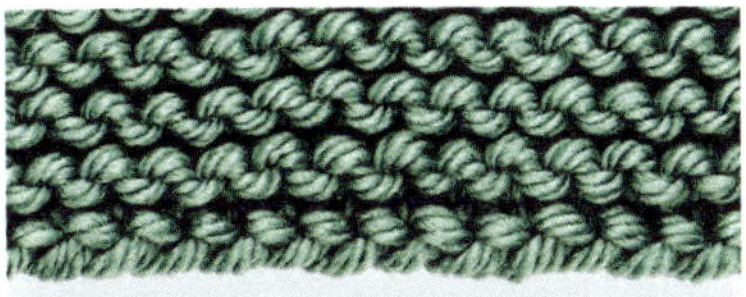

Links Aufstricken kraus rechts

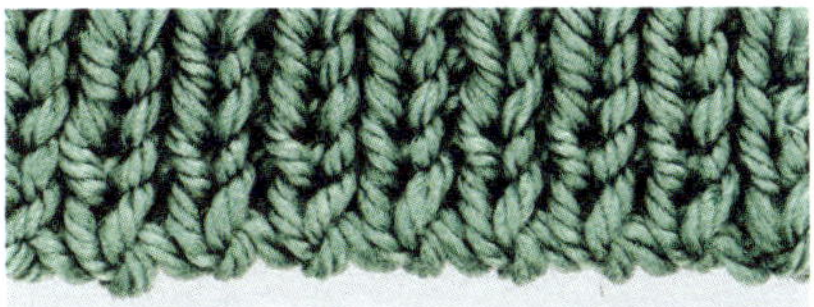

Aufgestrickten im Rippenmuster

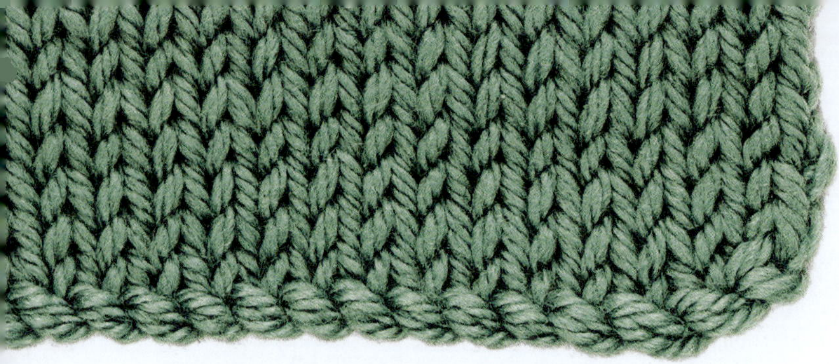

Beim Aufstricken entsteht eine runde Ecke

VON RUND ZU ECKIG: IN DEN ECKEN AUFRÄUMEN

Sosehr ich das Aufstricken liebe, so wenig liebe ich das Ende. Nicht nur, dass die letzte Masche die vorletzte überlappt, es entsteht auch eine runde Ecke. Bei einem Schal sieht die wirklich nicht gut aus, und es macht beim Zusammennähen eines Pullovers echte Probleme.

Wie üblich müssen wir erst das Warum verstehen, bevor wir eine Lösung finden können. Beim Aufstricken ist jede neue Schlaufe sowohl die Basis der vorigen Masche als auch eine neue, dadurch aber fehlt der letzten Masche die Basis. Sie hängt in der Luft, eine einsame Masche, ohne den Halt einer Basis.

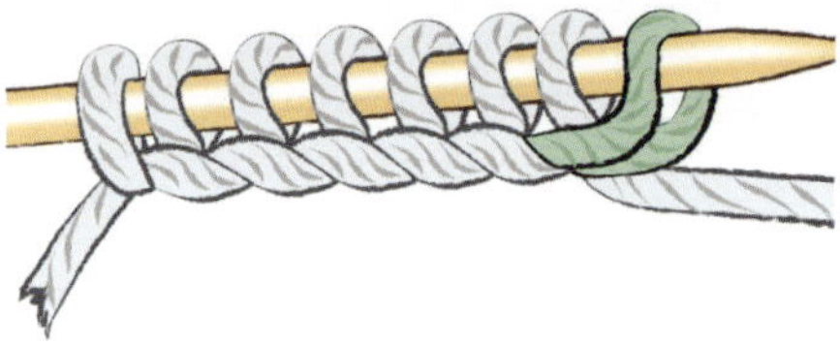

Ich habe schon gesehen, dass manche deswegen eine zusätzliche Masche anschlagen und dann mit 2 M re zus beginnen, aber damit tauscht man nur ein Problem gegen ein anderes. Die Abnahme ist unförmig, außerdem sieht es dämlich aus, wenn die erste Masche eine linke ist. Hier nun meine Lösung, um diese Ecke aufzuräumen – vervollständigen wir die Masche!

ANSCHLAG MIT RECHTEN MASCHEN

1. Nachdem man eine Schlaufe auf die rechte Nadel durchgezogen, aber noch nicht auf die linke Nadel gehoben hat, den Arbeitsfaden zwischen den beiden Nadelspitzen und hinter die rechte Nadel bringen, wie bei einem Umschlag.

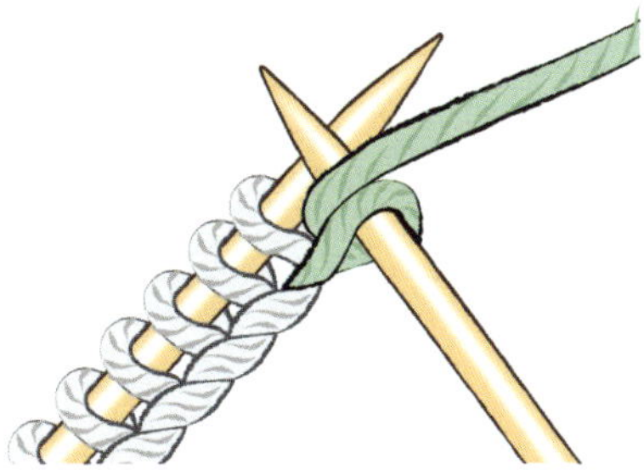

2. Die linke Nadelspitze in die Schlaufe auf der rechten Nadel einstechen und über den Umschlag heben. Jetzt befindet sich eine Masche auf der rechten Nadel.

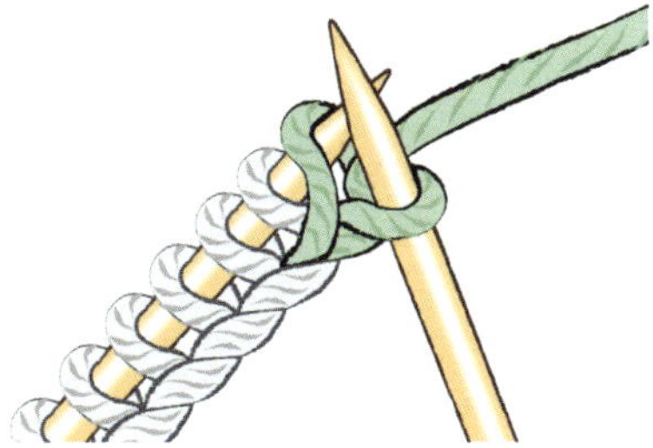

3. Die Masche wie zum rechts Stricken zurück auf die linke Nadel heben.

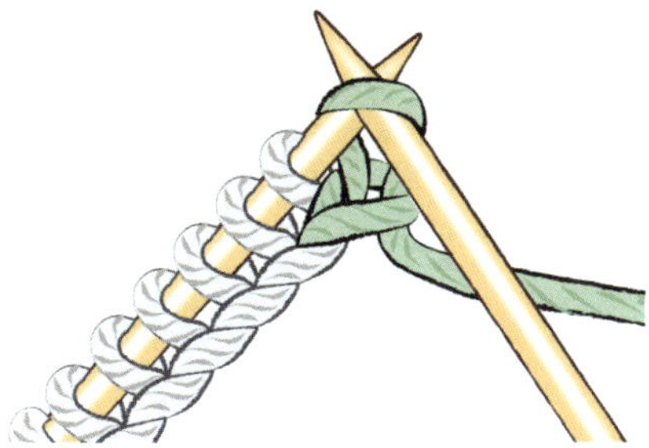

Jetzt hängt der letzte kleine Kerl nicht mehr allein in der Luft, sondern hat eine Basis!

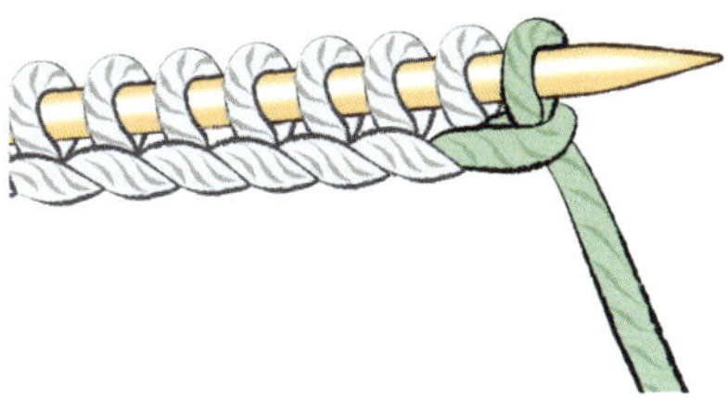

ANSCHLAG MIT LINKEN MASCHEN

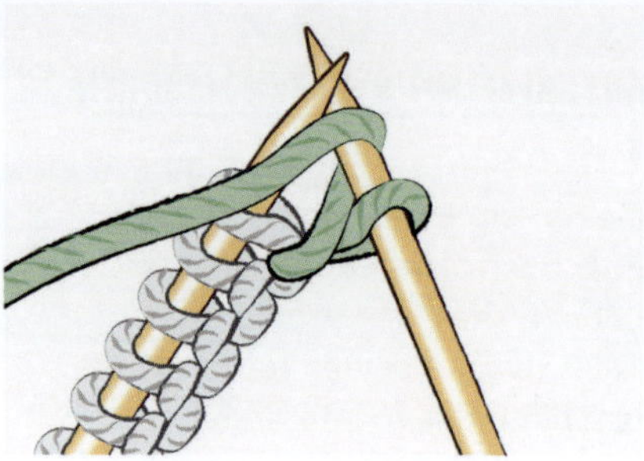

1. Nachdem man eine Schlaufe auf die rechte Nadel durchgezogen, aber noch nicht auf die linke Nadel gehoben hat, den Arbeitsfaden zwischen die beiden Nadelspitzen und von hinten nach vorn über die rechte Nadel führen, wie bei einem rückwärtigen Umschlag.

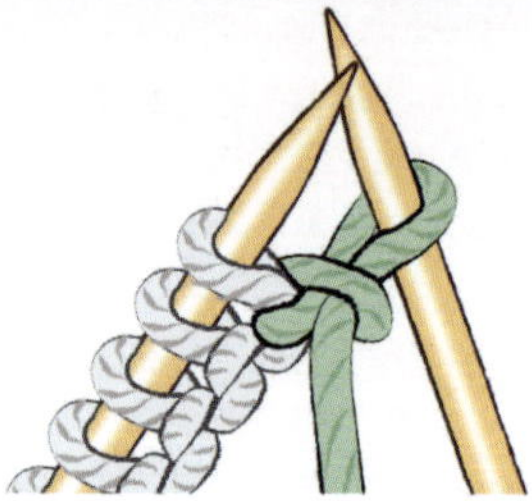

2. Die linke Nadelspitze in die Schlaufe auf der rechten Nadel einstechen und über den Umschlag heben, der Arbeitsfaden liegt immer noch vorn. Jetzt befindet sich eine Masche auf der rechten Nadel.

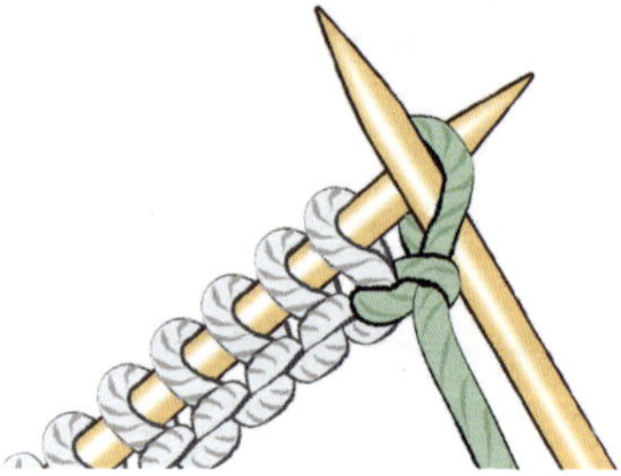

3. Die Masche wie zum links Stricken zurück auf die linke Nadel heben.

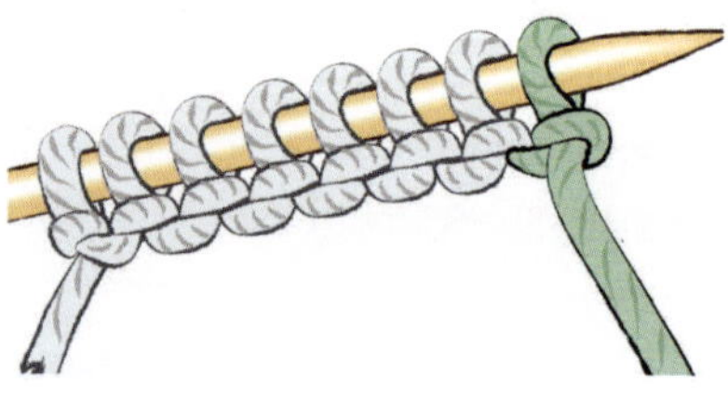

Sehen Sie, wie die abgehobene Masche unten an der zuletzt angeschlagenen Masche zum linken Knübbelchen wird. Das nenne ich Perfektion!

Schauen wir uns jetzt mal das Aufstricken genau an. Kein blöder Knoten oder eine Kurve an den Enden, bloß zwei perfekt eckige Ecken.

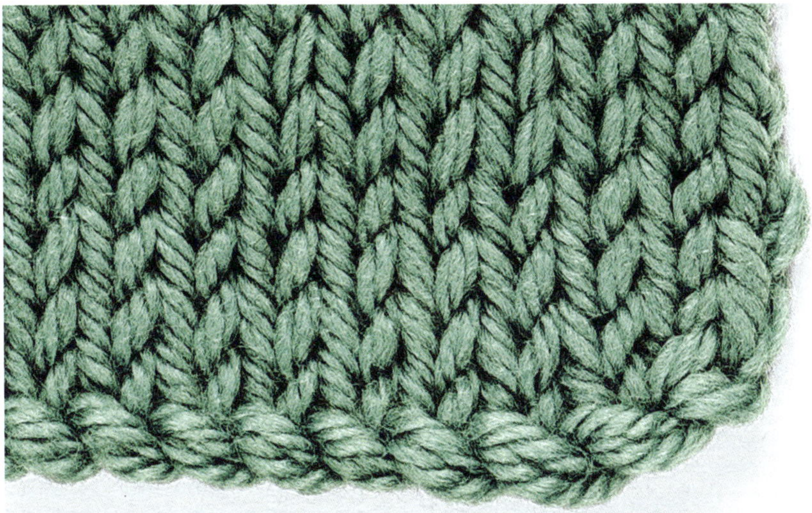

Traurige Ecke ....

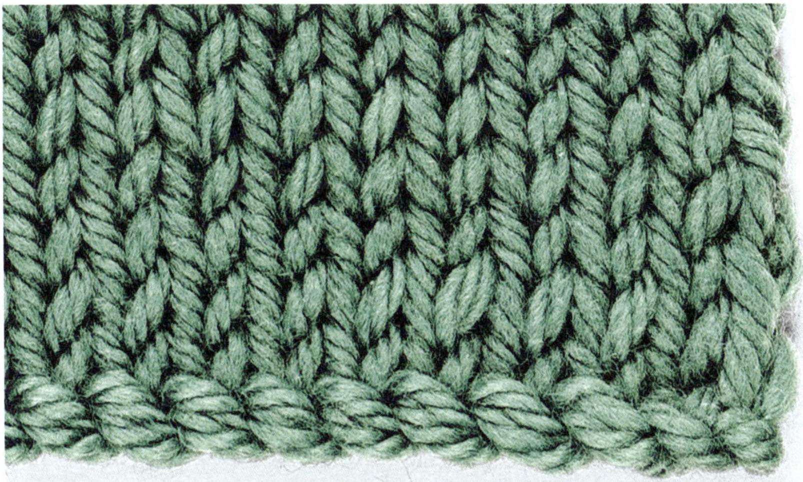

.... fröhliche Ecke!

Wie viele sind's? Warum kann ich nicht bis 100 zählen?

Dieses Spielchen kennt jeder, der strickt. 100 Maschen anschlagen, sie zur Sicherheit zählen ... 99, noch mal zählen ... 101, eine Freundin hilft und zählt 98. Als wären die Maschen Zellen, die verschmelzen und sich vermehren können.

Noch schlimmer ist es, WÄHREND des Anschlags gestört zu werden. Nicht lustig. Hier ist mein Lieblingstrick, um während des Anschlagens die Maschen zu zählen. Es funktioniert bei jeder Anschlagsmethode, und man muss nicht anhalten, um x Maschenmarkierer aufzufädeln. Man braucht ein Stück glatten Baumwollfaden und muss bis 10 zählen können, das ist alles.

1. Mit einer beliebigen Methode 10 Maschen anschlagen, dann den Baumwollfaden unter die Nadel und vor die Maschen legen, ein kleines Fadenende nach vorn, der Rest nach hinten.

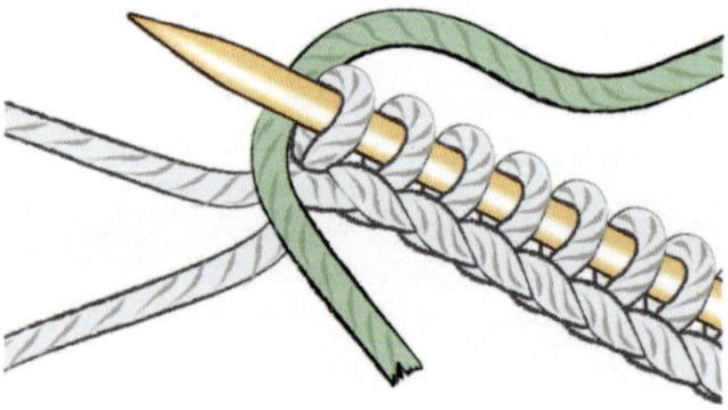

2. Weitere 10 Maschen anschlagen, dann das lange Fadenende nach vorn bringen, und zwar immer unter die Nadelspitze.

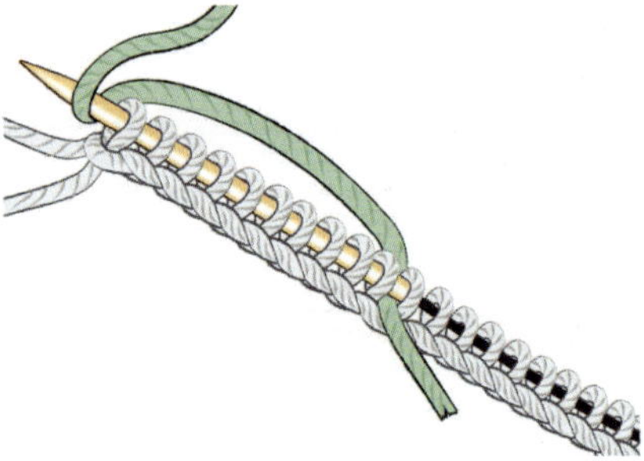

3. Weitere 10 Maschen anschlagen, dann den Faden hinter die Arbeit führen.

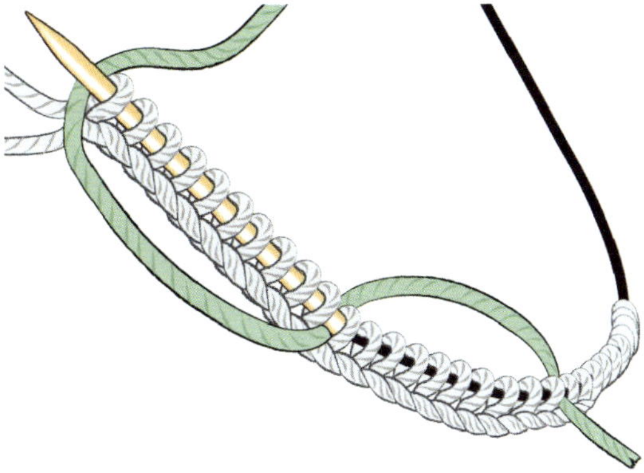

Den Faden alle 10 Maschen vor und zurück führen. Wenn Sie jetzt unterbrochen werden und 2 Maschen hinter dem Faden angeschlagen sind, müssen Sie nur noch zählen, wie viele Zehnerpäckchen Sie schon haben, und 2 dazuzählen!

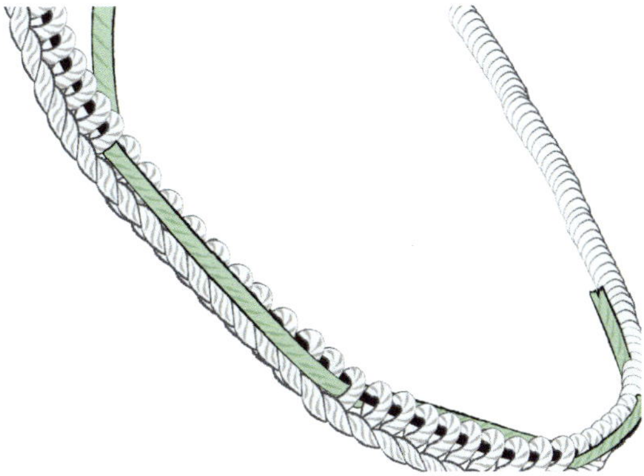

Das Beste ist, wenn Sie fertig sind, ziehen Sie kurz am Baumwollfaden, anstatt 10 oder 20 Maschenmarkierer rausfummeln zu müssen!

So, nach dem perfekten Start für unsere Maschen, ist es Zeit, mit ihnen zu spielen!

Worte der Weisheit

WAS MAN
AUSWENDIG LERNT
KANN MAN
VERGESSEN
WAS MAN
VERSTEHT,
WIRD MAN
NIE **VERGESSEN**

Ein paar mehr oder weniger

Wie Picasso gesagt hat: »Lerne die Regeln wie ein Profi, damit du sie wie ein Künstler brechen kannst.« Klar, er war brillant, er hat allerdings auch gesagt: »Es gibt nur zwei Kategorien von Frauen – Göttinnen und Fußabstreifer«, konzentrieren wir uns deshalb nur auf dieses Künstlerding.

Einer der vielen Gründe, warum es wichtig ist, zu verstehen, wie eine Masche konstruiert ist (in welche Richtung der Faden geführt wird) und wie man sie verschränkt oder eben nicht (wo die Nadel eingestochen wird), liegt darin, dass wir diese zwei Elemente dann kontrollieren können. Wenn wir das tun, können wir neue und bessere Varianten zum Zu- und Abnehmen finden. In diesem Kapitel arbeiten wir mit der westlichen Methode, bei der das führende Maschenglied vorn sitzt, aber egal welche Strickmethode, zu wissen, wie Maschen entstehen, hilft uns, sie zu verbessern.

Mit Stil abnehmen

Um schönere Abnahmen zu erhalten, ignorieren wir die Regeln. Aber bevor wir sie brechen können, müssen wir sie verstehen. Beginnen wir mit …

Den zwei Grundregeln des Abnehmens.

REGEL NR. 1:

Die Masche, in die die Nadel zuerst einsticht, landet oben.

Zwei Maschen rechts zusammenstricken (2 M re zus) ist das perfekte Beispiel. Es ist eine einfache, rechts neigende Abnahme, für die man die Nadel in die **zweite Masche** und dann in die erste Masche einsticht. Dadurch liegt die **zweite Masche auf** der ersten, und die Abnahme neigt sich nach rechts.

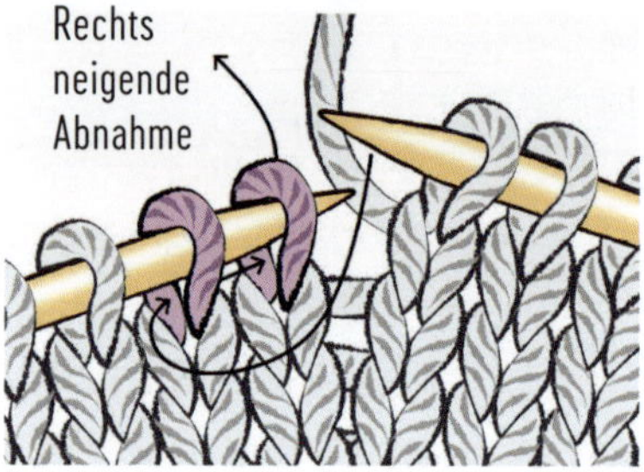

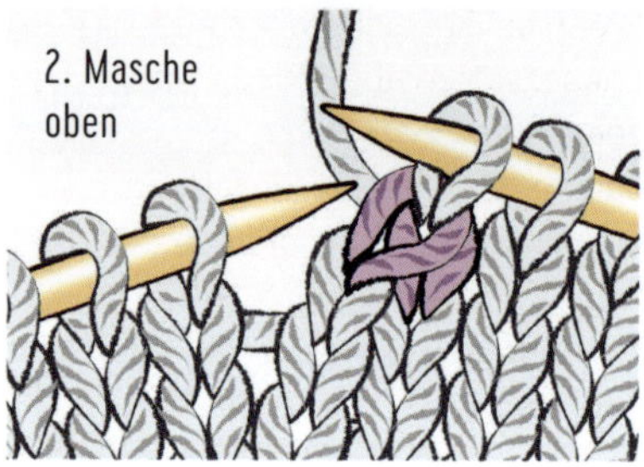

Kann man für eine links neigende Abnahme nicht einfach die Reihenfolge umdrehen und die Nadel zuerst in die erste und dann in die zweite Masche einstechen? Läge dann nicht die erste Masche oben und würde sich nach links neigen? Wieso soll man stattdessen umständlich abheben, abheben, zusammenstricken (engl. slip slip knit = SSK): Eine Masche wie zum rechts Stricken abheben, die nächste wie zum rechts Stricken abheben, die linke Nadel in die vorderen Maschenglieder einstechen und rechts zusammenstricken?

Das bringt uns zu Regel Nr. 2, die ich gern die Marina-Regel nenne (weil sie diese Wahrheit zuerst ausgesprochen hat).

REGEL NR. 2:

Die Nadel muss ins Loch.

Wenn man die Nadel einfach so in die Maschen einsticht, wie sie auf der Nadel sitzen, dann landet sie nicht im Loch – sondern im entfernten Maschenglied, und die Maschen werden verschränkt. Sie erinnern sich an die Fahrt auf englischen Straßen? Wir bringen, was links war, nach rechts, und es passiert etwas Schlechtes.

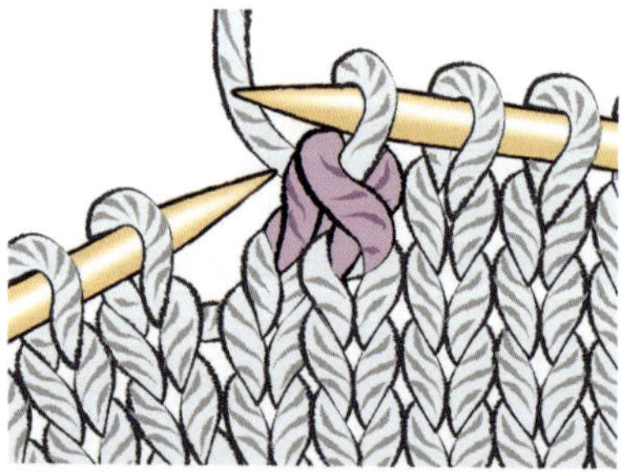

Links neigende, verschränkte Abnahme

HEBEMASCHEN: ÜBERHEBEN SIE SICH NICHT

Bevor wir uns die Abnahmen genauer ansehen, müssen wir noch eine Regel lernen – wann und warum man Maschen abhebt. Und gleich vorweg, eine Masche »wie zum rechts Stricken« oder »wie zum links Stricken« abzuheben hat nichts mit der Position des Arbeitsfadens zu tun, sondern damit, wie die rechte Nadel in die Masche einsticht.

Wenn eine Masche wie zum links Stricken abgehoben wird, zeigen die Nadelspitzen zueinander, und die Masche wechselt die Nadel, ohne ihre Ausrichtung zu verändern. Sie fährt eingleisig auf den Nadeln.

Wenn eine Masche wie zum rechts Stricken abgehoben wird, zeigen die Nadelspitzen in dieselbe Richtung, dadurch wird die Masche beim Abheben gedreht.

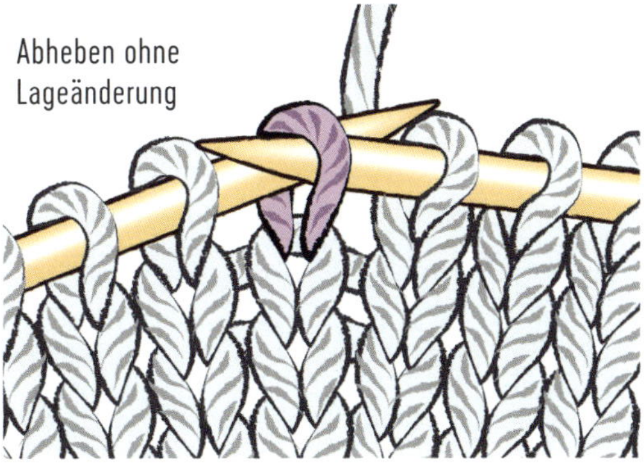

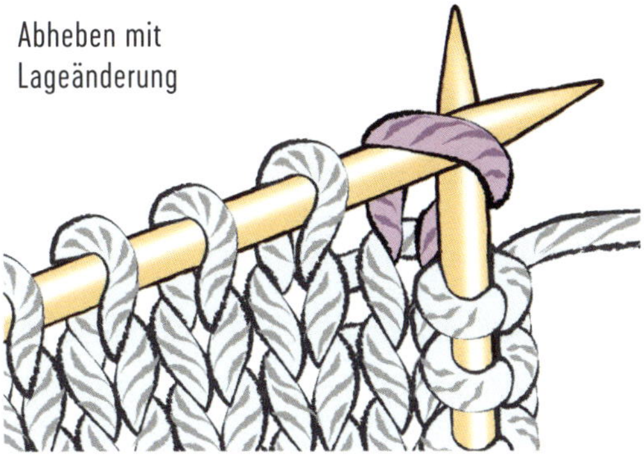

Bei diesen zusätzlichen Schritten für SSK (engl. für slip slip knit), bei der die beiden Maschen wie zum rechts Stricken abgehoben werden und die Nadel dann in die vorderen Maschenglieder gestochen wird, werden die Maschen beim Abheben umgedreht, sodass das führende Maschenglied hinten ist, und dann werden sie zusammengestrickt. Zack – Regel eins und zwei eingehalten! Zuerst wird in Masche 1 eingestochen, sodass sie oben landet, UND wir haben die Nadel ins Loch gestochen.

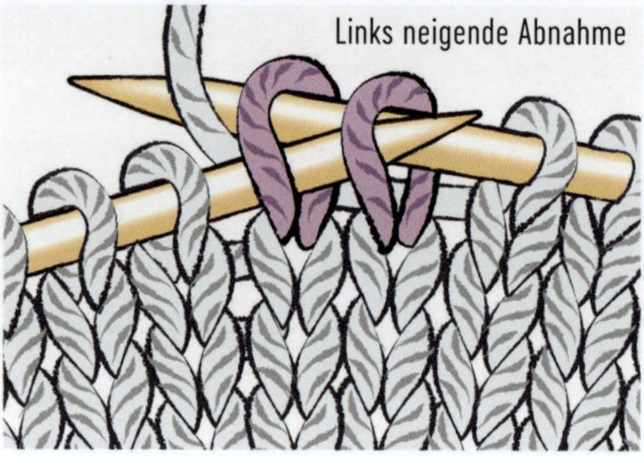

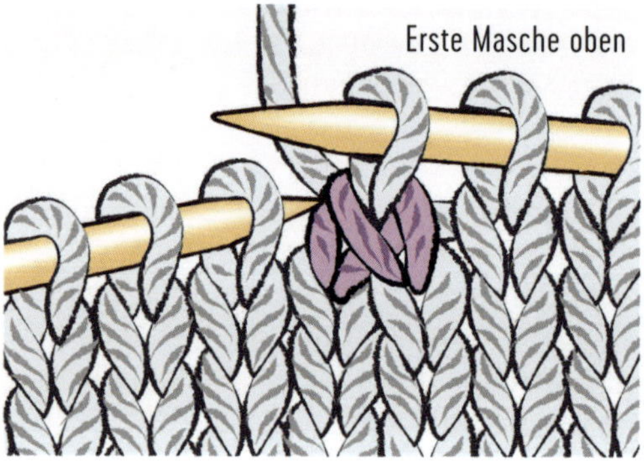

Woher wissen wir, ob wir wie zum rechts oder wie zum links Stricken abheben sollen? Schließlich heißt es bei SSK oft bloß »abheben, abheben, zusammenstricken« oder auch »zwei Maschen auf die rechte Nadel heben und zusammenstricken«. Ja, manchmal ist sogar eine Erklärung zu knapp!

Wenn wir beim Stricken etwas tun, ohne zu wissen, WARUM, können wir ein ziemliches Durcheinander anrichten. Ich erinnere mich, dass ich beim ersten Mal die zwei Maschen wie zum links Stricken abgehoben und dann zusammengestrickt habe und dachte: »Okay, eine Abnahme, aber die Maschen habe ich doch völlig grundlos abgehoben« – natürlich hatte ich das.

Bevor mir noch mehr peinliche Erinnerungen einfallen, ist es Zeit, etwas zu lernen …

Die Grundregel des Abhebens

Die Grundregel des Abhebens

Es wird immer wie zum links Stricken abgehoben, außer:

- die Anleitung sagt etwas anderes, oder
- das Abheben gehört zu einer größeren Abnahme.

Egal, ob wir die abgehobene Masche danach stricken oder überziehen wollen, es geht immer um das **führende Maschenglied.**

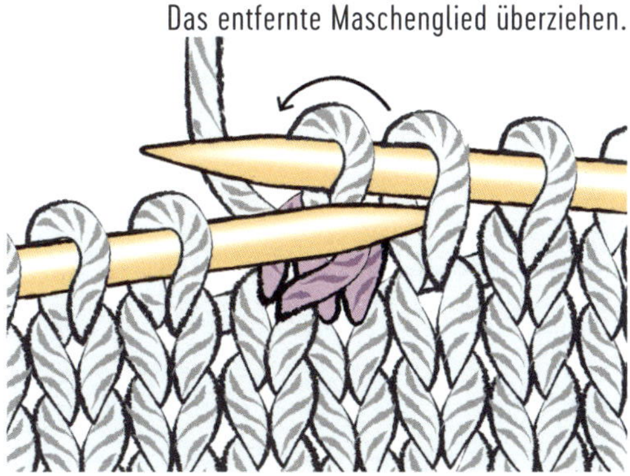

Schauen wir uns z. B. 3 M re überz zus an: Die Abkürzung steht für: 1 Masche abheben, 2 Maschen rechts zusammenstricken, die abgehobene Masche darüberziehen. Es ist eine doppelte, links neigende Abnahme. Wenn wir die Masche wie zum links Stricken abheben, ist das Maschenglied, das der rechten Nadelspitze am nächsten ist, hinten, sodass wir beim Überziehen das entfernte Maschenglied erwischen und die Masche verschränken.

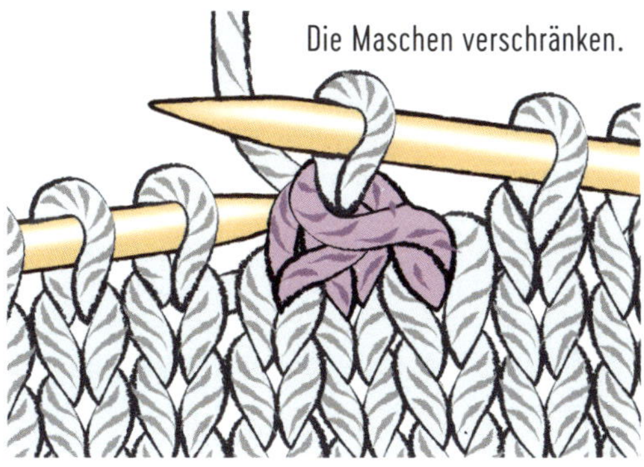

Jetzt verfügen wir über *fast* alle Mittel, damit die Abnahmen tun, was wir wollen. Aber ein Puzzleteil fehlt noch: die Verbindung zwischen den Maschen. Um die zu erforschen, schauen wir uns SSK an.

SSK: MAN LIEBT ES ODER MAN HASST ES

Die klassische links neigende Abnahme war 2 M re überz zus: 1 Masche abheben, 1 Masche stricken, die abgehobene über die gestrickte Masche ziehen. Dann tauchte SSK auf, ein genialer Einfall von Barbara Walker, und die Strickwelt jubelte. Keine Frage, SSK stellt eine riesige Verbesserung gegenüber 2 M re überz zus dar. Doch die Tatsache, dass es nie exakt wie 2 M re zus aussieht, macht die meisten Stricker:innen wahnsinnig, mich auch.

2 M re zus bildet eine klare, ordentliche Kante, kleine Kinder wie Orgelpfeifen aufgereiht. SSK dagegen bildet ein unebenes, unruhiges Zickzack wie New Yorker, die sich ungeduldig über die U-Bahn-Gleise vorlehnen.

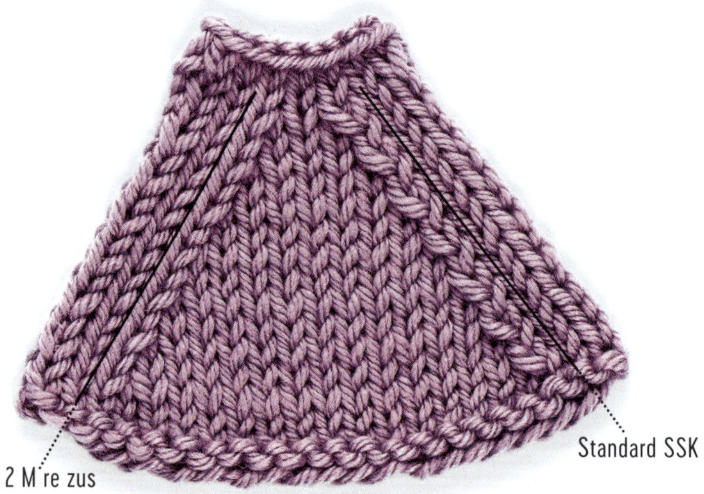

Wie immer müssen wir erkunden, warum die traditionelle Abnahme zu Chaos führt. (Denken Sie daran, durch das *Warum* finden wir das *Wie*.) Investieren wir mal etwas mehr Zeit, denn wenn man SSK verstanden hat, hilft das auch, vieles andere zu verbessern.

Manche SSK-Variationen bieten kleine Verbesserungen. Es lohnt sich, diese genauer zu betrachten, denn sie sind die ersten Schritte auf dem Weg zum wahren Glück. Es geht dabei um das Spiel mit unseren beiden alten Freunden: wie der Faden geführt und wo die Nadel eingestochen wird.

VARIATION NR. 1:

Die Vorbereitung in der Reihe davor (Wie der Faden geführt wird)

Bei dieser Variation bereiten wir die Maschen in der Reihe darunter vor, dann müssen wir sie nicht mehr verändern, wenn abgenommen wird.

Wir wissen, dass die Richtung der Fadenführung darüber bestimmt, wie die Masche auf der Nadel sitzt. In der Reihe vor der Abnahme strickt man daher bis zu den Maschen für SSK und strickt die beiden Maschen links nach der östlichen Methode (den Faden unter der Nadel). Beim glatt rechten Rundstricken (jede Runde rechts), kann man diese Maschen nach der östlichen Methode rechts stricken (den Faden über die Nadel führen). In der nächsten Runde sind die beiden SSK-Maschen bereit, ihr führendes Maschenglied sitzt hinten, sodass man einfach 2 M re verschr zus stricken kann.

Diese Vorbereitung bietet eine kleine Verbesserung. Wenn man den Faden im Stil einer östlichen linken Masche unter der Nadel führt, ist der Weg etwas kürzer als bei der westlichen Methode. Die Masche braucht etwas weniger Faden und ist dadurch kleiner. Und man muss die Maschen nicht abheben. Aber das Zickzack bleibt, es ist allerdings ein kleines Zickzack (s. einen Vergleich aller Methoden auf S. 101.).

VARIATION NR. 2:

Absichtlich verschränken (Wo die Nadel eingestochen wird)

Bei der zweiten Variation entsteht ein flacheres SSK, wenn die untere Masche absichtlich verschränkt wird.

Wir wissen schon, dass wir die Masche verschränken, wenn wir in das entfernte Maschenglied einstechen. Damit unser SSK flacher liegt, können wir die erste Masche wie zum rechts Stricken abheben, zurück auf die linke Nadel heben und dann mit der nächsten Masche rechts verschränkt abstricken. Dadurch öffnet sich die obere Masche, und die untere wird verschränkt, sodass sie flacher liegt.

Es sieht zwar besser aus, aber zickzackt immer noch — wenn auch flacher (s. einen Vergleich aller Methoden auf S. *101.*).

Diese beiden Variationen haben einen Teil des Rätsels gelöst. Eine hat die Maschen verkleinert, die andere ließ sie flacher liegen, aber das Zickzack blieb. Der nächste Trick liegt mir ganz besonders am Herzen, er war meine allererste Entfindung und der Keim, aus dem mein Kurs »Patty's Knitting Bag of Tricks« wurde, den ich 2009 zum ersten Mal unterrichtet habe. Er erfüllt all meine Wünsche: Er ist schnell, einfach und sieht toll aus.

SSK IN EINEM SCHRITT: MEIN FAVORIT

Meinen Aha-Moment, was SSK angeht, hatte ich, als mir klar wurde, warum beim Abketten immer eine große Schlaufe blieb oder warum die erste Masche einer Reihe zu locker ist. Alle Maschen entstehen aus einem durchgehenden Faden, der von einer zur nächsten verläuft. Das bedeutet, dass die Masche, die wir jetzt stricken, die beeinflusst, die ihr vorausging.

Beim Stricken dehnt sich die Masche, in welche die Nadel einsticht, immer ein bisschen, aber zieht sich wieder zusammen, wenn man die nächste Masche strickt. Bei 2 M re zus landet die zweite Masche oben. Beim Stricken der nächsten Masche zieht sich diese obere Masche zusammen und sieht gut und klein aus. Der Faden fließt von Masche eins und zwei zur dritten – ohne Unterbrechung.

Bei SSK landet jedoch die erste Masche oben und die zweite unten. Beim Stricken der nächsten Masche wird die untere, verborgene Masche angezogen, sodass die obere locker und unordentlich bleibt. Der Fadenfluss wurde unterbrochen.

Der folgende Trick zieht die obere Masche an und erlaubt es, SSK in einem Schritt und ebenso schnell wie 2 M re zus zu stricken. Und das ganz ohne umständliche Vorbereitung oder Abheben.

1. Die nächsten zwei Maschen vorn auf die linke Nadelspitze ziehen. Die rechte Nadel in das vordere Glied der ersten Masche einstechen und drehen, um in das hintere Glied der zweiten Masche einzustechen. Dadurch bleibt die Struktur von Variation Nr. 2 erhalten – die obere Masche ist offen (man strickt durchs Loch), die untere verschränkt.

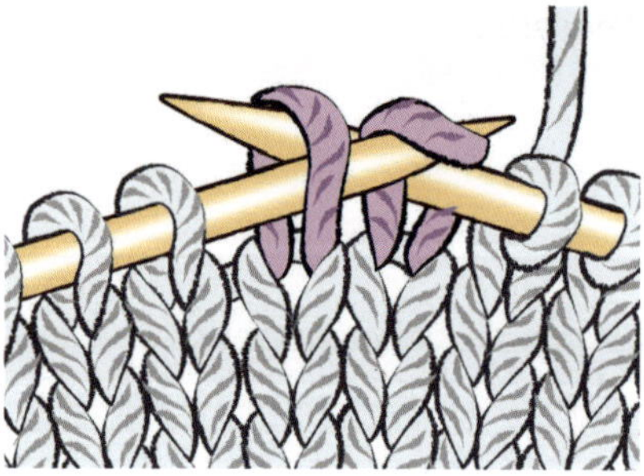

2. Die rechte Nadel wegdrehen und die zweite Masche dehnen, wodurch sich die erste zusammenzieht.

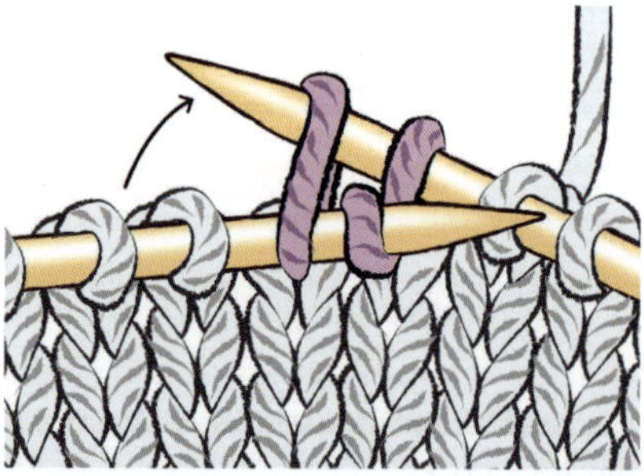

3. Den Arbeitsfaden über die rechte Nadel führen und die beiden Maschen zusammenstricken, dabei die Nadel genauso herausziehen, wie sie eingestochen wurde, unten an dem kleinen Dreieck, dadurch wird die obere Masche kleiner.

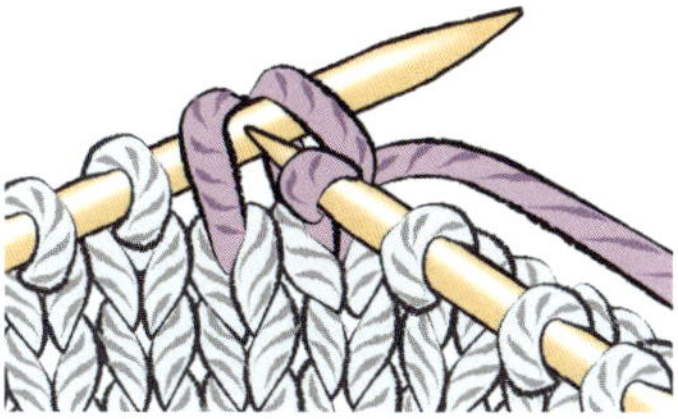

4. Die neue Masche auf die Nadel nehmen, die erste alte von der Nadel gleiten lassen und beim Herausziehen die alte zweite Masche sanft mit der linken Nadel anziehen. Dadurch verschwindet zusätzliche Fadenlänge von der ersten Masche, die jetzt oben liegt.

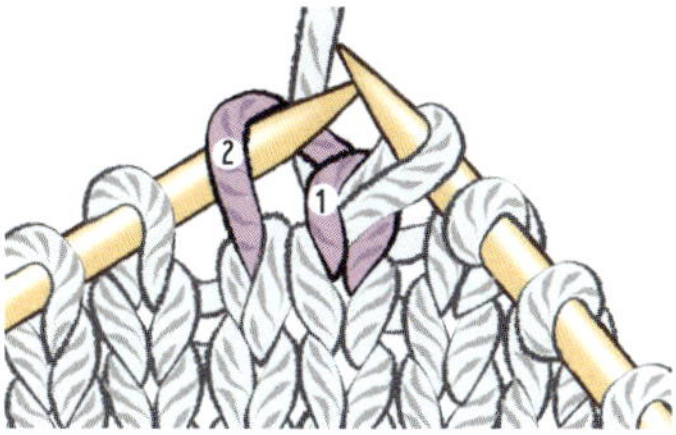

5. Wenn man in die nächste Masche auf der linken Nadel sticht, zieht man den Arbeitsfaden an, um den 1-Schritt-SSK zu richten.

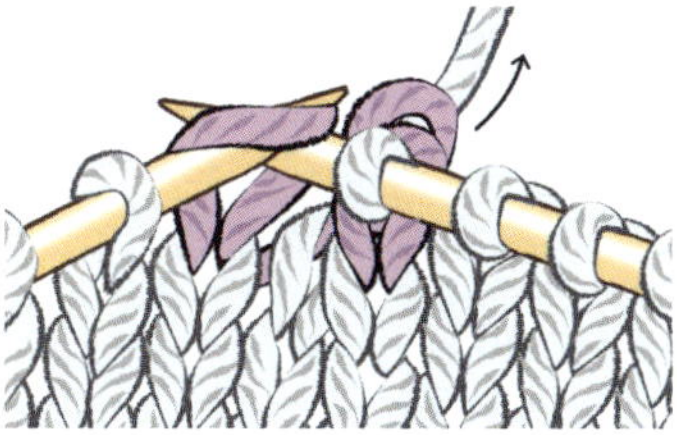

Hier alle vier Versionen der Abnahme im Vergleich.

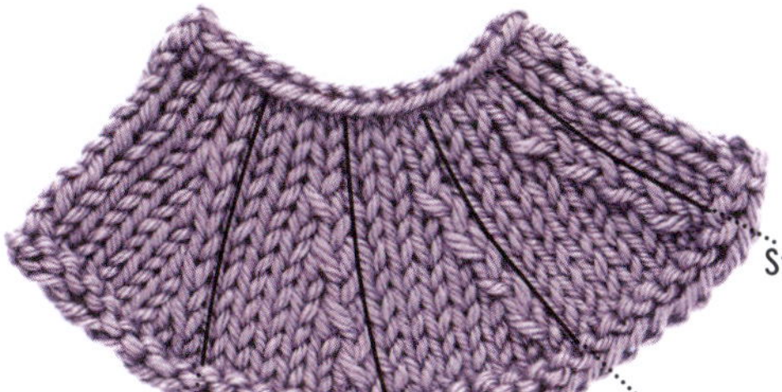

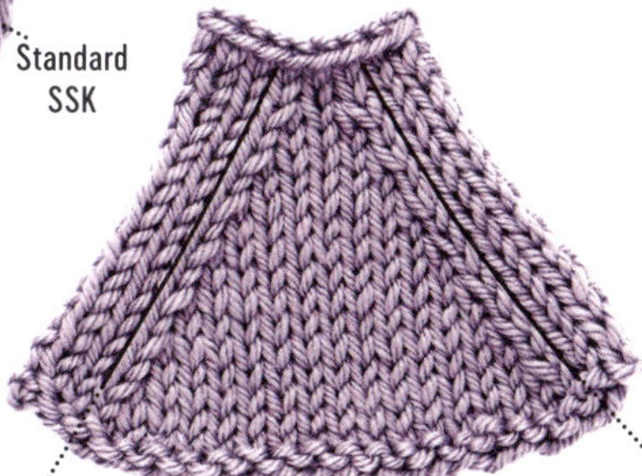

Fertig!

Die zusätzliche Fadenlänge der lockeren oberen Masche befindet sich jetzt hinten, und SSK ist ganz glatt und ordentlich, genau wie die 2 M re zus.

3 M RE ÜBERZ ZUS: ICH VERDOPPLE DIE ABNAHME!

Jetzt wissen wir, wie man hübsche, links und rechts neigende, einfache Abnahmen macht, und nutzen dieses Wissen, um die doppelten Abnahmen zu verbessern.

Wenn aus drei Maschen eine werden soll, und das links neigend, ist das ein Job für unseren alten Freund 3 M re überz zus (1 Masche abheben, 2 Maschen rechts zusammenstricken, die abgehobene darüberziehen). Es ist einfach, aber aus demselben Grund wie bei SSK entsteht eine verlängerte obere Masche. Die Rettung liegt wieder im Anziehen des Fadens.

1. Eine Masche wie zum rechts Stricken abheben (wir wissen, warum!), dann 2 M re zus.

2. Schauen Sie sich die 2 M re zus von hinten an. Suchen Sie den untersten linken Knubbel, der von der rechten Nadel am weitesten weg ist. Stechen Sie jetzt die linke Nadel von vorn nach hinten in diesen Knubbel. Dadurch dehnt sich die zweite Masche und die abgehobene wird angezogen.

2

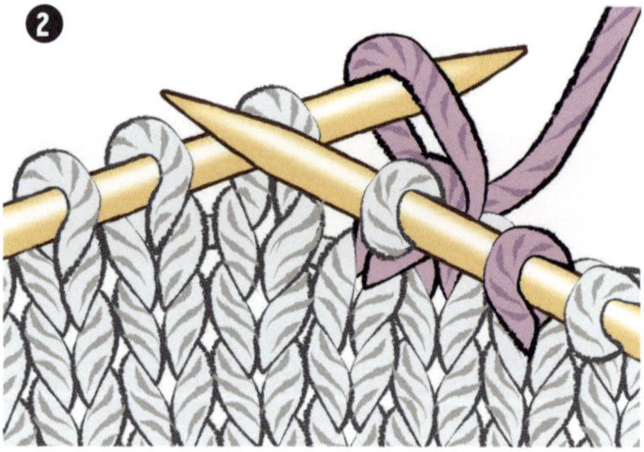

3. Die linke Nadel, die immer noch in der zweiten Masche steckt, nach vorn drehen, über die andere Masche der 2 M re zus und zur abgehobenen Masche, um diese darüberzuziehen.

3

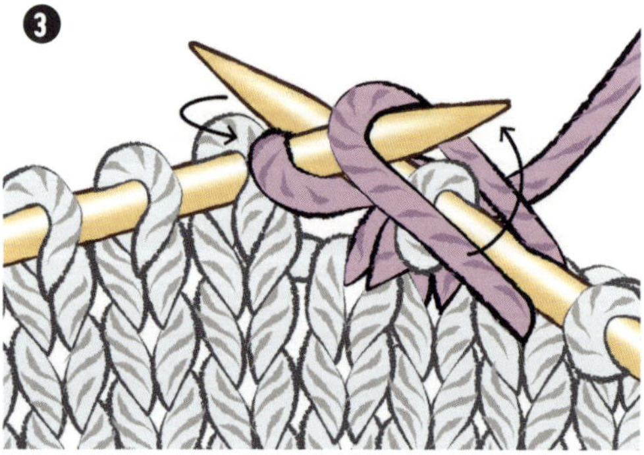

4. Die linke Nadel aus der übergezogenen Masche und der zweiten der 2 M re zus herausziehen.

5. In die nächste Masche auf der linken Nadel einstechen und den Arbeitsfaden leicht anziehen, um die verbesserten 3 M re überz zus zu richten.

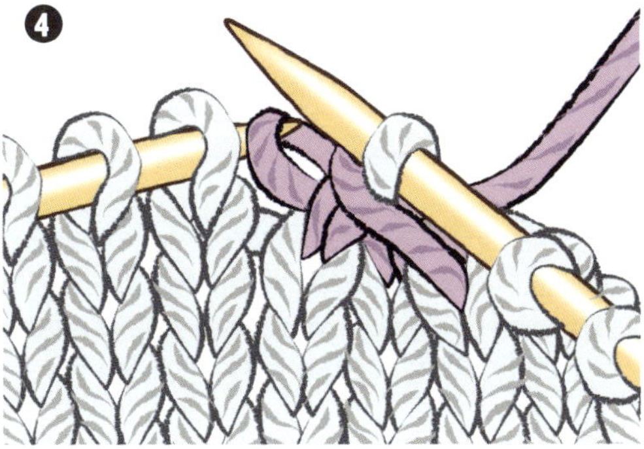

Ta-daa! Keine lockere Masche mehr!

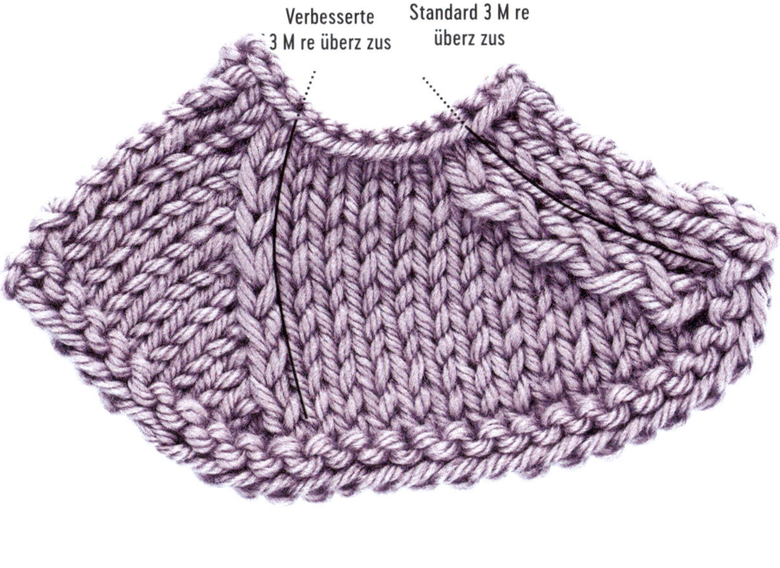

3 M RE ZUS: DOPPELT NACH RECHTS GENEIGT

Wie ich zu Beginn erzählt habe, sind manche Tricks entstanden, weil ich das optische Ergebnis verbessern wollte, andere, weil ich es nicht ausstehen konnte, etwas *korrekt* auszuführen – und damit meine ich dich, 3 M re zus.

Dieser Trick hilft bei einem meiner unbeliebtesten Dinge: 3 M re zus. 3 M re zus heißt drei Maschen rechts zusammenstricken und wird genauso gearbeitet wie 2 M re zus – bloß mit drei anstatt zwei Maschen. Je dicker die Wolle, umso schwieriger ist es, alle drei Maschen vorn auf die linke Nadel zu bekommen, um sie ohne Drehung zusammenzustricken. Oft muss man die Nadel in alle drei Maschen zwingen und die dehnen, um sie zusammenzustricken. Es macht keinen Spaß.

3 M re zus ist das rechts neigende Spiegelbild von 3 M re überz zus. Eines Tages fragte ich mich: »Kann man nicht 1 M abh, 2 M re zus, überz umkehren?« Die Antwort: »Natürlich, klar, bitte schön: 2 M re zus, 1 M abh, überz.«

1. Zuerst 2 M re zus stricken. Auch bei dicker Wolle ist es viel leichter, nur zwei Maschen an die Nadelspitze zu bringen und zusammenzustricken.

2. Die gerade gestrickte Masche zurück auf die linke Nadel heben und zwar wie zum links Stricken, um sie nicht zu verschränken.

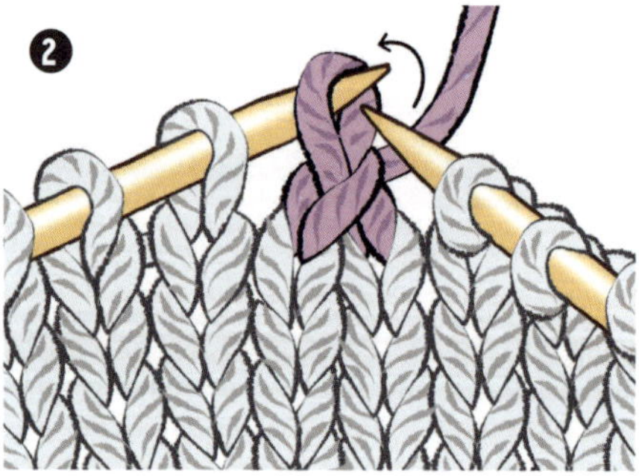

3. Mit der rechten Nadelspitze die nächste Masche von der linken Nadel über die 2 M re zus ziehen.

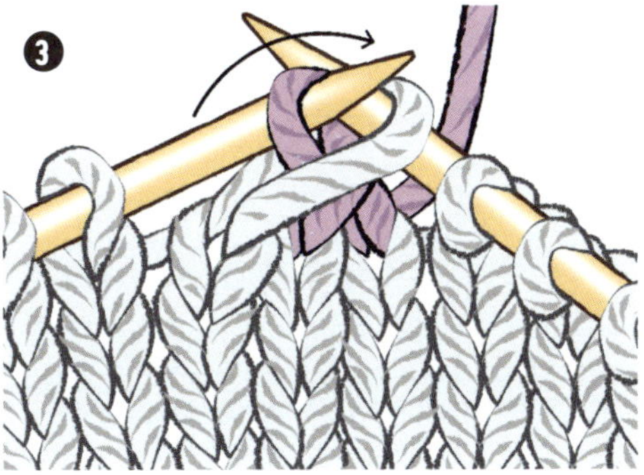

4. Schließlich noch einmal abheben, nämlich die neuen und verbesserten 3 M re zus von der linken auf die rechte Nadel (wieder wie zum links Stricken), dann sanft am Faden ziehen, um die Masche zu richten.

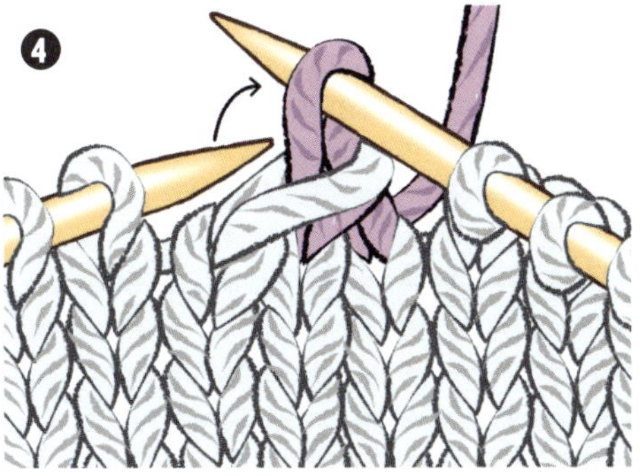

Lassen Sie sich nicht von diesem Abheben verwirren, hier werden wirklich drei Maschen zusammengestrickt. Eine Masche über eine andere zu heben ist dasselbe, wie den Faden durch eine Masche zu ziehen. Denken Sie nur mal an eine verlorene Masche: Man kann den Faden auf die Nadelspitze nehmen und die verlorene Masche darüberziehen, und damit ist sie gestrickt. Man könnte für diesen Trick auch den Arbeitsfaden auf die linke Nadelspitze nehmen und so viele Maschen wie nötig darüberziehen, aber das kann fummelig werden. (Außerdem ist es dann schwer, die Spannung zu halten, besonders, wenn man den Faden in der rechten Hand hält.) Es ist leichter, immer mit 2 M re zus zu beginnen und dann so viele Maschen wie nötig darüberzuziehen für 3 M re zus oder sogar 4 M re zus oder 5 M re zus.

DOPP ÜBERZ ABN: DOPPELT ÜBERZOGEN ABNEHMEN

Die doppelte überzogene Abnahme (Dopp überz abn) ist eine hübsche, aber oft missverstandene Abnahme. Wie 3 M re überz zus wird sie über drei Maschen gestrickt, aber ohne Neigung. Masche 2, die in der Mitte, landet auf der ersten und dritten Masche. Diese Abnahme wird oft bei Spitze oder als dekoratives Detail wie unten an den Rippen eines V-Ausschnitts genutzt.

Die Erläuterung der dopp überz Abn ist oft, ähnlich wie bei SSK, überhaupt nicht hilfreich. Als ich das erste Mal »2 Maschen abheben, 1 Masche rechts, überziehen« gelesen habe und mich daran erinnerte, wie schwer ich mich mit SSK getan hatte, dachte ich: »Noch mal lass ich mich nicht reinlegen ... ich weiß, dass ich sie wie zum rechts Stricken abheben soll.« Also habe ich das getan, eine nach der anderen und es ergab keine zentrierte Abnahme, sondern eine links neigende. Denn, wie schon gesagt, auch Erläuterungen sind oft noch zu kurz. *Abheben* bedeutet hier, zwei Maschen **gleichzeitig** (wie für 2 M re zus) abheben, dann die nächste Masche stricken und beide abgehobene Maschen darüberziehen. Angesichts der Abnahmeregeln (die Masche, in die man zuerst einsticht, landet oben) ist das logisch, denn die zweite Masche sollte auf der ersten und dritten liegen.

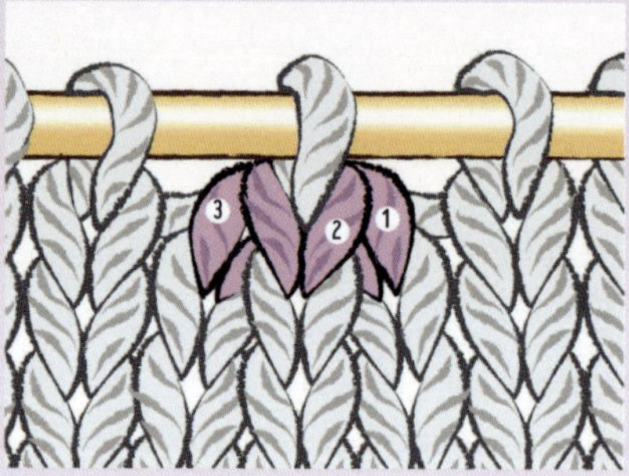

Eine doppelt überzogene Abnahme ist hübsch, aber wenn man der klassischen Anleitung folgt, hat sie zwei Nachteile. Es kann schwierig sein, die beiden abgehobenen Maschen überzuziehen, ohne sie stark zu dehnen. Außerdem ist sie leicht erhaben, was in Spitze sehr gut aussehen kann, aber oft, wie beim V-Ausschnitt, wäre es besser, sie läge flach.

Bei 3 M re zus haben wir die Maschen übergezogen anstatt zusammengestrickt, und das mit derselben Wirkung. Drehen wir das jetzt um! Hier kommt ein Trick für eine einfachere und flachere doppelte überzogene Abnahme.

1. Wir beginnen wie bei der klassischen Anleitung: zwei Maschen gleichzeitig abheben wie für 2 M re zus. Dadurch werden sie nicht nur verschränkt, sondern tauschen auch die Plätze. Auf der rechten Nadel liegt Masche zwei jetzt vor Masche eins.

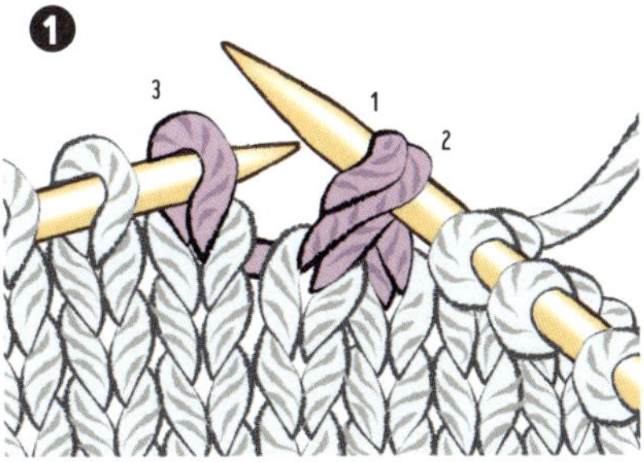

2. Mit der linken Nadel in die vorderen Glieder der abgehobenen Maschen einstechen und ohne sie von der rechten Nadel zu nehmen, die rechte Nadelspitze verschränkt durch die dritte Masche ruckeln.

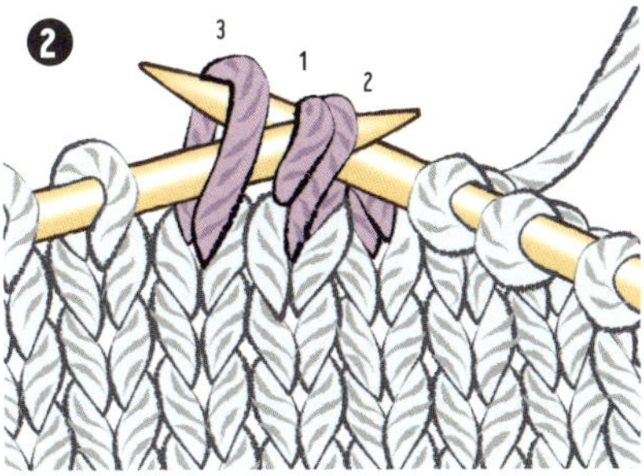

3. Alle drei Maschen zusammenstricken und am Faden ziehen, um die verbesserte doppelte überzogene Abnahme zu richten.

Fertig! Viel einfacher und flacher.

Wissen Sie warum? Überlegen Sie mal, wo die Nadel landet. Wie beim 1-Schritt-SSK wird die untere Masche verschränkt gestrickt, wodurch sie flacher liegt.

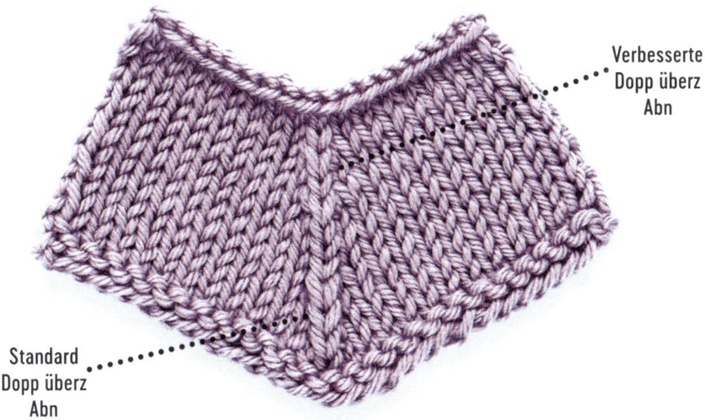

EINFACHE MITTIGE ABNAHME

Manchmal wollen wir eine Masche loswerden, ohne dass sie sich in eine Richtung neigt. Vor Jahren habe ich ein Spitzenmuster gestrickt, bei dem oben an einer Raute 2 M re zus gestrickt wurden, was mir nicht gefiel. Ich habe ein bisschen herumprobiert und zwei Variationen gefunden. Ich wusste damals nicht, dass eine Strickkoryphäe, Robert Powell, einen anderen Weg für dieselbe Abnahme von drei auf zwei Maschen gefunden hatte. Das liebe ich so am Stricken, es gibt immer mehrere Wege zum selben Ergebnis, und wir können den auswählen, der uns am besten passt.

VARIATION NR. 1:

Einfache mittige Abn: Nach außen

Die erste, supereinfache Abnahme basiert auf der dopp überz Abn. Ich dachte, wenn ich zwei Maschen über eine ziehen kann, wieso dann nicht auch eine über zwei?

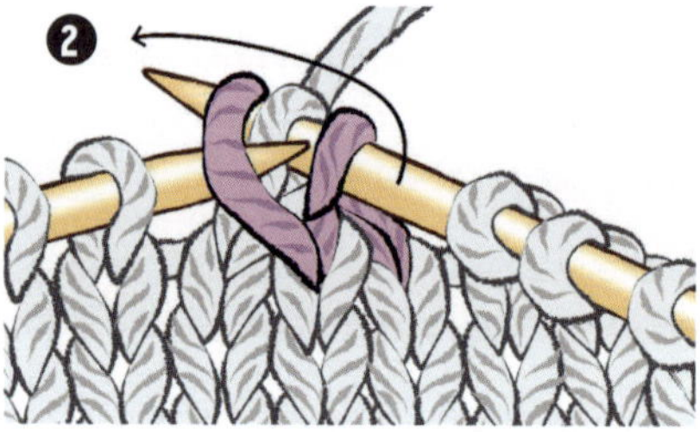

1. Es beginnt wie die traditionelle dopp überz Abn: zwei Maschen wie für 2 M re zus abheben, dann die nächste Masche stricken.

2. Nur die erste abgehobene Masche (die von der rechten Nadelspitze am weitesten entfernt ist) über die nächsten zwei ziehen.

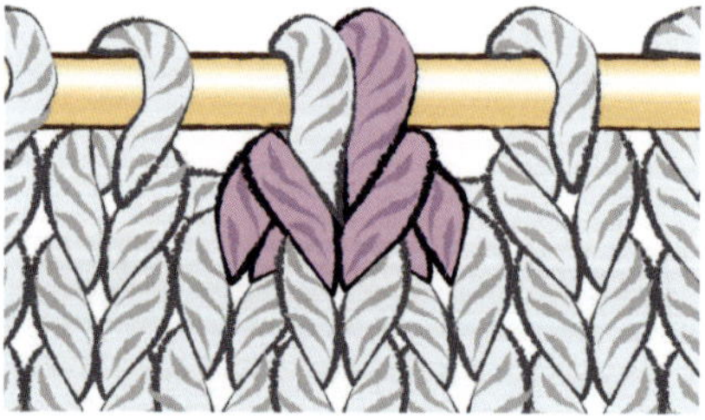

Eine hübsche, kleine Abnahme, die aus drei Maschen zwei macht! Technisch gesehen wurde die erste der übrig bleibenden Maschen abgehoben und die zweite gestrickt, aber den Unterschied sieht kein Mensch. Alles, was zu sehen ist, sind zwei Maschen, die magisch aus einer einzelnen hervorgehen.

VARIATION NR. 2:

Einfache mittige Abn: Nach innen

Die vorige Abnahme neigt sich nach außen, als entstünden zwei Maschen aus einer rechts neigenden Abnahme auf der einen und einer links neigenden auf der anderen Seite. Diese einfache mittige Abnahme dreht das um.

1. Zuerst 1-Schritt-SSK stricken (s. S. 100–101), dabei bleibt am Ende die untere Masche vom SSK (die, an der wir gezogen haben) auf der linken Nadelspitze.

2. In die Masche auf der linken Nadel verschränkt einstechen, um die Masche zu drehen.

3. Die Masche wie zum links Stricken auf die linke Nadel heben.

4. Die Masche mit der nächsten zusammenstricken wie bei 2 M re zus.

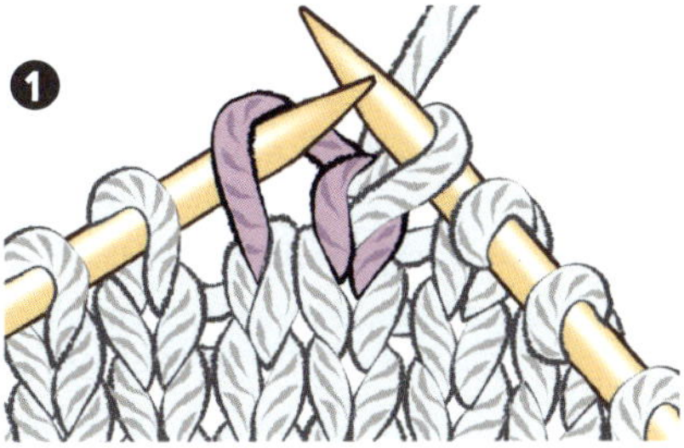

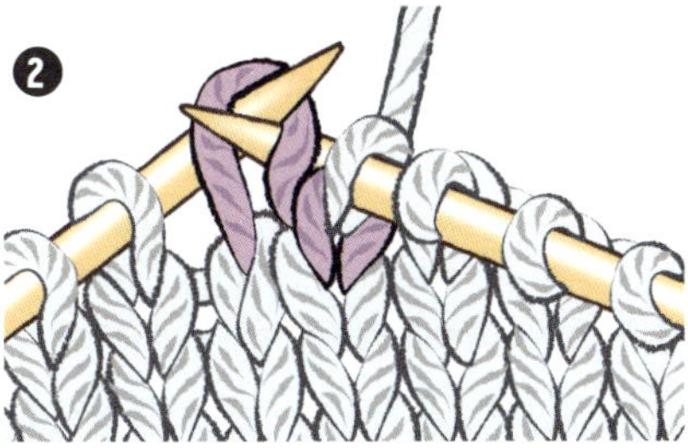

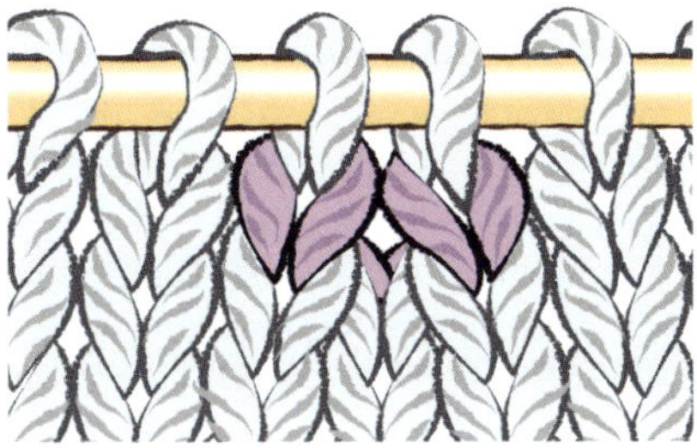

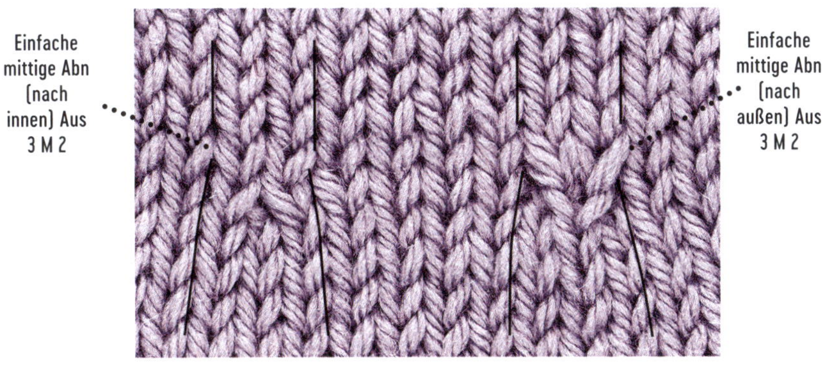

Zunahmen: Perfekte Ergänzung!

Zunahmen sind ziemlich einfach, aber wir haben trotzdem ein paar Asse im Ärmel, um sie hübscher zu machen. Bevor wir sie verbessern, schauen wir uns erst die drei Hauptkategorien der Zunahmen an. Wenn uns die jeweilige Struktur klar ist, können wir uns besser für eine entscheiden.

Zunahmen befinden sich:

- Zwischen zwei Maschen (ein Umschlag oder aus dem Querfaden)
- In einer Masche (doppelt gestrickte Masche)
- In der Reihe darunter (eine tiefe Zunahme)

ZWISCHEN ZWEI MASCHEN: UMSCHLAG UND AUS DEM QUERFADEN

Die zwei häufigsten Zunahmen zwischen zwei Maschen sind der Umschlag (U) und aus dem Querfaden zunehmen (1 M zun). Die Verwandtschaft zwischen diesen beiden Zunahmen zu verstehen bedeutet, sie verbessern zu können.

UMSCHLAG: WIR PFEIFEN AUFS LOCH

Durch einen Umschlag (U) nimmt man eine Masche zu, aber es entsteht auch ein Loch. Umschläge werden bei Spitze und anderen dekorativen Zunahmen eingesetzt. Ganz offensichtlich ist das keine unsichtbare Zunahme.

Anstatt vier unterschiedliche Umschläge auswendig zu lernen, denken Sie daran, dass es dafür zwei Schritte braucht:

1. **Den Faden von vorn nach hinten über die Nadel legen.**

2. **Den Faden für die nächste Masche platzieren.**

In **Schritt 1** fragen Sie sich vielleicht, wieso der Faden von vorn nach hinten verläuft. Wieder mal geht es darum, wie die Maschen auf der Nadel sitzen. Ein U ist eine Masche mit zwei Gliedern. Wenn der Faden von vorn nach hinten verläuft, sitzt der Umschlag wie die anderen Maschen mit dem führenden Glied vorn. Wenn man in der nächsten Reihe oder Runde in das führende (vordere) Maschenglied strickt, bleibt die Masche offen und ein dekoratives Loch entsteht.

U mit führendem Glied vorn

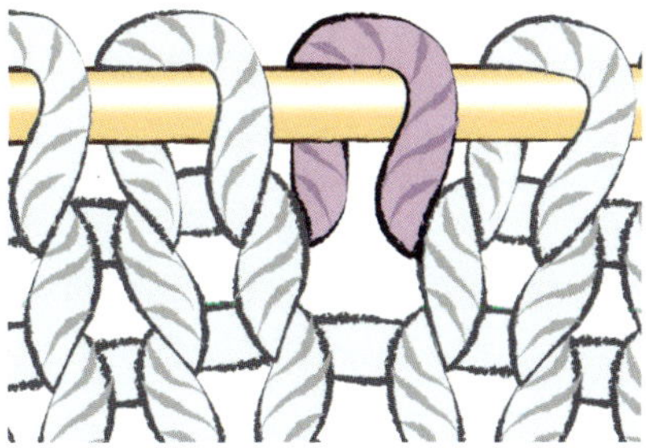

In **Schritt 2** platzieren wir den Faden für die nächste Masche. Wenn das eine rechte Masche ist, dann liegt der Faden schon richtig und bereits dreiviertel um die Nadel. Wenn aber eine linke Masche folgt, muss der Arbeitsfaden wieder nach vorn. Der Faden muss einen weiteren Weg zurücklegen – 360 Grad, komplett um die Nadel herum.

Diese Umschläge brauchen unterschiedlich viel Faden, wodurch unterschiedliche Umschläge entstehen, die viele Stricker:innen verzweifeln lassen.

Faden hinten, bereit zum rechts Stricken

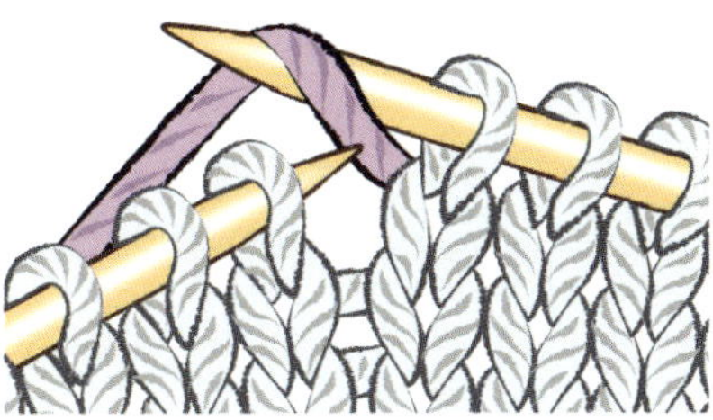

Faden vorn, bereit zum links Stricken

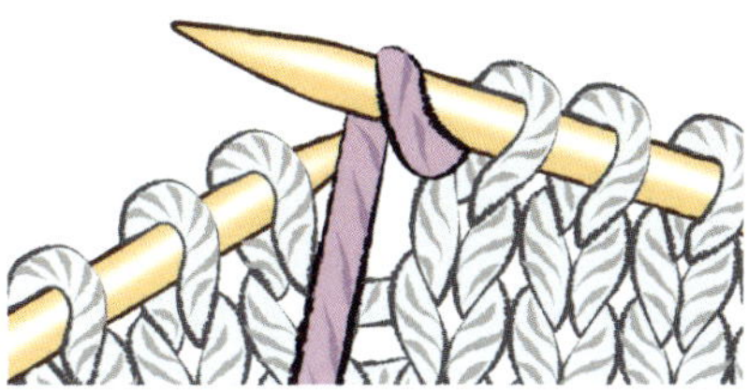

UMSCHLÄGE ANGLEICHEN: DIE WEGSTRECKE

Hier sieht man die ungleichen Umschläge vor und nach einer linken Masche.

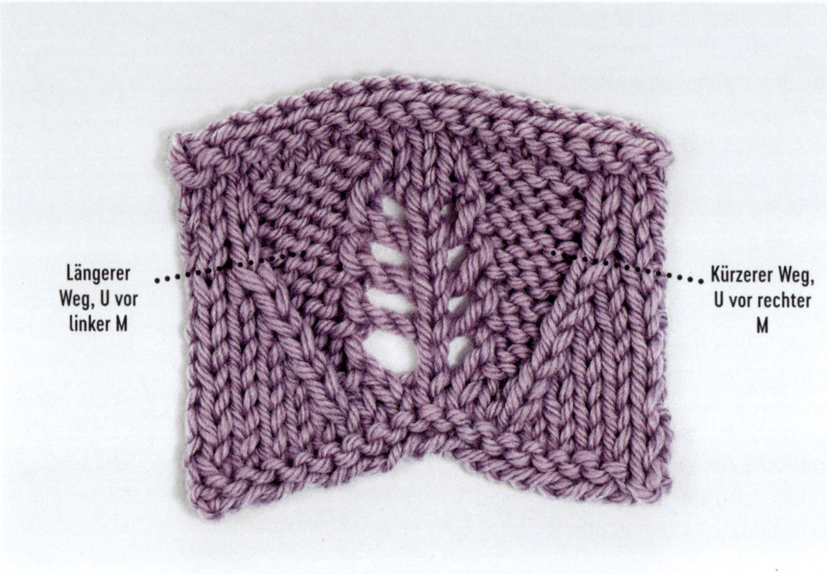

Indem wir uns für die kürzere oder längere Wegstrecke des Fadens entscheiden, gleichen wir nicht nur die Umschläge an, sondern kontrollieren auch ihre Größe. Bei manchen Projekten gefallen uns vielleicht zwei passende, kleinere Löcher und bei anderen wollen wir größere.

Um die Länge des zurückgelegten Wegs zu kontrollieren, müssen wir drei Dinge beachten:

- **Der Beginn:** ob der Faden vor dem U zwischen den Nadeln bewegt werden muss
- **Die Richtung:** in welche Richtung der U verlaufen soll, und
- **Das Ende:** ob der Faden für die nächste Masche zwischen den Nadeln bewegt werden muss.

Die Geheimwaffe, um den Weg des Fadens zu ändern: der rückwärtige Umschlag.

Wir haben den traditionellen Umschlag schon gesehen – dabei läuft der Faden von vorn nach hinten über die Nadel. Beim rückwärtigen Umschlag ist das umgekehrt, der Faden läuft von hinten nach vorn.

Faden von hinten nach vorn: rückwärtiger U

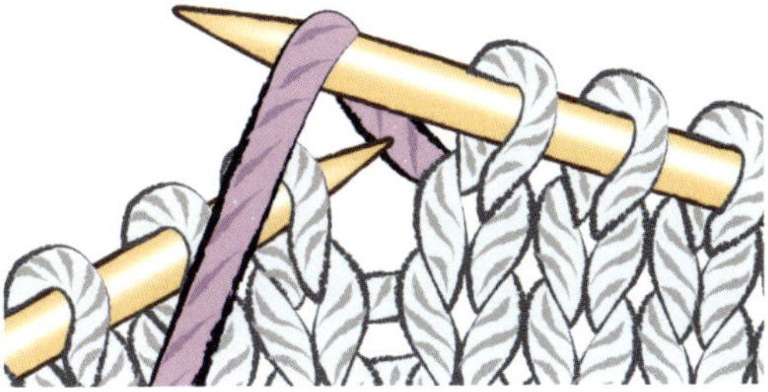

PASSENDE KLEINE UMSCHLÄGE: RÜCKWÄRTIGER U VOR LINKER M

Der rückwärtige Umschlag wird unterschiedlich gearbeitet, je nachdem, ob man englisch oder kontinental strickt, und in beiden Fällen fühlt er sich vielleicht komisch an, als reiche der Faden nicht. Aber vertrauen Sie mir, er wird toll aussehen, sobald er in der nächsten Reihe gestrickt wurde.

Mit dem rechten Finger den U festhalten, wie zum links Stricken einstechen.

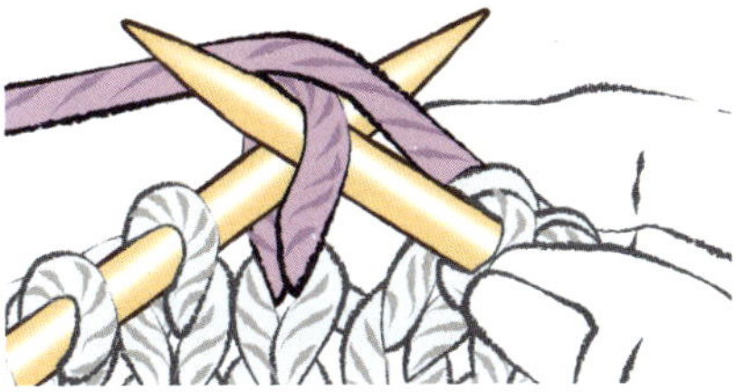

Kontinental

Faden hinten, wie zum links Stricken einstechen; Faden liegt über der Nadel.

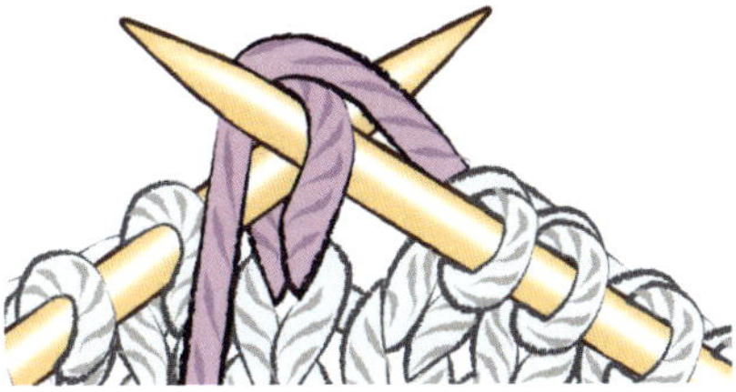

Englisch

Für einen kleineren Umschlag nehmen wir den kürzeren Weg um die Nadel. Sie fragen sich, wie man sich merken kann, welches der kürzere Weg ist? Ganz einfach: der Umschlag sollte **nicht dort enden, wo er beginnt.**

Kleinerer U = Kürzere Wegstrecke (endet nicht, wo er begann)

1. U vor rechter Masche → traditioneller Umschlag

Der Faden beginnt **vorn** und endet **hinten**.

- Der Faden beginnt **vorn** (falls nach einer rechten Masche, legen Sie ihn zwischen den Nadeln nach vorn)
- Faden über die Nadel nach hinten
- Faden ist bereit für eine rechte Masche

Der Faden verläuft dreiviertel um die Nadel.

2. U vor linker Masche → rückwärtiger Umschlag

Der Faden beginnt **hinten** und endet **vorn**.

- Der Faden beginnt **hinten** (falls nach einer linken Masche, legen Sie ihn zwischen den Nadeln zurück)
- Umschlag um die Nadel nach vorn
- Faden ist bereit für eine linke Masche

Der Faden verläuft dreiviertel um die Nadel.

Hier der kürzere Weg: **traditioneller U vor einer rechten Masche** und **rückwärtiger U vor einer linken** und zwei hübsche, kleine, passende Umschläge.

Passende kleine U

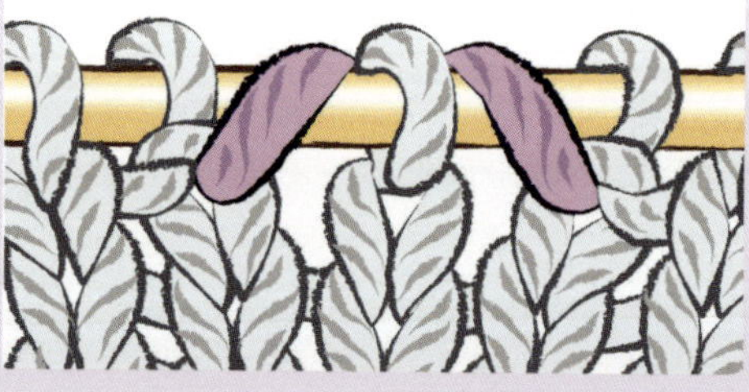

PASSENDER GROSSER U: VOR RECHTER M RÜCKWÄRTS

Für einen größeren Umschlag nehmen wir den längeren Weg um die Nadel. Um sich das leichter merken zu können: der Umschlag **endet dort, wo er beginnt**.

Großer U = Längere Wegstrecke (endet, wo er begann)

1. U vor rechter Masche → rückwärtiger Umschlag

Der Faden beginnt **hinten** und endet **hinten.**

- Der Faden kommt von hinten (falls nach einer linken Masche, legen Sie ihn zwischen den Nadeln zurück)
- Umschlag um die Nadel nach vorn
- Der Faden verläuft zwischen den Nadeln nach hinten, bereit für eine rechte Masche

Der Faden verläuft 360 Grad um die Nadel.

2. U vor linker Masche → traditioneller Umschlag

Mein Faden beginnt **vorn** und endet **vorn**.

- Der Faden beginnt **vorn** (falls nach einer rechten Masche, legen Sie ihn zwischen den Nadeln nach vorn)
- Faden über die Nadel nach hinten
- Faden verläuft zwischen den Nadeln nach vorn, bereit für eine linke Masche

Der Faden verläuft 360 Grad um die Nadel.

Hier der längere Weg: **rückwärtiger U vor einer rechten Masche** und **traditioneller U vor einer linken** und zwei wunderschöne, große, passende Umschläge.

Passende große U

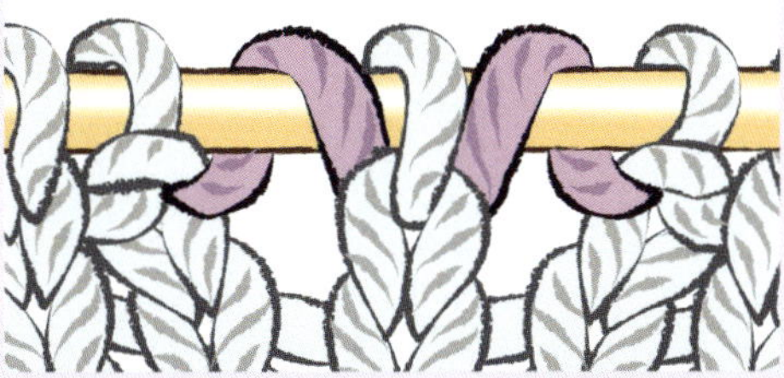

Vielleicht verwirren Sie all diese rückwärtigen Umschläge. Wenn ein Umschlag eine Masche mit dem führenden Maschenglied vorn ist, hat ein rückwärtiger Umschlag dieses dann nicht hinten? Wie stricken wir ihn in der nächsten Reihe, damit er offen bleibt? Jetzt alle zusammen bitte – *Die Nadel muss ins Loch*.

In der nächsten Reihe oder Runde werden diese rückwärtigen Umschläge einfach rechts oder links verschränkt gestrickt, und werden zu perfekt passenden, maßgeschneiderten Umschlägen.

Rückwärtigen U rechts stricken

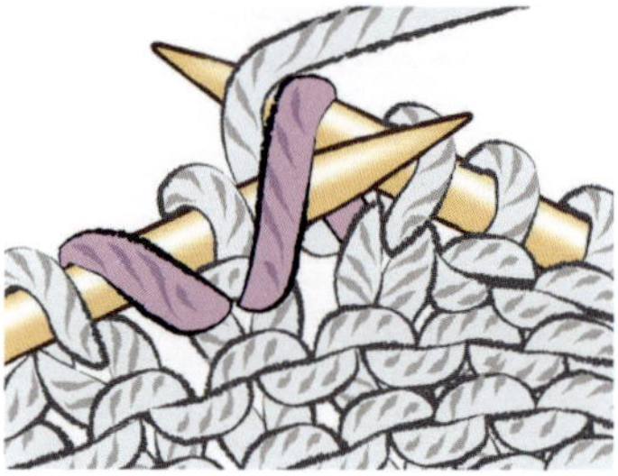

Rückwärtigen U links stricken

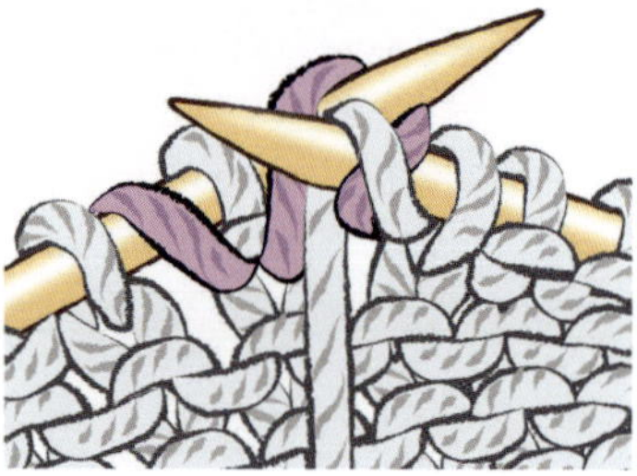

Abgesehen von den nervigen linken Maschen fallen manchen nicht zusammenpassende Umschläge auf, wenn davor oder danach abgenommen wird. Das hängt von der Fadenspannung beim Stricken ab, aber bei manchen wird der U vor einer Abnahme kleiner und/oder nach einer Abnahme größer. Das liegt daran, dass man bei Abnahmen den Faden oft fester anzieht, was den vorausgehenden Umschlag enger macht. Jeder strickt anders, setzen Sie also diese Tricks ein, wann immer Sie passendere Umschläge wollen.

Und hier die perfekt passenden kleinen und großen Umschläge.

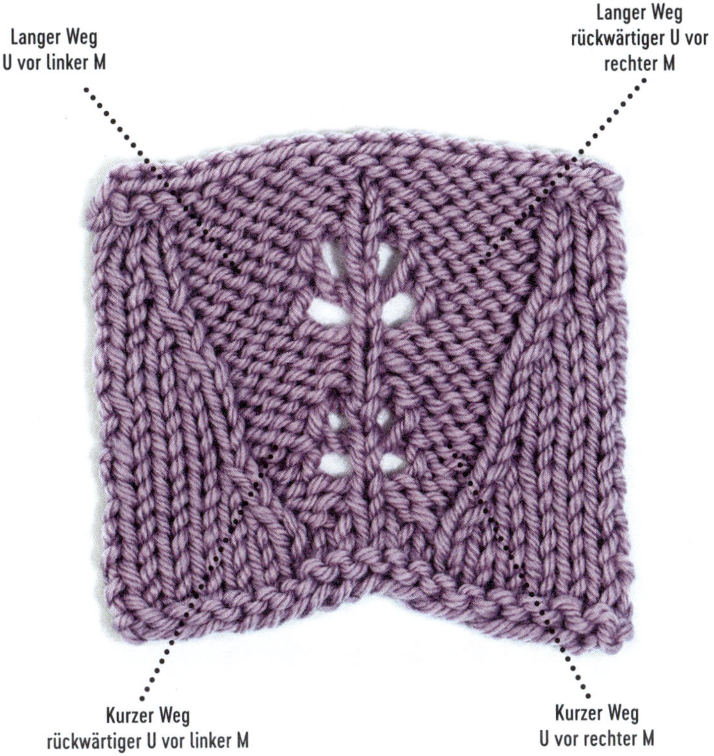

ZUNEHMEN: VÖLLIG VERDREHT UND OHNE LÜCKE

Ein Umschlag führt zwar zu einem dekorativen Loch, aber manchmal können wir keins gebrauchen. Zum Glück gibt es noch eine Möglichkeit, zwischen zwei Maschen zuzunehmen: aus dem Querfaden.

Bei der Zunahme aus dem Querfaden entsteht zwischen zwei Maschen eine neue, ganz ohne Loch. Es ist eine vielseitige Zunahme, die zwischen linken wie rechten Maschen gestrickt werden kann. Es gibt eine links und eine rechts neigende Version, je nachdem, wie der Faden verdreht wird. Die zugenommene Masche kann rechts oder links gestrickt werden. Diese Zunahme ist besonders nützlich, wenn man beim Wechsel von Rippen zu glatt rechts zunehmen muss (s. S. 203).

Für mich ist die Zunahme aus dem Querfaden die verdrehte Schwester des Umschlags. Bei beiden entsteht eine neue Masche aus dem Arbeitsfaden zwischen zwei Maschen. Die Verbindung zwischen den beiden Zunahmen mag nicht sofort offensichtlich sein, aber sehen wir uns mal an, wie sie aufgebaut sind.

Erinnern Sie sich an den laufenden Arbeitsfaden, der zwischen den Maschen verläuft? Bei dieser Zunahme heben wir den Querfaden (den Arbeitsfaden der Reihe darunter) auf die Nadel. Bei einem Umschlag läuft der Arbeitsfaden der aktuellen Reihe über die Nadel. Aber es gibt einen wichtigen Unterschied: ein Umschlag wird normal gestrickt, sodass ein Loch entsteht. Der Querfaden wird verschränkt gestrickt, und diese Drehung verschließt das Loch.

Hier sieht man den Querfaden auf der Nadel (dafür wird die linke Nadel von vorn nach hinten hineingestochen), bereit für eine links neigende Zunahme. Sieht doch bekannt aus? Würden wir den durch das vordere Glied stricken, wäre es ein Umschlag. Jeder, der bei einem Spitzenmuster schon mal einen Umschlag vergessen und es in der nächsten Reihe bemerkt hat, weiß, dass man den Querfaden anheben und links stricken kann. Zack – ein nachträglicher Umschlag.

Der angehobene Querfaden sieht wie ein Umschlag aus.

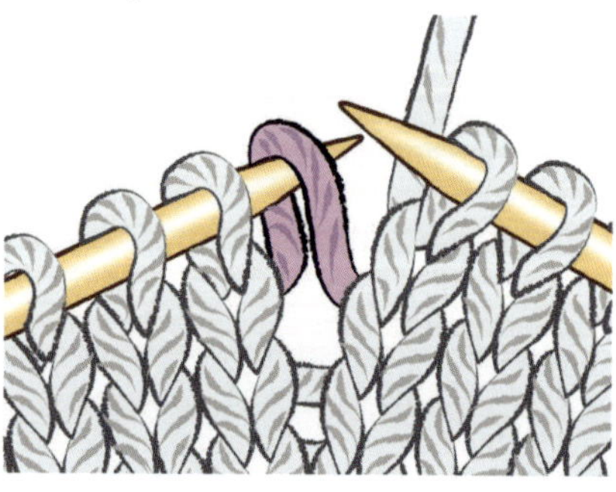

EINER ZU FEST, EINER ZU LOCKER

Eine typische Beschwerde bei dieser Zunahme gilt dem kleinen Loch, das direkt darunter entstehen kann. Das passiert, wenn das Garn nicht elastisch ist, wie Baumwolle, aber es kann auch an der Länge des Querfadens liegen – es kann sich zu eng anfühlen, ihn anzuheben.

Wenn man die Verbindung zwischen den Zunahmen durch Umschlag und aus dem Querfaden verstanden hat, ergeben sich ungeahnte Möglichkeiten, sie zu stricken. Elizabeth Zimmermann verdrehte gern den Arbeitsfaden zu einer Schlinge, bei der sich der Faden vorn (rechts) oder hinten (links) kreuzt, die wird auf die rechte Nadel gehoben und dann die nächste Masche gestrickt. (Wie man eine Masche aufschlingt s. S. 202.)

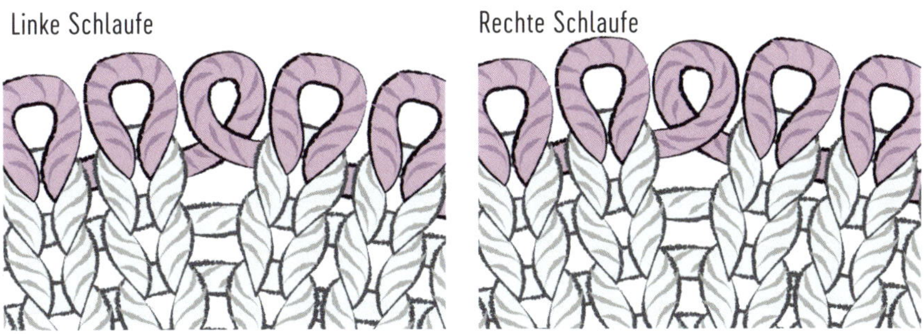

Der Vorteil, mit dem Arbeitsfaden anstatt aus dem Querfaden zuzunehmen, ist, dass man diese Zunahmen dichter stricken kann, ohne dass das Gestrick sich zusammenzieht. Doch während sich die Zunahme aus dem Querfaden zu eng anfühlen kann, so finde ich, dass diese Schlinge zu locker sein kann.

ESELSBRÜCKE FÜR RECHTS UND LINKS NEIGEND ZUNEHMEN

- »Ich ***lie***ß die ***Vor***dertür offen«: Von vorn in den Querfaden = links neigend
- »Ich bin ***recht***zeitig zu***rück***«: Von hinten in den Querfaden = rechts neigend
- Für beides gilt, was auch immer die linke Nadel tut, die rechte macht das Gegenteil. Wenn die linke den Querfaden von vorn anhebt, sticht die rechte hinten ein.
- Nicht die Masche neigt sich nach links oder rechts, sondern der Querfaden selbst.

VERSCHRÄNKTER U: DAS GOLDLÖCKCHEN DER ZUNAHMEN

Und dann habe ich genau das Richtige gefunden: einen verschränkten Umschlag. Er hat auch den Vorteil, mit dem Arbeitsfaden gestrickt zu werden, aber anstatt ihn sofort zu verdrehen (was mehr Wolle verbraucht), verschränken wir ihn in der nächsten Reihe.

Für eine links neigende Zunahme einen traditionellen U (Faden von vorn nach hinten über der Nadel) machen und in der nächsten Reihe verschränkt stricken.

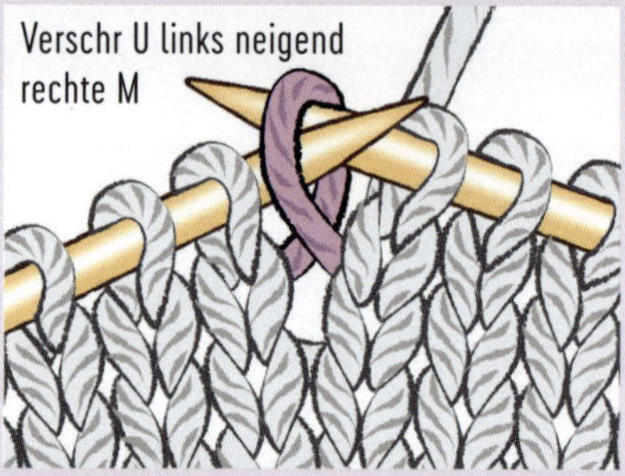

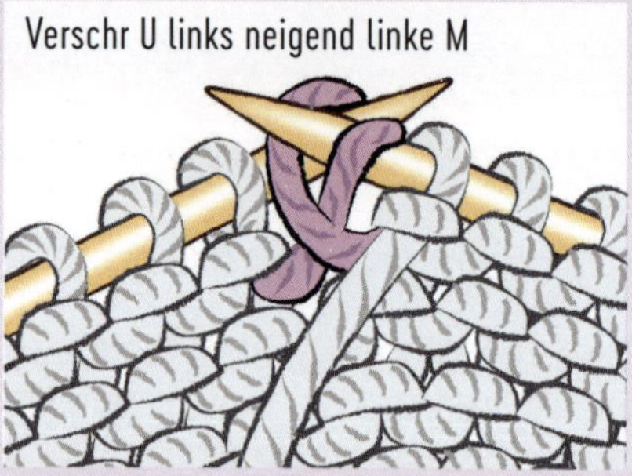

Für eine links neigende Zunahme einen rückwärtigen U (Faden von hinten nach vorn über der Nadel) machen und in der nächsten Reihe verschränkt stricken.

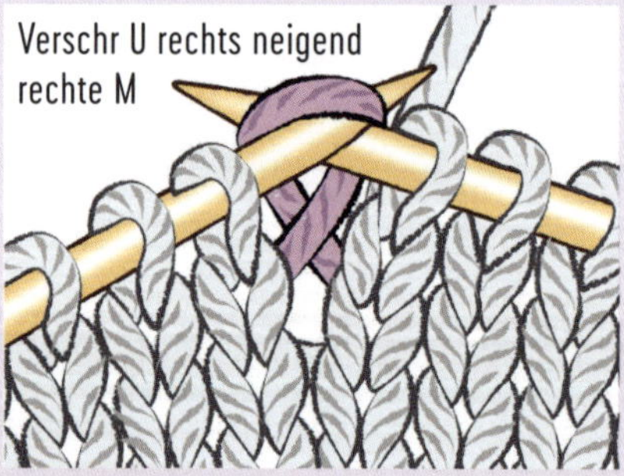

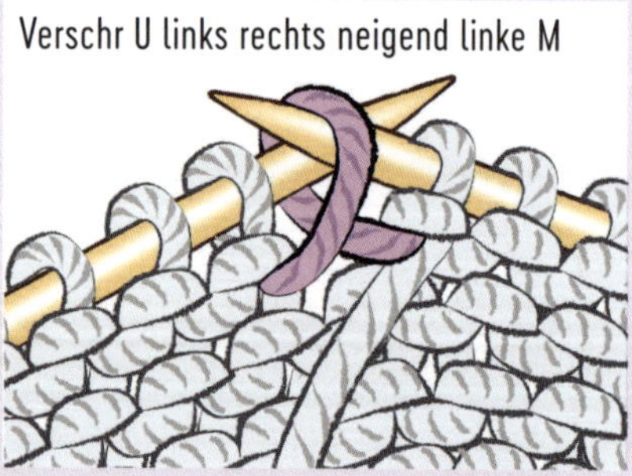

Man kann den Umschlag in einer Hinreihe machen und in einer Rückreihe verschränkt stricken. Wenn die Zunahme in derselben Reihe landen muss wie bei der Zunahme aus dem Querfaden – also im Arbeitsfaden der vorigen Rückreihe –, machen Sie den Umschlag in der Rückreihe und stricken ihn verschränkt in der Hinreihe.

Hier sind alle Varianten in einem Stück versammelt. Mein Favorit ist der verschränkte Umschlag, der Umschlag in der Hinreihe und in der Rückreihe verschränkt gestrickt. Probieren Sie alle aus, um Ihren Liebling zu finden.

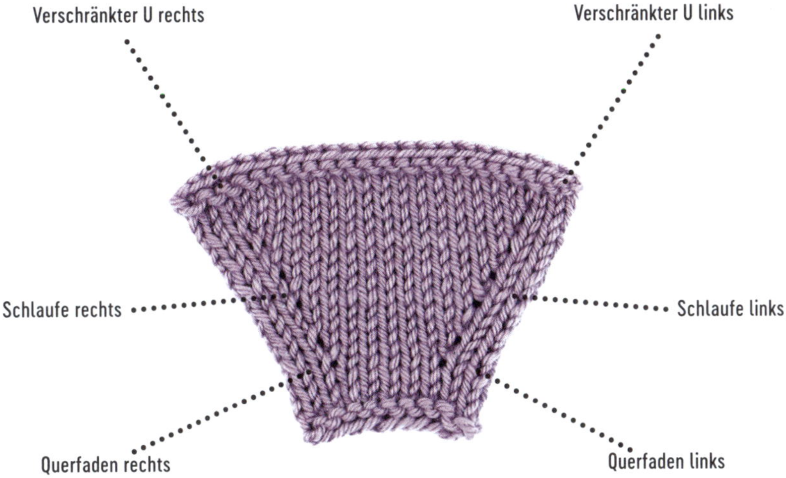

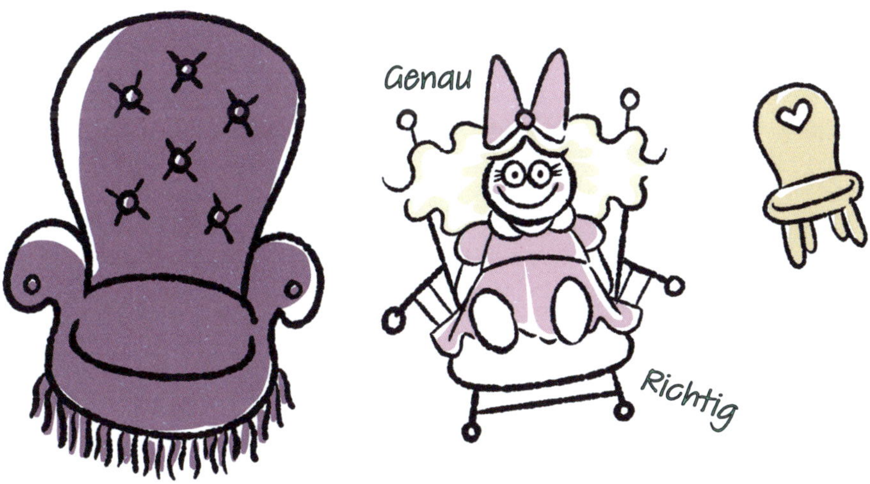

1 MASCHE DOPPELT STRICKEN: IN EINER MASCHE ZUNEHMEN

Dieser vielseitige Schatz ist gar nicht beliebt genug. Man strickt eine Masche doppelt, also durch das vordere und das hintere Maschenglied. Man nimmt in der Masche zu, hebt also nicht die untere Reihe oder den Arbeitsfaden an. Es ist die perfekte Methode, wenn man übereinander in jeder zweiten Reihe zunehmen muss wie bei einer Socke von der Spitze oder einem Raglanpulli von oben. (S. S. 203.)

Wenn man bei dieser Zunahme nach dem Abstricken des vorderen Maschenglieds auch das hintere strickt und dafür die Nadel dreht, legt sich das rechte Maschenglied unten um die zugenommene Masche, die dadurch wie eine linke aussieht. Deswegen ist sie perfekt für kraus rechts, Perlmuster, Rippen und ähnliche Muster.

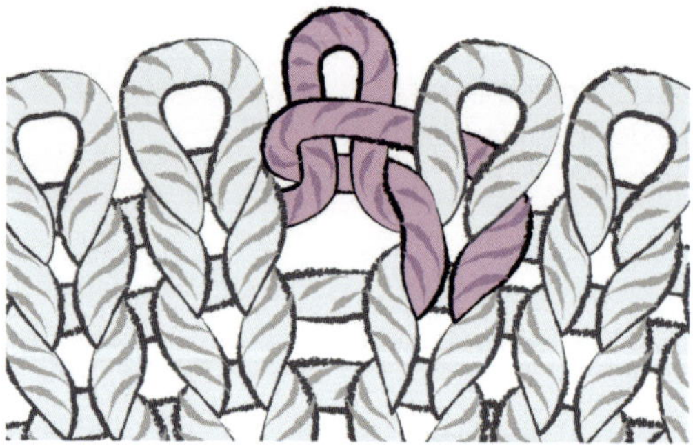

Verdoppelte Masche

TIPP: Weil sich der Faden immer links von der ursprünglichen Masche zeigt, kann man die Zunahmen symmetrisch gestalten, indem man in der ersten und in der vorletzten Masche einer Reihe zunimmt. Dadurch landet diese pseudolinke Masche jeweils eine Masche neben dem Rand.

ZWILLINGSMASCHE (KFS): EINE GETARNTE ZUNAHME

Manchmal möchte man in einer Masche zunehmen, ohne dass sie wie eine linke aussieht. Bitte schön, die Zwillingsmasche (engl. KFS = Knit front slip).

Man beginnt wie nebenan, aber strickt nicht in das hintere Maschenglied. Stattdessen strickt man ins vordere Glied, lässt die Masche auf der linken Nadel, dreht dann die rechte Nadel in die restliche Masche auf der linken Nadel und hebt sie auf die rechte.

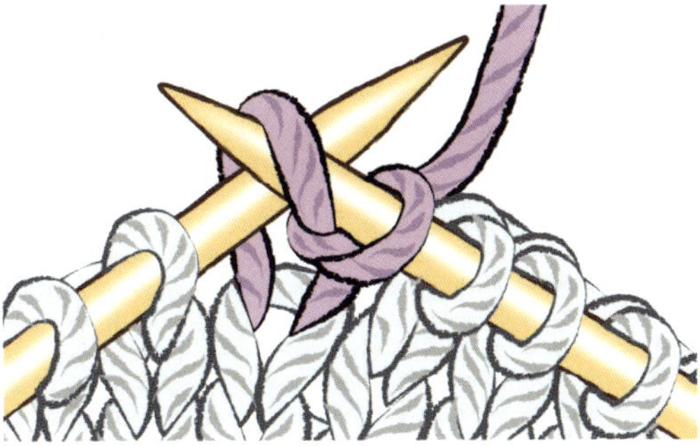

Es sieht ähnlich aus wie eine Doppelmasche, aber in der nächsten Runde werden beide Schlaufen einzeln gestrickt.

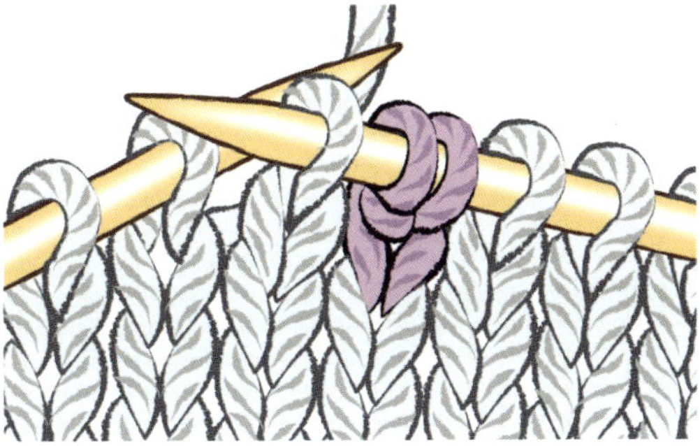

Manche finden das einfacher, als eine Masche doppelt zu stricken. Aber da man nur in ein Maschenglied strickt und das andere bloß abhebt, um es in der nächsten Reihe zu stricken, ist es eigentlich eine getarnte tiefe Zunahme. Womit wir bei der letzten Gruppe von Zunahmen wären.

TIEF GESTOCHEN: DIE UNSICHTBARSTE ZUNAHME

Die dritte Kategorie Zunahmen werden in die Reihe unter der aktuellen gestrickt. Diese tiefe Zunahme ist die unsichtbarste und verschwindet sogar in glatt rechts. Sie eignet sich perfekt zum gleichmäßig verteilten Zunehmen in einer Reihe und wenn man die links und rechts neigenden Versionen nimmt, ist es meine Lieblingsvariante bei der Taillenformung.

Schauen wir uns zuerst die links neigende tiefe Zunahme (li tief) an. Die wird unter der Masche auf der rechten Nadel gearbeitet.

LINKS NEIGEND TIEF ZUNEHMEN (LI TIEF)

1. Die linke Nadel von hinten nach vorn in die Masche zwei Reihen unter der gerade gestrickten Masche einstechen.

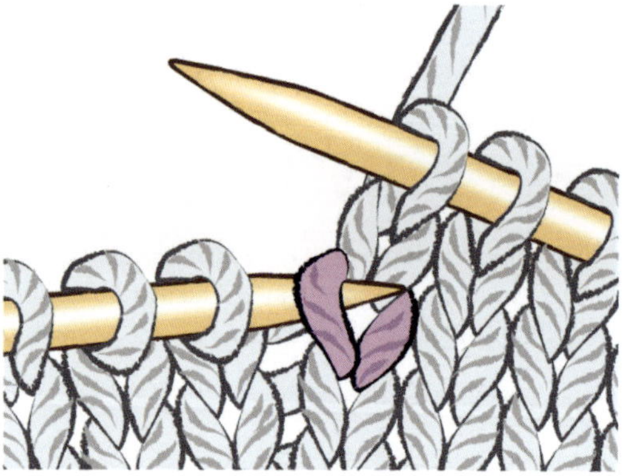

2. Diese Masche auf die linke Nadel heben und verschränkt stricken.

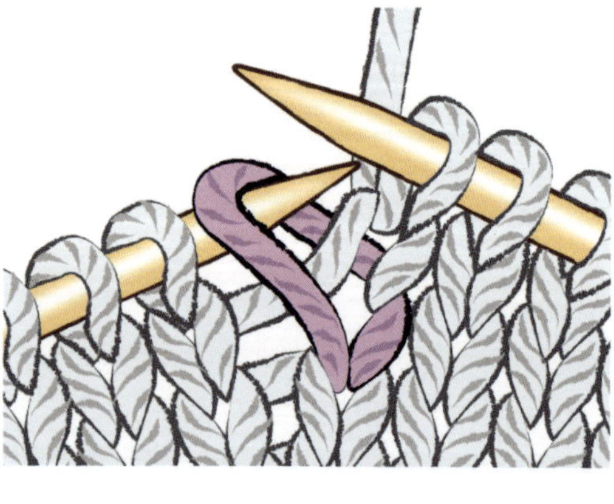

Die neue Masche neigt sich, ganz ohne Loch oder Lücke darunter, nach links.

ZWILLINGSMASCHE (KFS): DIE REIHE VOR LI TIEF

Vergleichen wir die tiefe Zunahme mal mit der Zwillingsmasche (KFS). Wenn man für die Zwillingsmasche (KFS) die zweite Schlaufe abhebt, dann hebt man ein Maschenglied ab. Diese Zunahme wird in der Rückreihe vervollständigt, wenn das abgehobene Maschenglied links gestrickt wird.

Wenn man Zwillingsmasche und tiefe Zunahme nebeneinander betrachtet, erkennt man, dass es dieselbe Zunahme ist, aber in unterschiedlichen Reihen gestrickt. Li tief wird in einer Reihe abgehoben und gestrickt, die Zwillingsmasche in der Hinreihe abgehoben und in der Rückreihe gestrickt.

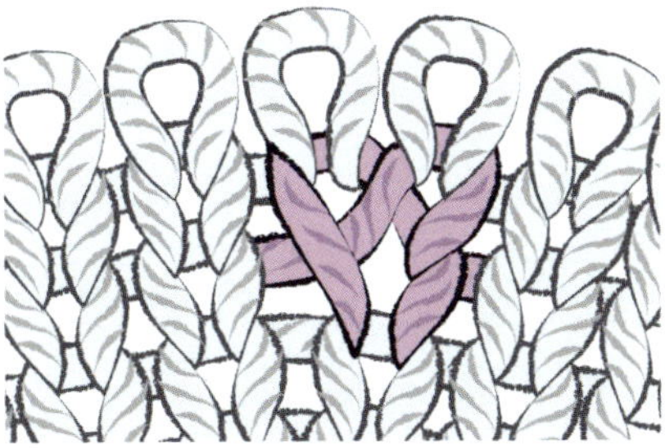

Abheben und stricken in der Hinreihe; die rechte M wird in derselben Reihe 2 Reihen tiefer angehoben und gestrickt

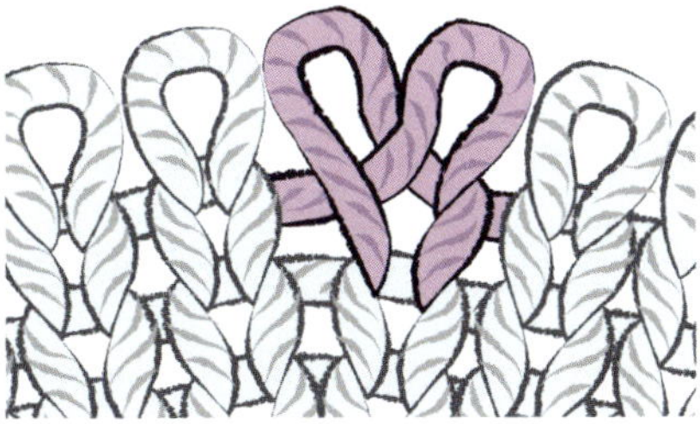

Abheben in der Hinreihe, stricken in der Rückreihe; die linke M wird eine Reihe tiefer angehoben und in der nächsten Reihe gestrickt

Die Zwillingsmasche (KFS) kann eine praktische Alternative zum li tief sein, wenn man gleichmäßig verteilt in einer Reihe zunimmt und den traditionellen li tief zu fummelig findet.

Natürlich kann man diesen Trick nicht nur bei der links neigenden tiefen Zunahme anwenden, sondern auch bei der rechts neigenden tiefen Zunahme (re tief).

RECHTS NEIGEND TIEF ZUNEHMEN (RE TIEF)

Schauen wir uns zunächst die traditionelle rechts neigende tiefe Zunahme im Vergleich zum links neigenden Gegenstück an. Bei li tief wird in die Masche **zwei** Reihen unter der gerade gestrickten Masche (auf der rechten Nadel) eingestochen. Bei glatt rechts bedeutet das, man hat gerade die Masche auf der rechten Nadel gestrickt (nennen wir das Reihe 3), die Reihe darunter war die linke Rückreihe (Reihe 2), und die Reihe, in der die Zunahme gestrickt wird, war die vorige rechte Hinreihe (Reihe 1).

Sie erinnern sich, dass man li tief zwei Reihen unter der gerade gestrickten Masche arbeitet?

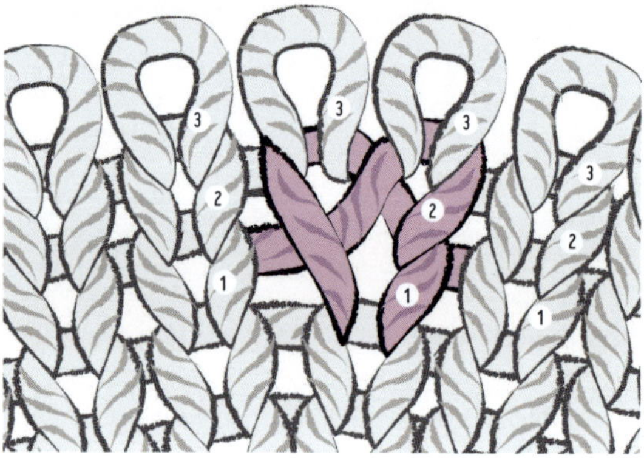

Re tief wird in dieselbe Reihe wie li tief gearbeitet, obwohl es erst einmal nicht so aussieht. Bei re tief sticht man in die Masche EINE Reihe unter der nächsten Masche (auf der linken Nadel).

1. Die rechte Nadel von hinten nach vorn in das rechte Maschenglied der Masche eine Reihe unter der aktuellen einstechen und auf die linke Nadel heben.

2. Das angehobene Maschenglied rechts stricken.

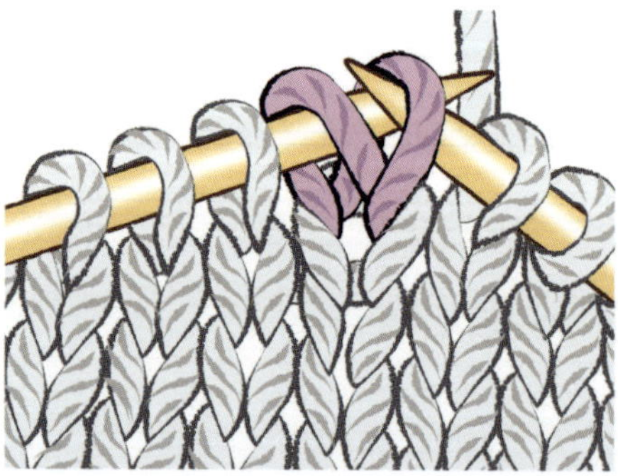

Wenn wir bei der Nummerierung bleiben, heißt das, dass man in Reihe 1 zunimmt, Reihe 2 befindet sich auf der linken Nadel; strickt man die Masche, befindet sich Reihe 3 auf der rechten Nadel.

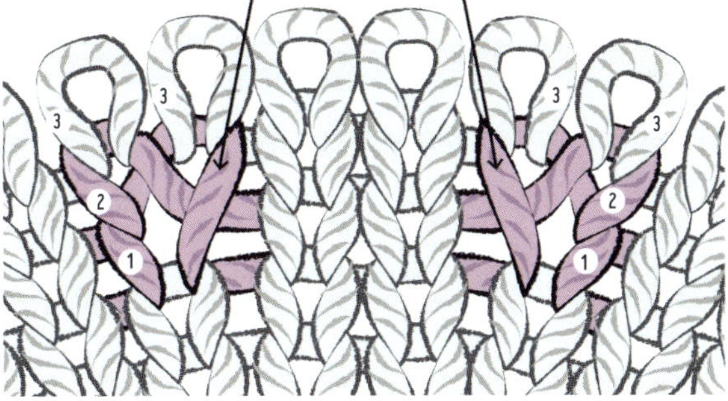

Hier das tolle und fast unsichtbare Ergebnis.

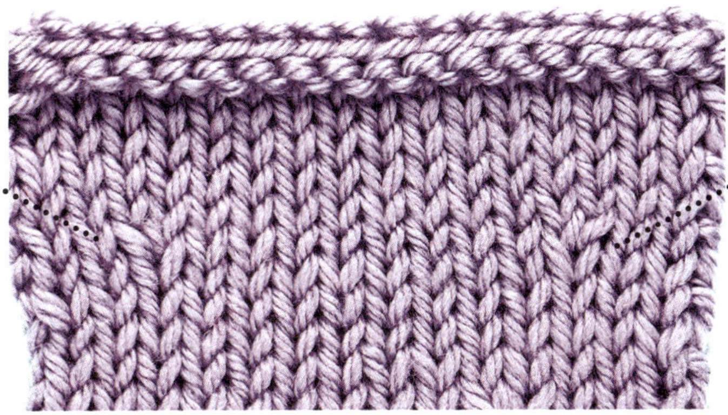

LI TIEF UND RE TIEF ZUSAMMENGEFASST:

- Für die links neigende tiefe Zunahme, die Masche mit der linken Nadel anheben
- Für die rechts neigende tiefe Zunahme, die Masche mit der rechten Nadel anheben

LVA (PFS): DIE REIHE VOR RE TIEF

Man kann ein re tief mit einem LVA, links vorne abheben, (PFS, engl. Purl front slip) stricken. Wie bei der Zwillingsmasche strickt man in der Rückreihe links ins vordere Maschenglied, lässt die Masche auf der linken Nadel, dreht die rechte in die übrige Schlaufe auf der linken Nadel und hebt die Masche auf die rechte Nadel.

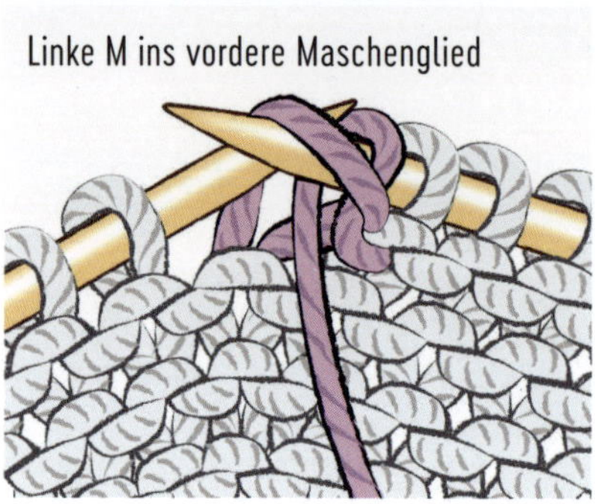

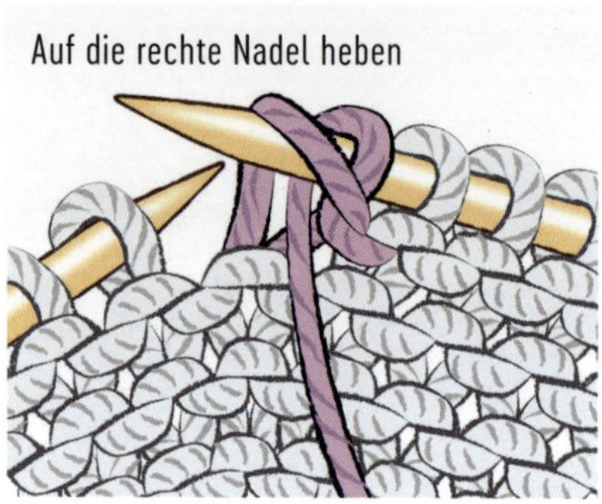

Das Ergebnis sieht ähnlich wie eine Doppelmasche aus, aber in der nächsten Runde werden beide Schlaufen einzeln gestrickt.

Sehen Sie, wie man hier, genau wie bei der *Reihe vor* li tief eine Masche in einer Reihe anhebt, aber in der *nächsten* Reihe strickt. Wenn man LVA (PFS) von der rechten Seite betrachtet, wird die Verbindung zu re tief deutlich.

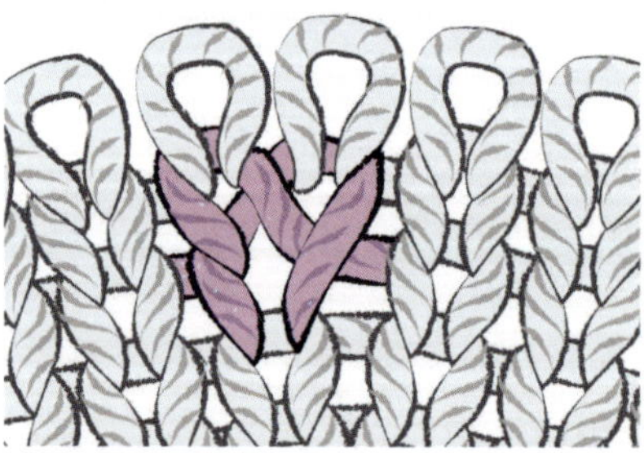

Re tief (abgehoben und gestrickt in der Hinreihe); die rechte M eine Reihe tiefer wird in derselben Reihe angehoben und gestrickt

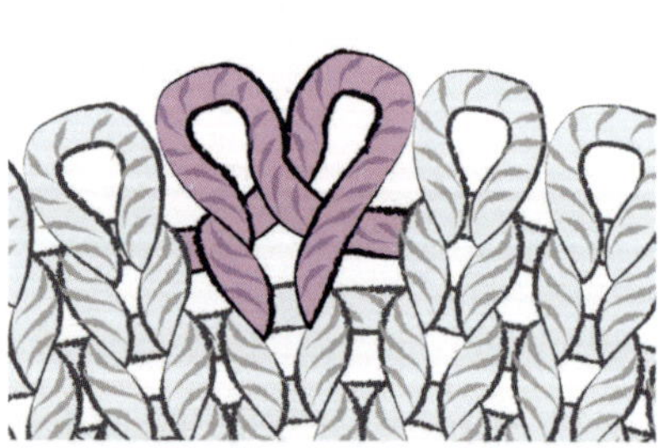

LVA (PFS) (in der RückR abgehoben, in der HinR gestrickt); die rechte M eine Reihe tiefer wird in der Rückreihe abgehoben und in der Hinreihe gestrickt

Es ist cool, zwei Wege zum selben Ergebnis zu finden, aber was ist der praktische Nutzen von LVA (PFS)? Um beide Zunahmen am Reihenanfang zu stricken!

Manchmal muss man symmetrische Zunahmen an beiden Enden einer langen Reihe stricken. Man nimmt am Reihenbeginn zu, vergisst es aber am Ende – nachdem 200 Maschen dazwischen gestrickt wurden. Aus irgendeinem Grund erinnert man sich immer leichter daran, etwas am Reihenbeginn zu tun. Jetzt können wir LVA nutzen, um symmetrisch am Anfang zweier Reihen zuzunehmen, anstatt in einer am Anfang und einer am Ende.

Wenn man z. B. beim Rückenteil eines Pullis an beiden Enden der Reihe zunehmen muss, kann man in zwei aufeinander folgenden Reihen jeweils zu Beginn zunehmen, anstatt sich immer am Ende an die zweite Zunahme zu erinnern. Soll z. B. in jeder 8. Reihe zugenommen werden, strickt man LVA am Beginn der 7. Reihe und dann am Beginn der 8. Reihe ein traditionelles li tief.

Wenn man sich wie ein Nerd mit Maschenanatomie beschäftigt, kann man seine Technik verbessern. Es macht auch Spaß, herauszufinden, dass mehrere Wege ans selbe Ziel führen. Je mehr Handwerkszeug sich in Ihrem Werkzeugkasten (oder Strickkorb) befindet, umso einfacher ist es, immer das genau richtige zu wählen!

Probieren Sie diese Zu- und Abnahmen aus, um Ihre Lieblingstechnik zu finden, die Sie dann bei Bedarf einsetzen.

Worte der Weisheit

—

IST DAS EIN FEHLER...

ODER HABEN SIE **EINE NEUE MASCHE ERFUNDEN?**

Nicht richtig, sondern besser

Als Kind war ich nicht zufrieden, wenn meine Frage »*Warum?*« mit »*Darum*« oder, schlimmer noch, »*Weil ich es sage*«, beantwortet wurde. Und beim Stricken habe ich zuerst zwar getan, was man mir sagte, aber das blieb nicht lange so. Ich begann mich zu fragen *Warum* – oder auch *Warum nicht*? In diesem Kapitel gehen wir das Warum und das Warum nicht an.

Strickanfänger hören nicht nur »*Das ist eben so*«, sondern auch »*Mach immer*« oder »Mach nie«. Aber ich sage Ihnen, genau wie im Leben gilt beim Stricken nur sehr selten immer oder nie.

Ein neues Knäuel: Mehr Verbindungsmöglichkeiten als gedacht!

Ich habe zwei Mach-immer-Regeln fürs Ansetzen eines neuen Fadens gelernt, die nicht sinnvoll waren: »Man setzt einen neuen Faden immer am Reihenanfang an« und »Man verknotet die Fäden immer«.

Wo man ein neues Knäuel am besten ansetzt, hängt vom Projekt ab. Ist die Kante offen, wie bei einem Schal, macht man es am besten mitten in der Reihe, damit der Rand sauber bleibt. Wird ein Kleidungsstück zusammengenäht, nimmt man den neuen Faden am besten am Reihenanfang dazu, so kann man ihn später beim Zusammennähen vernähen.

Das Problem: Einen Knoten mitten in der Reihe kann man kaum auf der Rückseite halten, er rutscht nach vorn durch, was nicht gut aussieht. Am Reihenanfang mag ein Knoten okay sein, aber falsche Sicherheit vermitteln. Bei meinem ersten Pulli tat ich, was mir gesagt wurde, verknotete die Fäden und strickte weiter. Nachdem ich den Pulli eine Weile getragen hatte, löste sich der Knoten, und hinterließ ein Loch in der Naht. Die Moral der traurigen Geschichten, bei einem Knoten am Reihenanfang unbedingt lange Fadenenden stehen lassen. Am Ende löst man den Knoten, verkreuzt die Fäden und vernäht sie. Oder man entscheidet sich gleich für einen meiner (faulen) Favoriten.

REIHENMITTE: DOPPELT GEMOPPELT HÄLT BESSER

1. Ein gut 15 cm langes Fadenende des alten Fadens übrig lassen und ein üppiges vom neuen über die rechte Nadel legen – der neue Faden vorn – sodass das neue Knäuel über dem alten liegt.

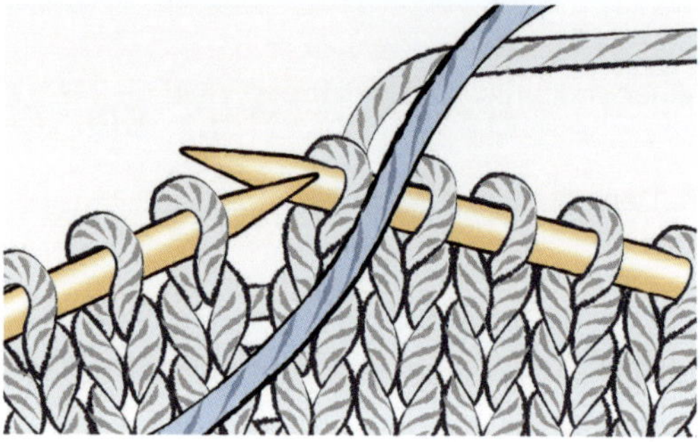

2. Zwei Maschen mit dem neuen und alten Faden stricken. Das war's. Das neue Fadenende nach hinten, das alte ganz fallen lassen und mit dem neuen weiterarbeiten.

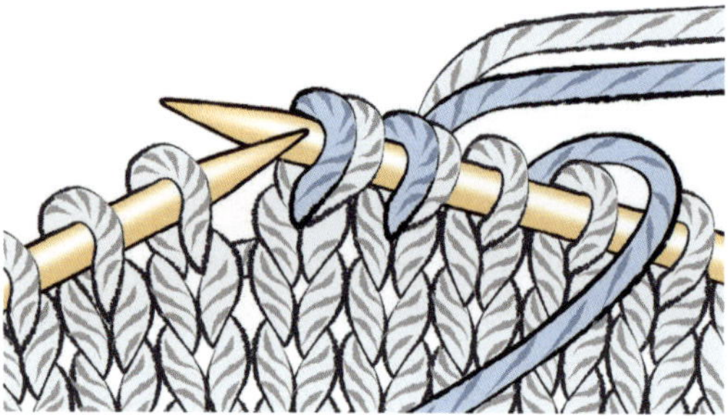

Ich weiß, viele sagen, dass man vier bis sechs Maschen doppelt stricken muss, aber ich verspreche, zwei tun's auch. In der nächsten Rückreihe die doppelte Masche einfach als eine stricken, beide Fadenenden anziehen, damit ist alles erledigt.

TIPP: Bei Mustern aus rechten und linken Maschen achten Sie darauf, diese Verbindung so zu stricken, dass sie in der Rückreihe eine linke Masche ist. Dadurch landet der Kopf der doppelten Masche auf der Rückseite.

REIHENANFANG: FANGEN SIE ES EIN

Natürlich kann man am Reihenanfang auch einfach mit dem neuen Faden losstricken, aber manche stört die lockere Masche. Dieser kleine Trick sorgt für einen ordentlichen Rand und ist ideal für einen gestreiften Schal.

1. Den neuen Faden unter den alten legen, das Fadenende nach rechts. Den alten Faden fest hinten an die linke Nadel drücken.

2. Eine Masche mit dem neuen Faden stricken.

1

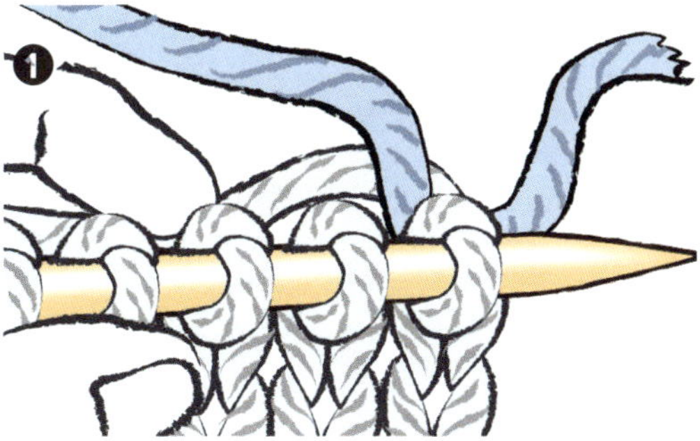

3. Den alten Faden immer noch an der linken Nadel festhalten, den neuen Faden aufnehmen, und zwar das Ende und den Arbeitsfaden, sodass der alte Faden dazwischen gefangen ist. Die zweite Masche mit doppeltem Faden stricken. Das alte Fadenende fallen lassen.

3

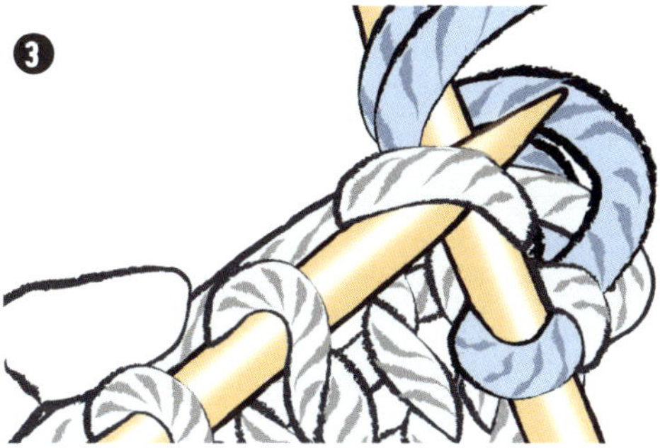

In der nächsten Rückreihe die doppelte Masche wie immer einfach als eine Masche stricken.

Ein großer Vorteil der Technik: Wenn Sie bei Streifen zu einer Farbe zurückkehren, dann wird die hier seitlich mitgeführt.

Jetzt stricken Sie einfach weiter und vernähen die Enden später oder stricken sie direkt ein.

FADENENDEN EINSTRICKEN: LIEBLING DER FAULEN STRICKER:INNEN

Haben Sie jemals erlebt, dass jemand abkettet und dann freudig in die Hände klatscht und jubelt: »Toll, jetzt darf ich die Enden vernähen!«? Eben, ich auch nicht. Daher möchte ich diese Alternative vorstellen.

Die Enden einzustricken ist dasselbe, wie bei Einstrickmustern die Spannfäden zu verschränken – und ja, es gibt eine coole beidhändige Methode dafür (dazu kommen wir noch). Fangen wir mit der einfachsten Variante an, bei der es darum geht, das Fadenende mit jeder Masche über und unter den Arbeitsfaden einzuweben. Das funktioniert mit dem Arbeitsfaden in der rechten oder linken Hand.

METHODE NR. 1:

Fadenende einstricken: Einhändig

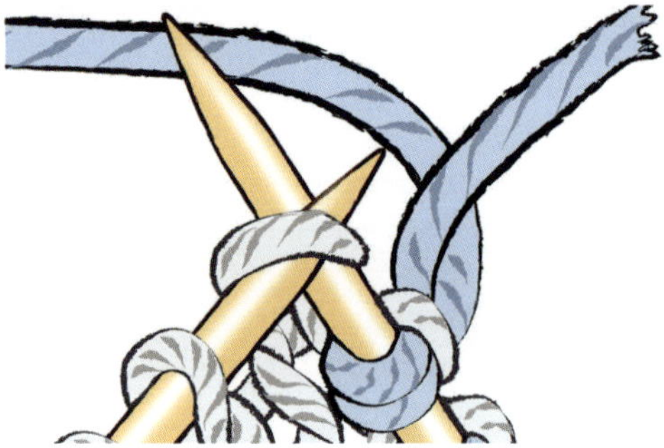

1. In die Masche einstechen und das Fadenende um die rechte Nadel und unter, dann über den Arbeitsfaden legen, sodass das Fadenende rechts liegt. Die Masche stricken. Das Fadenende liegt über dem Arbeitsfaden.

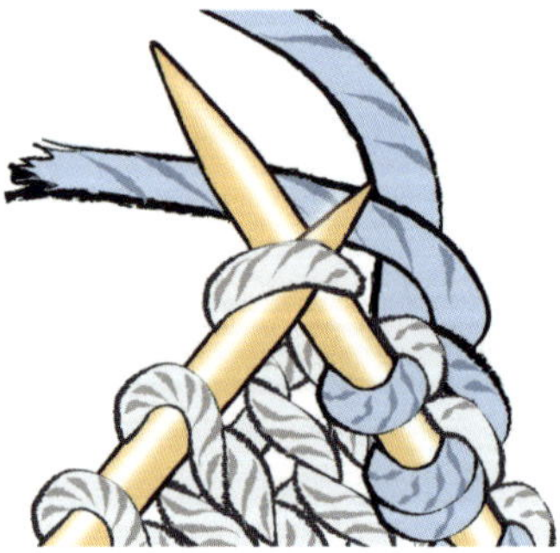

2. In die nächste Masche einstechen und das Fadenende oben über den Arbeitsfaden führen, sodass es links liegt. Die Masche stricken, das Fadenende landet unter dem Arbeitsfaden.

Schritt 1 und 2 für ein paar Zentimeter wiederholen.

Da wir jetzt wissen, wie es geht, schalten wir einen Gang hoch und arbeiten beidhändig!

METHODE NR. 2:

Das Fadenende einstricken: Kontinental

Den Arbeitsfaden in der linken Hand und das Fadenende in der rechten halten. Letzteres wird »geworfen« wie bei der englischen Strickmethode.

1. In die Masche einstechen und das Fadenende um die rechte Nadel von unten nach oben wickeln (wie bei einer rechten Masche).

2. Den Arbeitsfaden zum rechts Stricken über die Nadelspitze legen (von unten nach oben).

3. Das Fadenende lösen, indem man es unter die Spitze der rechten Nadel führt, sodass es am Ende über dem Arbeitsfaden liegt.

4. Den Arbeitsfaden durchziehen, um die Masche zu beenden. Die nächste Masche stricken, ohne das Fadenende zu bewegen, es landet unter dem Arbeitsfaden.

Wiederholen Sie Schritt 1–4 für ein paar Zentimeter.

❶
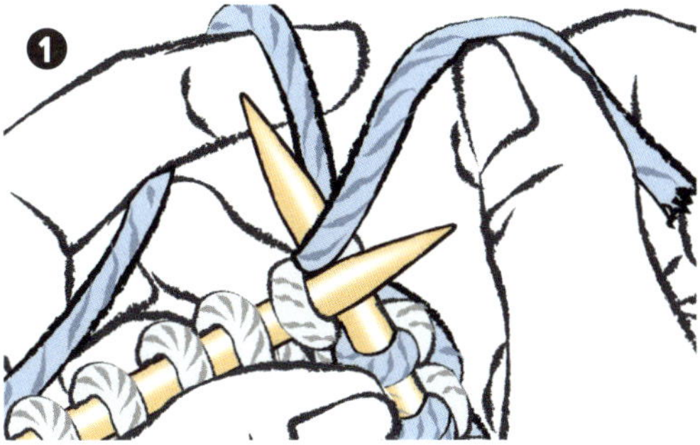

❷
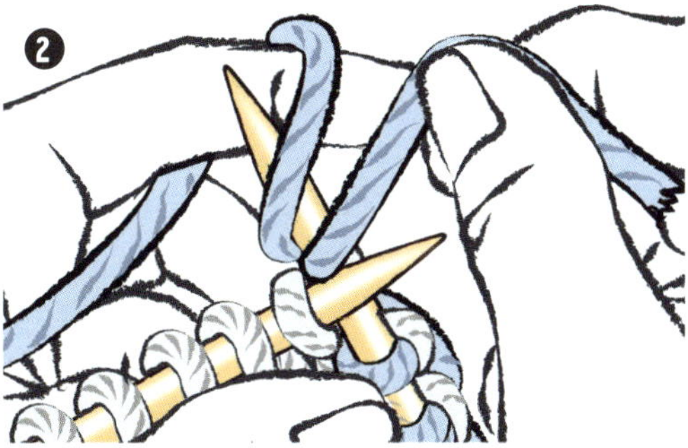

❸
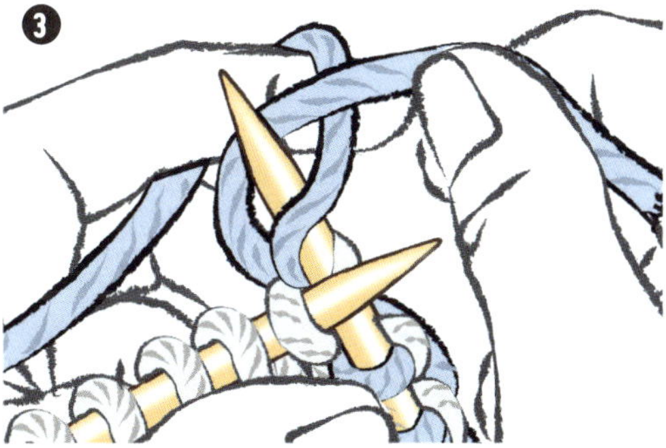

METHODE NR. 3:

Fadenende einstricken: Englische Methode

Den Arbeitsfaden in der rechten Hand und das Fadenende in der linken halten.

1
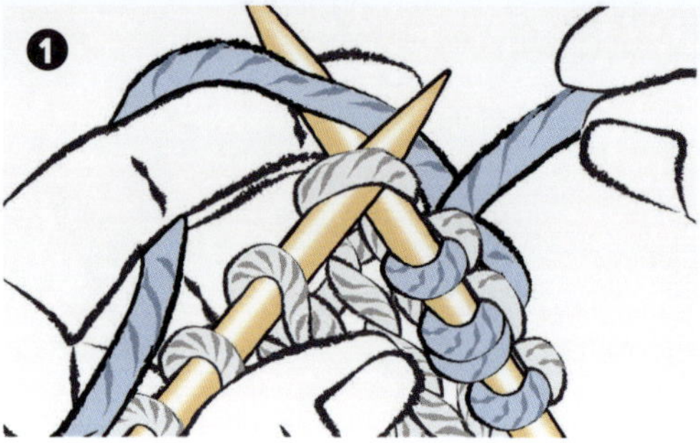

1. In die Masche einstechen und das Fadenende von rechts nach links um die rechte Nadel legen.

2
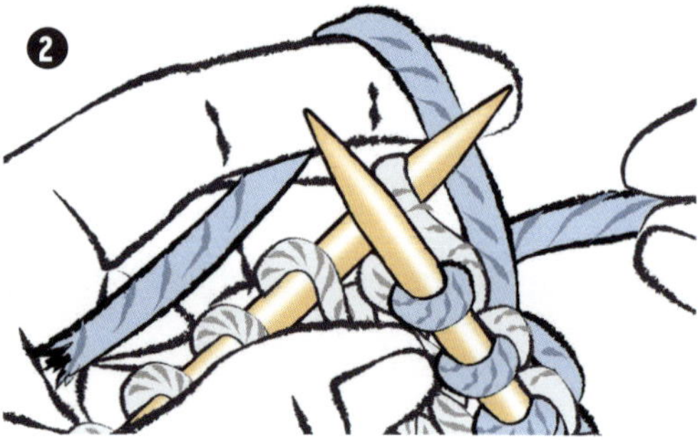

2. Mit dem Arbeitsfaden eine Masche stricken und ihn unter dem Fadenende führen. Das Fadenende von der linken Nadel rutschen lassen und über den Arbeitsfaden, während Sie ihn durchziehen. Das Fadenende liegt am Ende über dem Arbeitsfaden.

3. Die nächste Masche stricken, ohne das Fadenende zu bewegen, es landet unter dem Arbeitsfaden.

Schritt 1–3 für ein paar Zentimeter wiederholen.

Egal, ob Sie das Fadenende von Hand um den Arbeitsfaden legen oder es zweihändig einstricken, das Ergebnis ist dasselbe. Sie weben das Fadenende beim Stricken über und unter die linken Knubbel ein. Die Spannung sollte locker sein, und schauen Sie am Reihenende auf der rechten Seite nach, dass kein Faden zwischen den Maschen durchscheint. Wenn doch, dann ziehen Sie einfach daran und sehen Sie zu, wie er auf die Rückseite verschwindet.

Eingestricktes Fadenende

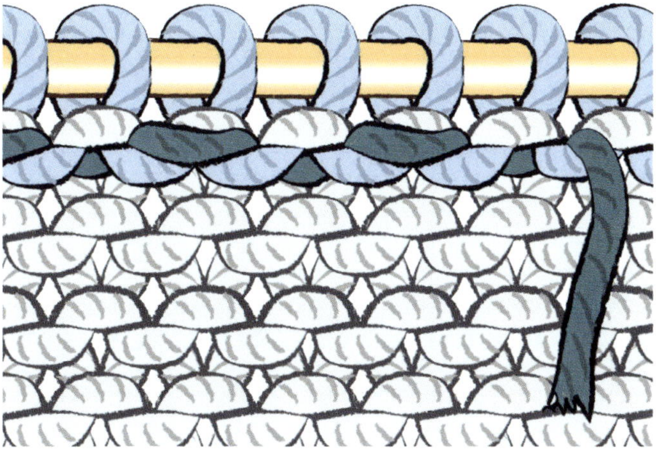

TIPP: Messen Sie Ihre Wolle, kurz bevor sie zu Ende ist, damit sie noch für eine Reihe reicht. Legen Sie den Faden früh genug, wenn noch genug da ist, vier Mal in der Breite über das Strickstück und machen einen kleinen Knoten. Stricken Sie die nächste Reihe und achten Sie darauf, wann Sie den Knoten erreichen, dann wissen Sie, wie viel Sie für eine Reihe brauchen.

FILZMAGIE: GANZ OHNE ENDE

Bei einer meiner Lieblingsmethoden, einen neuen Faden anzusetzen, muss gar nichts vernäht werden: Verfilzen. Das funktioniert mit jeder Tierfaser ohne Superwash-Ausrüstung. Die Fadenenden werden mit etwas Spucke zwischen den Händen verfilzt. Wenn Sie Ihre eigene Spucke eklig finden, können Sie warmes Wasser benutzen, aber ganz ehrlich, ich finde, altmodische Spucke funktioniert am besten.

Viele kennen diese Verbindung und nutzen sie bei einfarbigen Strickstücken überall in der Reihe, aber wussten Sie, dass man sie auch bei Streifen für den Farbwechsel am Reihenbeginn einsetzen kann? So geht's:

1. Bis zum Reihenende mit der aktuellen Farbe stricken. Den Faden abschneiden und ca. 2,5 cm stehen lassen. Nicht wenden.

2. Dieses 2,5 cm Fadenende festhalten und mit der leeren Nadel in der linken Hand, ca. 8–10 Maschen zurückstricken. Die Nadel von vorn nach hinten in die Reihe unter den Maschen auf der rechten Nadel einstechen. Es ist richtig, wenn die Nadel dort landet, wo der Faden herkommt. Am Arbeitsfaden ziehen und die Masche auf die linke Nadel heben.

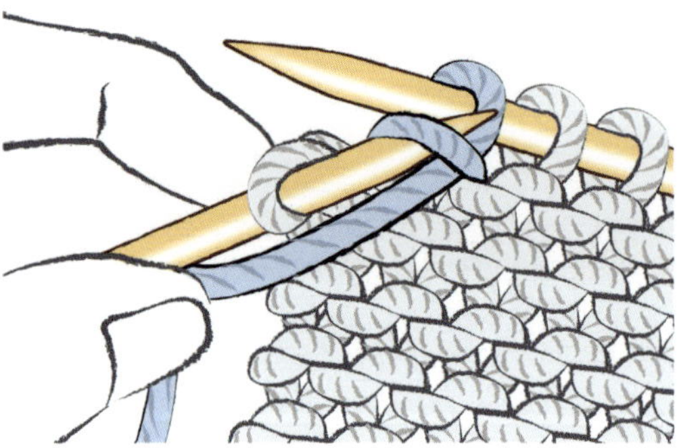

3. Die Fäden in der alten und der neuen Farbe ungefähr 5 cm weit aufdrehen. Jeweils ein paar Fädchen wegschneiden und die dünnen Fäden ungefähr auf halbem Weg über Kreuz legen.

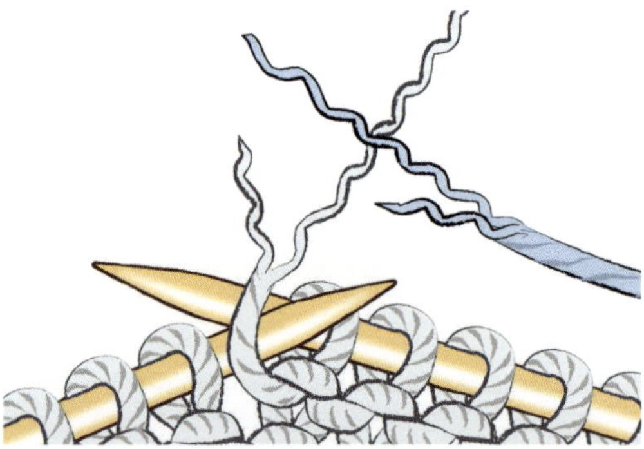

4. Dann die Fäden wieder zurückklappen und die Enden verdrehen. Durch das Ausdünnen der Fäden vermeidet man einen dicken Klumpen an der Verbindungsstelle.

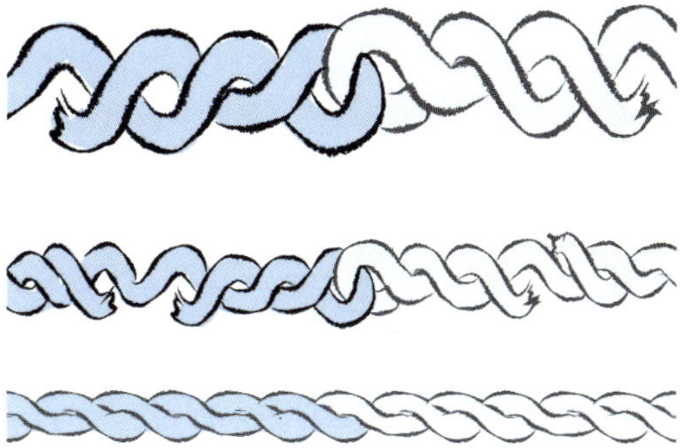

5. Jede zurückgeklappte Farbe anfeuchten und zwischen den Fingern reiben, sodass sie aneinander hängen bleiben. Dann die Verbindung in die Handinnenfläche legen, etwas magische Spucke dazu und reiben, bis es warm wird. Schließlich sanft an den Enden ziehen, um zu sehen, ob es hält.

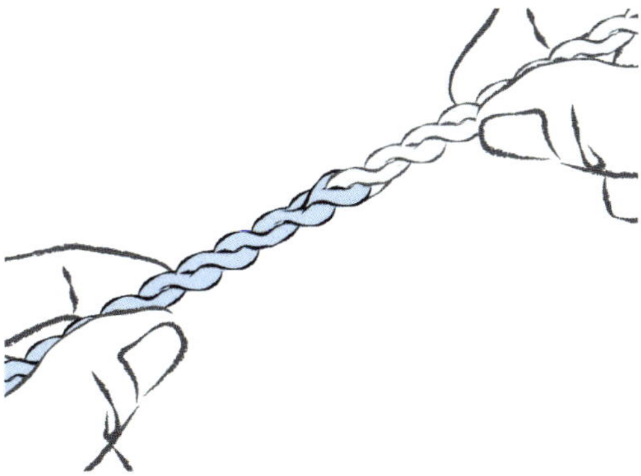

Wenn der Faden wieder etwas trockener ist, stricken Sie die Reihe zu Ende und beobachten Sie, wie die neue Reihe wie von Zauberhand mit einer neuen Farbe beginnt.

Rettung für die erste Masche: Fadenverlauf gestört

Wo wir gerade vom Reihenbeginn sprechen, wir kennen doch alle diese große, lockere erste Masche. Vor Jahren haben mir erfahrene Stricker:innen gesagt, »Keine Sorge, das ist eben so.« Ich habe versucht, den Faden richtig fest um die Nadel zu führen, ohne Erfolg. Ich habe versucht, die erste Masche auf der Nadelspitze zu stricken. Nichts. Ich habe versucht, den Faden nach der Masche anzuziehen, aber dabei habe ich nur die Reihe darunter angehoben, was es noch schlimmer machte.

Irgendwann hatte ich beim Rundstricken ein Aha-Erlebnis. Beim Reihenstricken ist nicht die erste Masche das Problem – sondern die letzte der Reihe darunter! Weil der Fadenverlauf unterbrochen wird.

Erinnern Sie sich, wie beim SSK die Masche, die wir stricken, automatisch die vorherige anzieht? Beim Stricken in Reihen beenden wir die Reihe, wenden, und daneben ist dann keine Masche, die nächste liegt darüber, also müssen wir etwas mehr tun, um die Reihe darunter anzuspannen.

KONTINENTALE METHODE: HEBEMASCHE

Diese Bewegung kommt ganz natürlich, wenn man den Faden links hält.

1. Die erste Masche normal stricken. Den rechten Finger auf die neue Masche auf der rechten Nadel legen.

2. Die Masche weiter festhalten und die Nadel anheben, dadurch wird die Masche größer und die darunter enger.

3. Den Finger wegnehmen und die zusätzliche Wolle in der ersten Masche anziehen und weiterstricken.

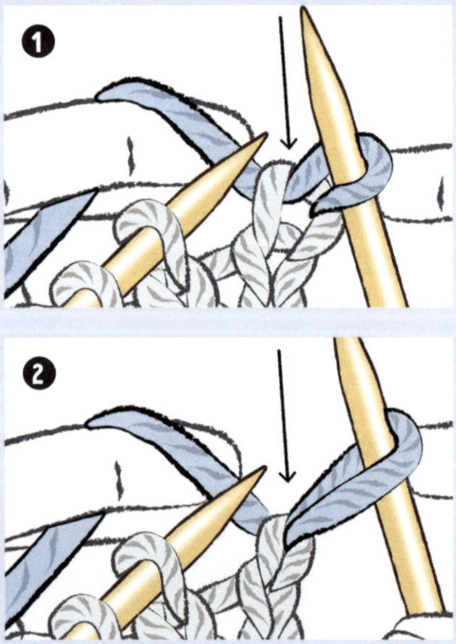

Indem man die neue Masche hochzieht, kopiert man die Bewegung vom 1-Schritt-SSK. Wenn Sie das in jeder Reihe tun, wird der Rand ordentlich und fest.

ENGLISCHE STRICKMETHODE: DER FLASCHENZUG

Wenn Sie den Faden in der rechten Hand halten, funktioniert diese Variante wunderbar.

1. Die erste Masche stricken und in die zweite einstechen, sie aber noch nicht stricken.

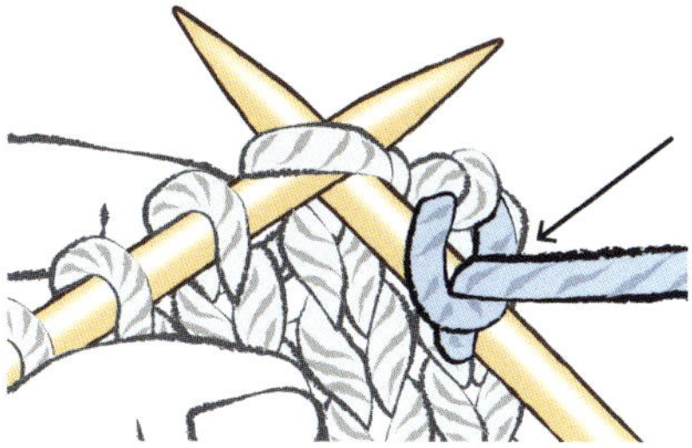

2. Ziehen Sie am Arbeitsfaden und beobachten Sie, wie die Reihe darunter wie durch Magie fester wird!

Die verschränkten Nadeln funktionieren wie ein Flaschenzug, sodass der Arbeitsfaden um die rechte Nadel laufen kann und die Masche darunter festzieht.

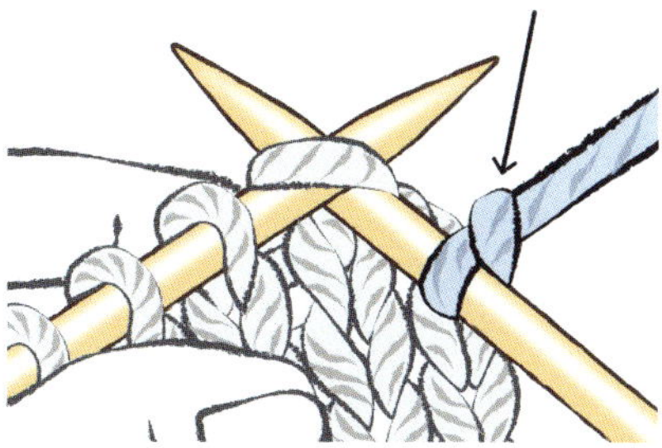

NADELSPIEL: KEINE LEITERN

Bonus – Dieser Trick hilft auch gegen Leitern, die beim Nadelspiel entstehen können, und zwar durch den Arbeitsfaden zwischen der letzten Masche der einen Nadel und der ersten Masche der nächsten. Die Leiter lässt sich genauso anziehen wie die erste große Masche beim Stricken in Reihen.

Wer schon einmal mit einem Nadelspiel gestrickt hat, weiß, dass der Rat »die erste Masche fest stricken« Unfug ist. Es funktioniert nicht. Stricken Sie die erste Masche auf der neuen Nadel, stechen Sie in die zweite ein und ziehen Sie DANN den Faden an. Genau wie die lockere Maschen darunter beim Stricken in Reihen wird die Leiter verschwinden.

Apropos Rundstricken ...

Rundstricken: Runde um Runde

Rundstricken ist für viele Projekte großartig, aber seien wir ehrlich, manchmal fühlt es sich an, als versuche man die Quadratur des Kreises. Aber deswegen müssen wir nicht im Dreieck springen – hier kommen ein paar meiner Lieblingstricks, die das Stricken rund machen.

MASCHENPROBE AUF DIE FAULE ART

Für ein rundgestricktes Projekt braucht man eine runde Maschenprobe. Das liegt am üblichen Querulanten, der linken Masche. Glatt rechts in Reihen bedeutet eine rechte, eine linke Reihe, in der Runde aber nur rechte. Bei Strickern, die rechts und links eine unterschiedliche Maschenspannung haben, ist die Maschenprobe in der Runde ganz anders als die in Reihen.

Sosehr ich Elizabeth Zimmermann verehre, ihr Vorschlag für eine rundgestrickte Maschenprobe – »stricken Sie einfach eine Mütze« – hat mich nie überzeugt. Schließlich braucht man nicht endlos viele Mützen. Ich ziehe die Turboprobe vor, ein fantastischer kleiner Trick, der es ermöglicht, auf einer Rundnadel in Reihen, aber ohne linke Maschen zu stricken.

Die Turboprobe täuscht Rundstricken vor, indem nur Hinreihen gestrickt werden. Anstatt die Arbeit nach einer Reihe zu wenden, schieben wir sie ans andere Ende der Rundnadel und stricken mit einem Faden, der auf der Rückseite hängt, noch eine Hinreihe.

Die klassische Turboproben hat große, lockere Ränder, und man muss viele Maschen anschlagen, um in der Mitte eine normale Maschenprobe zum Messen zu bekommen. Meine Version ist viel einfacher und ordentlicher.

Zunächst genug Maschen für die Maschenprobe anschlagen, dann eine Runde rechts stricken.

1. Schieben Sie die Maschen ans andere Ende der Rundnadel, sodass der Arbeitsfaden jetzt links liegt.

2. Jetzt den Arbeitsfaden fünf Mal über die Breite der Maschenprobe legen. Das ist Menge, die man für eine ganze Runde braucht, mit ein bisschen extra als Puffer.

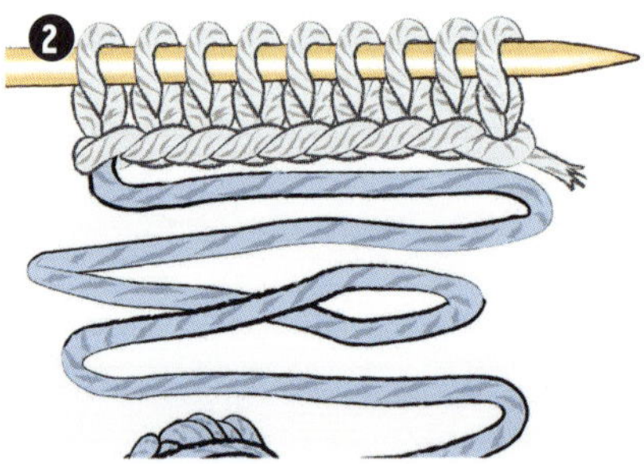

3. Das Ende des gerade abgemessenen Fadens festhalten und den Faden auf die Rückseite legen. Das Fadenende an die linke Nadelspitze halten, sodass auf der Rückseite ein große Schlaufe entsteht. Noch wird nicht mit dieser Schlaufe gestrickt.

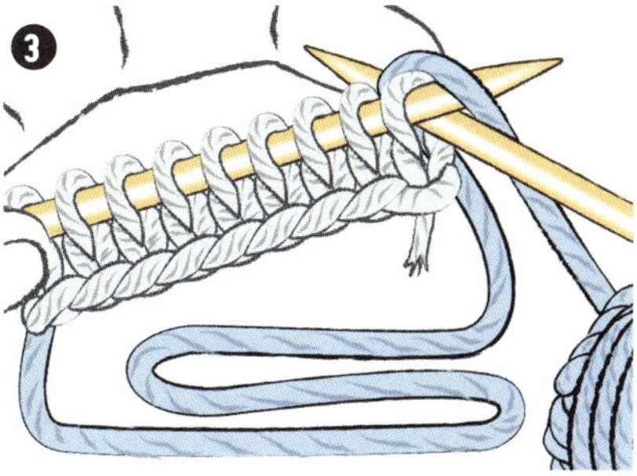

4. Die Schlaufe auf der Rückseite weiter festhalten und mit dem Arbeitsfaden die ersten zwei Maschen rechts verschränkt stricken, für einen verschränkten Rand. Bis zu den letzten zwei Maschen im Muster stricken, dann die beiden ebenfalls rechts verschränkt arbeiten. Die letzte Masche wird sich locker anfühlen, weil sie an der großen Schlaufe auf der Rückseite hängt. Ziehen Sie sanft daran, um diese letzte Masche enger zu machen.

5. Schieben Sie die Maschen ans andere Ende der Rundnadel und stricken Sie jetzt die nächste Runde mit dieser riesigen Wollschlaufe auf der Rückseite.

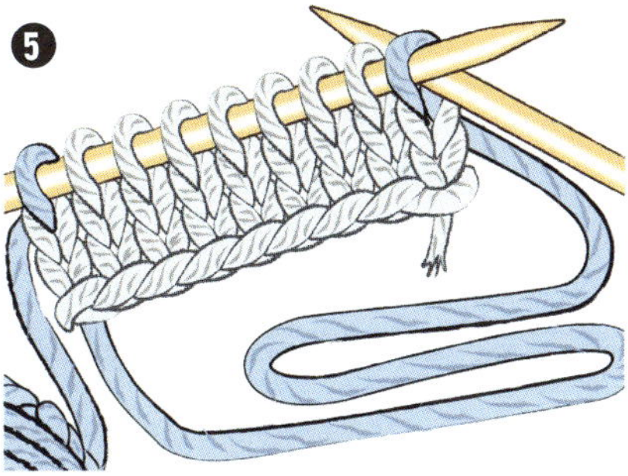

Schritte 1–5 wiederholen. Weil man die ersten und letzten zwei Maschen verschränkt strickt, abwechselnd mit dem Arbeitsfaden und der Schlaufe, wird die Maschenprobe ordentlich. Alle zwei Reihen entsteht eine kleine Schlaufe auf der linken Seite. Wie durch Zauberhand haben wir aus lauter rechten Reihen glatt rechts erschaffen.

ZUR RUNDE SCHLIESSEN: WEG MIT DER STUFE

Wenn wir Runden stricken, stricken wir eigentlich Spiralen. Am Ende einer Runde verbinden wir nicht die letzte Masche mit der ersten, sondern stricken die nächste Runde darüber. Wenn wir die Runde schließen, entsteht eine kleine Stufe, aber wir wollen Barrierefreiheit. Bei vielen entsteht auch eine Lücke. Dieser kleine Trick hilft gegen beides.

1. Eine Masche mehr als nötig anschlagen. Die erste angeschlagene Masche auf die rechte Nadel heben und den Markierer für den Rundenbeginn setzen. Der Arbeitsfaden kommt jetzt von der 2. Masche auf der rechten Nadel.

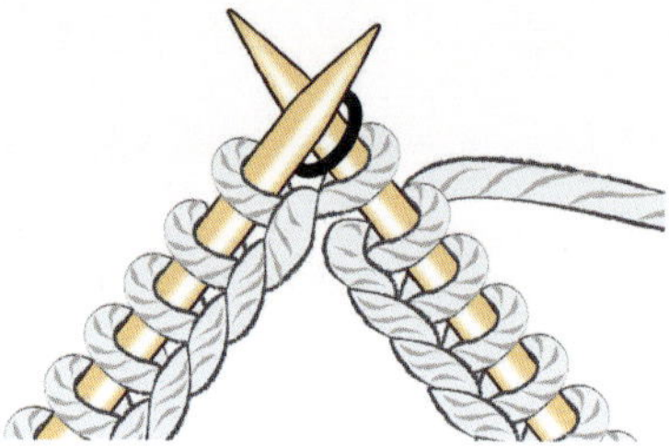

2. Um die Runde zu schließen, die erste Masche der linken Nadel stricken (also die zweite, die angeschlagen wurde). Hinter der abgehobenen, ungestrickten Masche entsteht ein kurzer Spannfaden.

3. Bis zu den letzten zwei Maschen laut Anleitung stricken, dann diese beiden zusammenstricken.

Ta-daa! Stufe weg und eine fast unsichtbare Verbindung.

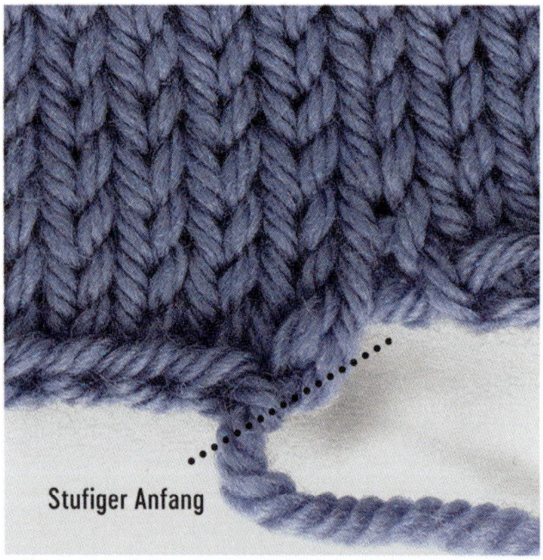

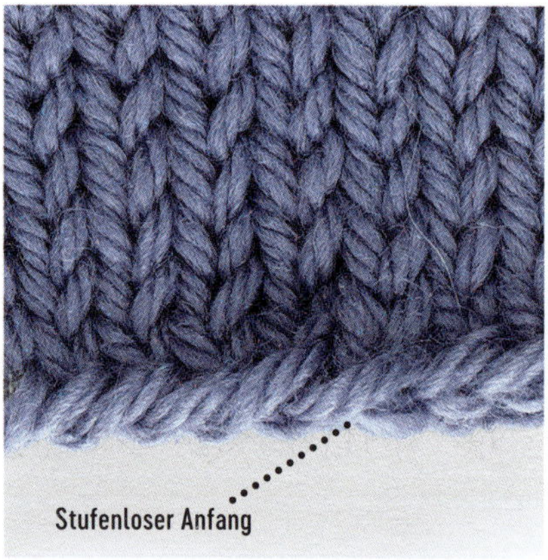

VON STREIFENLEID ZU STREIFENFREUD

Nichts zeigt besser als Streifen, dass Rundstricken eigentlich Spiralstricken ist. Keine Sorge, auch diese Stufen lassen wir verschwinden. Welcher Trick dafür nötig ist, hängt von der Maschenart und der Anzahl Reihen pro Streifen ab.

TRICK NR. 1:

Eine Runde links: Der Nichtstun-Trick

Manchmal wird eine Runde links gestrickt, um zwei Muster zu trennen oder Streifen spannender zu machen. Erinnern Sie sich an das, was wir in Kapitel 1 gelernt haben: Bei linken Maschen landet der Kopf der Masche der letzten Reihe (und hier der letzten Farbe) vorne. Dadurch erhält man zwei Farben zum Preis von einer, wenn man eine neue Farbe mit einer linken Runde beginnt. Das kann toll aussehen – bis man die nächste Runde rechts strickt und die linken Knubbel nicht zusammenkommen: Eine Stufe entsteht.

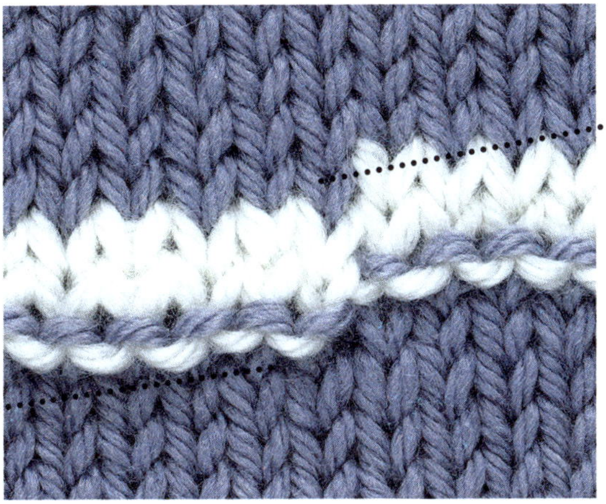

Um die Stufe loszuwerden, tricksen wir die Augen aus, indem wir die erste Masche nicht stricken. Am Ende der linken Reihe den Markierer abheben, dann die erste Masche wie zum links Stricken abheben und die restlichen Maschen rechts stricken. Das war's! Klingt bekannt? Das sollte es auch – exakt dasselbe haben wir beim stufenlosen Anschlag gemacht.

Bei diesem kleinen Trick wird die erste Masche der linken Runde übersprungen und erst in der zweiten Runde gestrickt. Anders gesagt, eigentlich strickt man in die Runde darunter.

Bei glatt rechts löst ein anderer Trick das Problem sogar noch besser.

TRICK NR. 2:

Glatt rechte Zwei-Runden-Streifen: Tief graben!

Bei glatt rechten Streifen, die über mindestens zwei Runden gehen, kann die Stufe vermieden werden, indem man in die Runde darunter arbeitet. Diese großartige Entfindung stammt von Meg Swansen. Im letzten Foto sieht man die Stufe am Beginn des weißen wie auch des blauen Streifens.

Wenn man lauter Streifen über zwei Runden strickt, verschiebt man den Markierer für den Rundenbeginn wie folgt in jeder Runde um eine Masche, damit nichts zieht:

Zunächst eine komplette Runde in der neuen Farbe stricken.

1. Am Rundenende den Markierer entfernen und die letzte Masche in der alten Farbe anziehen. Die rechte Nadel von hinten nach vorn in den Kopf der Masche der letzten Runde (in der alten Farbe) einstehen. Die Maschen in der alten Farbe auf die linke Nadel hochheben.

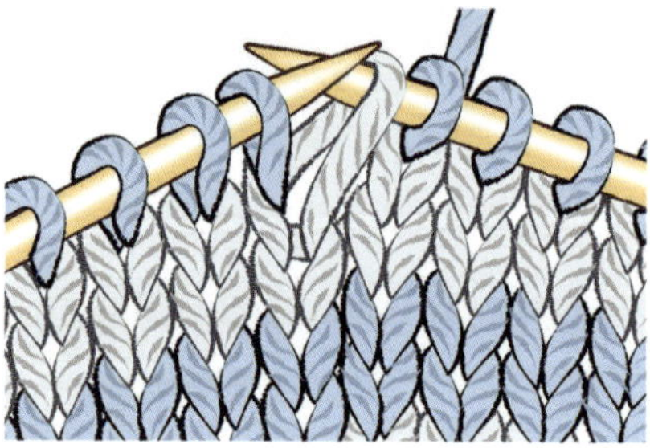

2. Die erste Masche der Runde mit der aus der Runde darunter zusammenstricken.

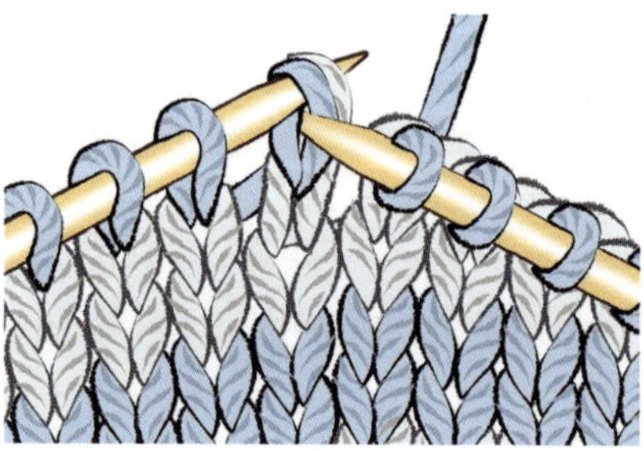

Den Markierer setzen. Der Runden-beginn ist jetzt um eine Masche versetzt worden. Bis Rundenende stricken (2. Runde mit der neuen Farben).

Jetzt kann man weiter mit der neuen Streifenfarbe stricken oder für mehrfarbige Ringel zu einer weiteren wechseln. Schritt 1 und 2 bei jeder neuen Farbe wiederholen, um Stufen zu vermeiden.

Hier sehen Sie, wie geschmeidig und stufenlos die weiße linke und die blaue glatt rechte Runde beginnen. So geht Barrierefreiheit beim Stricken!

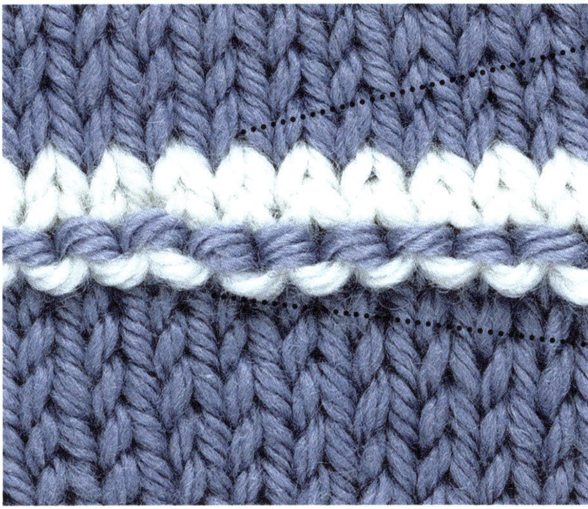

Stufenloser blauer Streifen (glatt rechts)

Stufenloser weißer Streifen (links)

TIPP: Man muss nur in der zweiten Runde einer neuen Farbe in die Runde darunter stricken. Bei breiteren Streifen werden die nächsten Runden normal gestrickt. Immer die Maschengröße der alten Farbe korrigieren, bevor man für den nächsten Streifen zu ihr zurückkehrt.

EINRUNDENRINGEL: DEN RING SCHLIESSEN

Es gibt spezielle Techniken, um bei einem kompletten Strickstück zwischen zwei oder drei Farben abzuwechseln. Aber wie wäre es, mitten in der Hauptfarbe ein paar Einrundenringel einzubauen? Nun, da fällt mir Archimedes ein, störe meine Kreise nicht.

Man kann beim Farbwechsel in die Runde unter dem Einrundenringel stricken, aber dabei entsteht eine winzige Stufe, die, anders als bei zwei Rundenstreifen, nicht verborgen wird. Je dicker die Wolle, umso deutlicher die Stufe. Man kann natürlich bei jedem Farbwechsel die erste Masche der alten Farbe abheben, aber bei mehreren Streifen wandert dann jedes Mal der Rundenbeginn, was sich auf die Form auswirken kann. Und auf der Rückseite können die Spannfäden eine feste Erhöhung bilden.

Durch diese kleine Entfindung entsteht bei jedem Streifen ein komplett geschlossener Ring, ohne Stufe, Spannfäden oder dem Versetzen des Rundenbeginns. Es ist, als füge man einen fertigen Farbring mitten in die Arbeit ein.

1. Ein paar Maschen in der alten Farbe abheben, dabei entfernt man sich vom Markierer des Rundenbeginns.

2. Die neue Farbe dazunehmen und ein langes Fadenende stehen lassen. Eine Runde stricken, ohne das Fadenende einzustricken. (Das Rundenende der neuen Farbe liegt woanders als das der alten Farbe.)

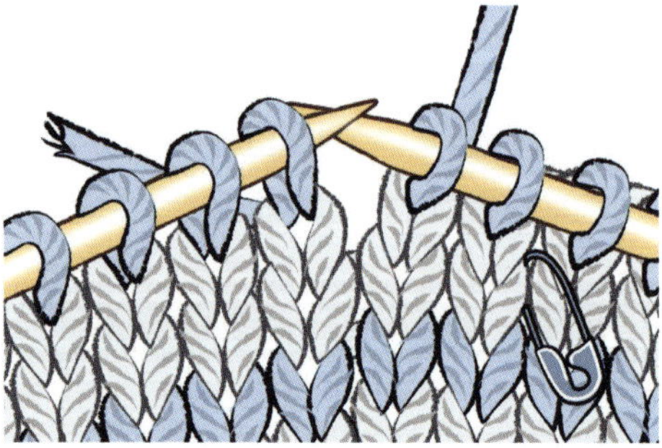

3. Die erste Masche der neuen Farbe wie zum rechts Stricken abheben. Jetzt sitzt sie verschränkt.

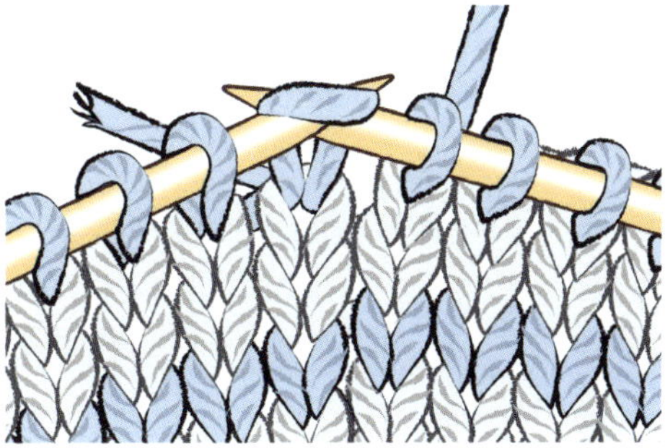

4. Mit der linken Nadel von hinten nach vorn in die Runde unter der abgehobenen Masche stechen.

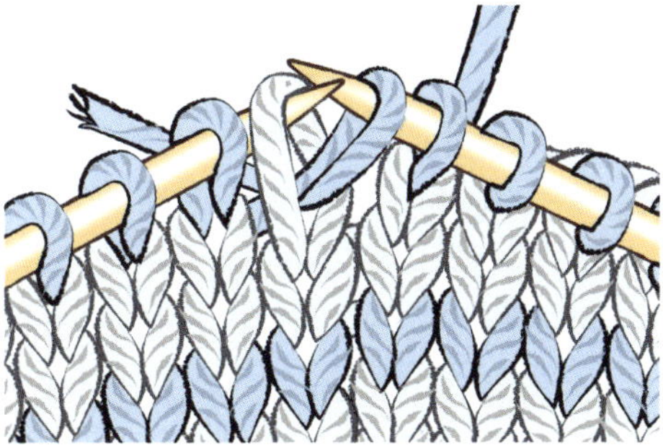

5. Mit dem Arbeitsfaden über kreuz unter dem Fadenende die Runde darunter mit östlicher Methode stricken, also den Faden über anstatt unter die Nadel führen.
Dadurch entsteht eine doppelte, tief gestochene, östliche Masche. In der nächsten Runde die doppelte Masche rechts verschränkt als eine stricken.

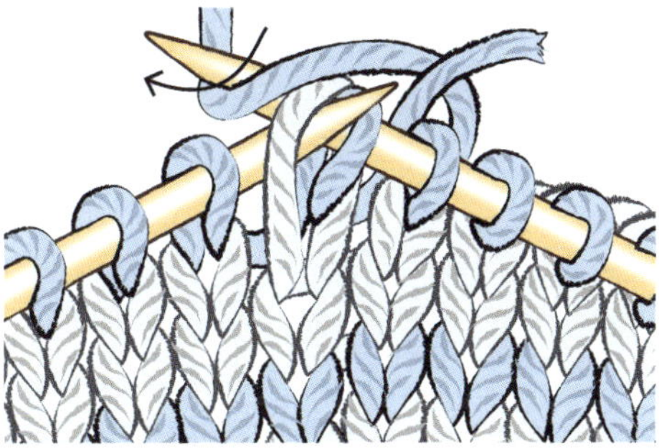

6. Jetzt die Maschen vorschieben, an eine neue Stelle, um den nächsten Einrundenstreifen wie in Schritt 2–6 zu arbeiten, die Doppelmasche verschränkt stricken und die Fadenenden anziehen.

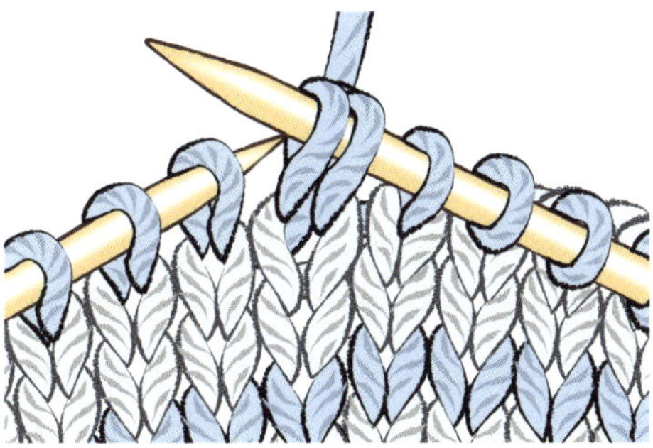

Wenn ein oder mehrere Einrundenringel gestrickt sind, die Maschen wieder verschieben, bis man am Markierer des Rundenbeginns und der Hauptfarbe ist. Mit der Hauptfarbe weiterstricken und natürlich bei der zweiten Runde damit in die Runde darunter stricken, um die Stufe in der Hauptfarbe zu vermeiden (dafür nutzt man die Technik für Streifen mit zwei oder mehr Runden).

Sie haben perfekt geschlossene Ringe mitten in die Hauptfarbe gestrickt und das ohne Spannfäden, Hebemaschen oder einen versetzten Rundenbeginn!

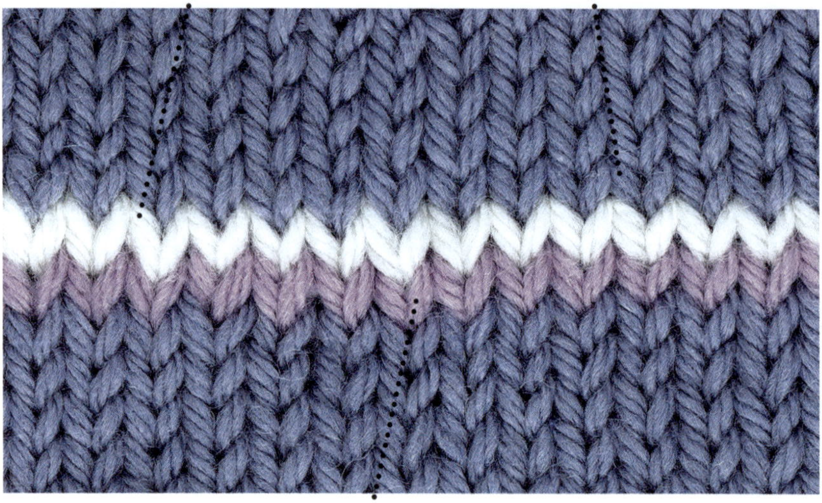

Verkürzte Reihen: Das große Schweigen

Können wir bitte über verkürzte Reihen reden? Dieser Tipp ist nämlich für alle Stricker:innen da draußen. Sollten Sie noch nie verkürzte Reihen in Runden gestrickt haben, wird dieser Abschnitt Ihnen wohl nicht viel sagen. Aber glauben Sie mir, bei Ihrem ersten Projekt mit verkürzten Reihen in Runden werden Sie sofort hierher zurückkehren. Denn jeder, der schon mal verkürzte Reihen in der Runde gestrickt hat, egal ob mit Doppel- oder Wickelmaschen, weiß, dass er getäuscht wurde!

Verkürzte Reihen sind eine großartige Methode, um Gestricktem Form zu verleihen, aber ziemlich nervig beim Rundstricken. Verkürzte Reihen sind genau das – nämlich Reihen, die verkürzt gestrickt und vor dem Ende gewendet werden. Am Wendepunkt wird eine Technik eingesetzt, die verhindert, dass dort ein Loch entsteht. Wir schauen uns die Versionen mit Doppel- und Wickelmaschen an.

Wenn man verkürzte Reihen in der Runde strickt, dann strickt man eben nicht rund, sondern in Reihen, bis alle verkürzten Reihen beendet sind, erst danach geht es rund weiter ... und genau dann wird's knifflig.

Die beiden Methoden für verkürzte Reihen sind zwar unterschiedlich, aber haben eine wichtige gemeinsame Eigenschaft: Die letzte Doppel- oder Wickelmasche wird in einer Rückreihe gestrickt, doch wenn man wieder in Runden strickt, wird die Lücke auf der rechten Seite (also in einer Hinreihe) geschlossen.

Aus irgendeinem Grund tun die Anleitungen so, als würden die Anweisungen für eine Hinreihe auch dann funktionieren, wenn die Masche in einer Rückreihe gewendet wurde – aber das tun sie nicht, und das ist nicht Ihre Schuld! Es ist einfach nicht die ganze Wahrheit. Und Ihr Strickstück hat dann eine Lücke oder ein Loch.

Um zu verstehen, was da schiefläuft, müssen wir uns anschauen, wie jede Methode die gestrickten und die nicht gestrickten Maschen verbindet und ob diese Verbindung vor oder nach dem Wenden geschieht. Wenn Sie noch nie verkürzte Reihen mit Doppel- oder Wickelmaschen gestrickt haben, finden Sie die Anleitung dazu im Strickkurs auf Seite 204.

WICKELN UND WENDEN: DIE LÜCKE SCHLIESSEN

Bei verkürzten Reihen der Wickeln-und-Wenden-Methode (W&W) verbindet man die Maschen, indem man den Faden um die nächste, nicht gestrickte Masche wickelt und danach wendet.

Beim Stricken in Reihen wird eine Masche, die in einer rechten Reihe umwickelt wird, auch in einer rechten mit dem Wickel zusammengestrickt. Dafür sticht man die Nadel von unten nach oben in den Wickel, dann in die Masche und strickt sie rechts sauber zusammen.

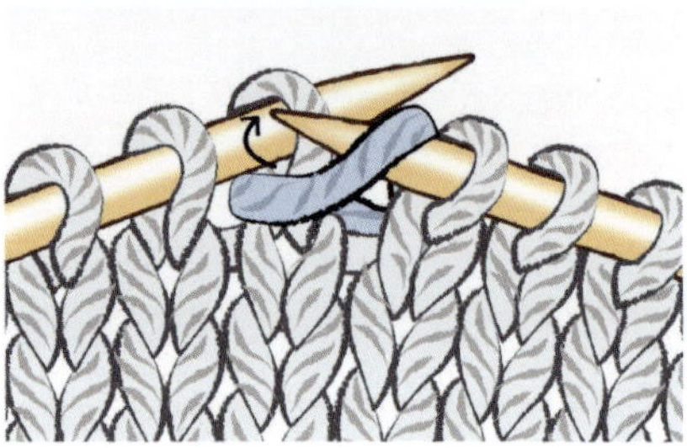

Aber wenn nach den verkürzten Reihen wieder rund gearbeitet wird, bliebt noch eine umwickelte Masche von der Rückreihe. Es wird nicht gewendet und links gestrickt, sondern rechts in Runden. Und das ist das Problem. Der letzte Wickel liegt verkehrt herum, weil er in einer linken Reihe entstand.

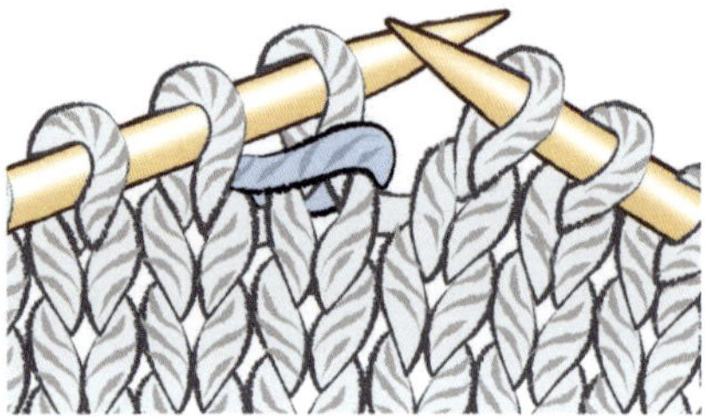

Hier die Lücke und die verlängerte Masche

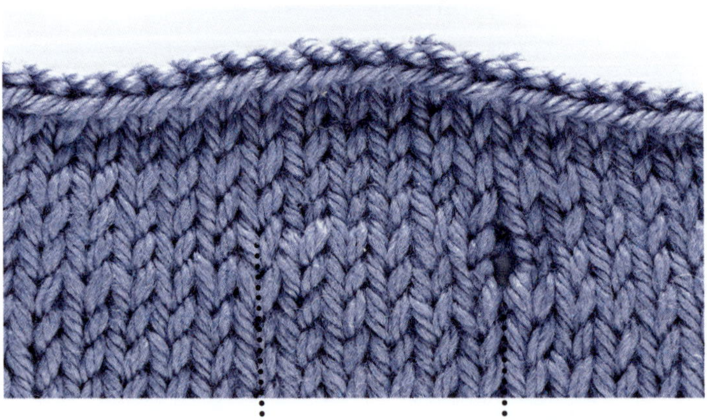

W&W der letzten Hinreihe, in der Hinreihe verborgen

W&W der letzten Rückreihe, in der Hinreihe verborgen

Da wir uns dem Wickel rückwärts nähern, ist es da nicht logisch, die Lücke rückwärts zu schließen? In der Hinreihe verbirgt man den Wickel durch 2 M re zus, also ist ein SSK hier die Rettung!

1. Den Wickel von der Masche heben, sodass er sich links davon befindet.

2. Jetzt den Wickel und die Masche als SSK stricken, dabei nur die erste Masche (den Wickel) wie zum rechts Stricken abheben.

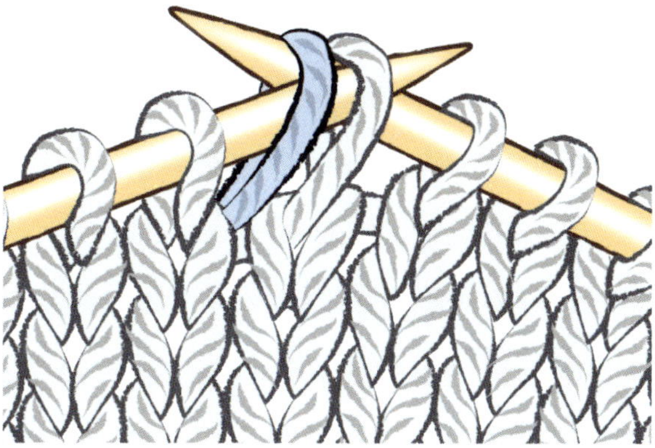

Keine Lücke mehr!

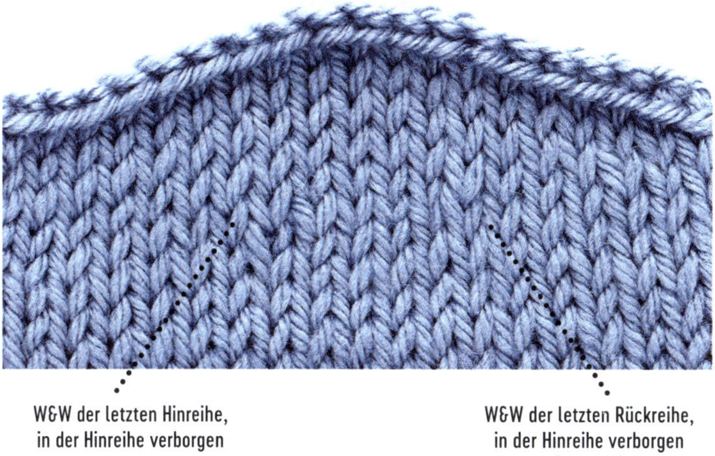

W&W der letzten Hinreihe, in der Hinreihe verborgen

W&W der letzten Rückreihe, in der Hinreihe verborgen (als SSK)

VERKÜRZTE REIHEN MIT DOPPELMASCHE: KEIN LOCH

Bei Doppelmaschen wendet man zuerst und macht dann aus der zuletzt gestrickten Masche eine Doppelmasche als Verbindung. Hier ist es leicht, die Lücke zu schließen. Die Doppelmasche (DM) wird in einer rechten Reihe als 2 M re zus gestrickt und in einer linken als 2 M li zus.

Doch wenn man dann wieder Runden strickt, entsteht ein richtiges Loch. Wie bei W&W erreichen wir die letzte in einer linken Reihe entstandene Doppelmasche, aber sollen sie mit 2 M re zus stricken, doch das schließt die Lücke nicht, da sie VOR der DM liegt.

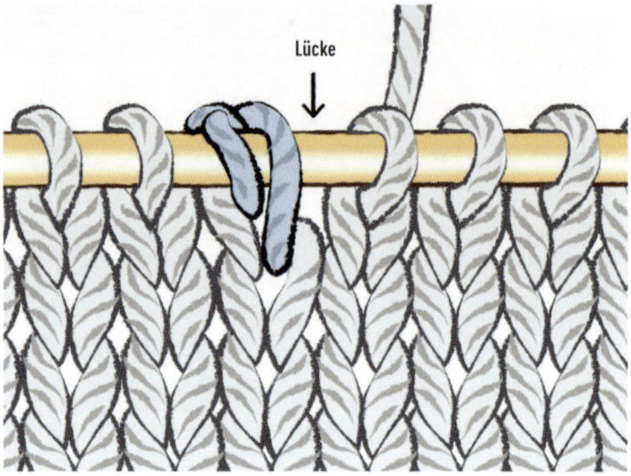

Wenn Sie einfach nur bis zur DM stricken und dann 2 M re zus, bleibt die Lücke und wird in der nächsten Runde zu einem Loch.

DM der letzten HinR zus in einer HinR

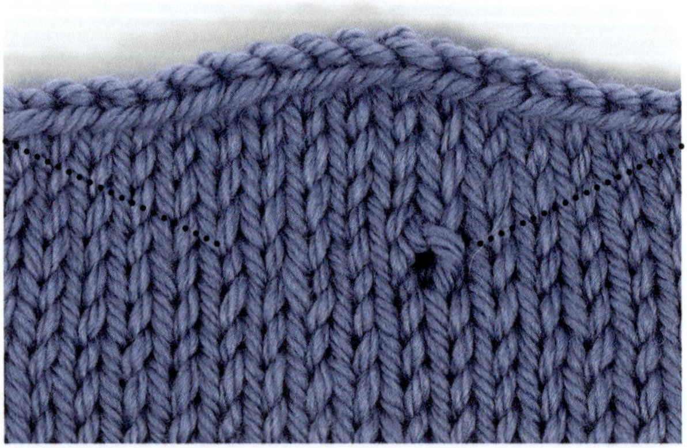

DM der letzten HinR zus in einer RückR

Wir müssen also das Loch füllen. Bis 1 Masche vor der Doppelmasche stricken.

1. Die Masche wie zum rechts Stricken abheben.

2. Die Doppelmasche zur linken Nadelspitze schieben. In das 1. Maschenglied verschränkt einstechen, das kann knifflig sein, ziehen Sie dann an der DM auf der Nadel, sodass das erste Maschenglied erscheint. Den Faden durchziehen.

3. Diese Masche abstricken, dabei das zweite Maschenglied auf der linken Nadel lassen.

4. Die abgehobene Masche über die gerade gestrickte Masche (aus dem 1. Maschenglied der DM) ziehen und den Arbeitsfaden fest anziehen.

5. Das 2. Maschenglied der DM verschränkt stricken.

2

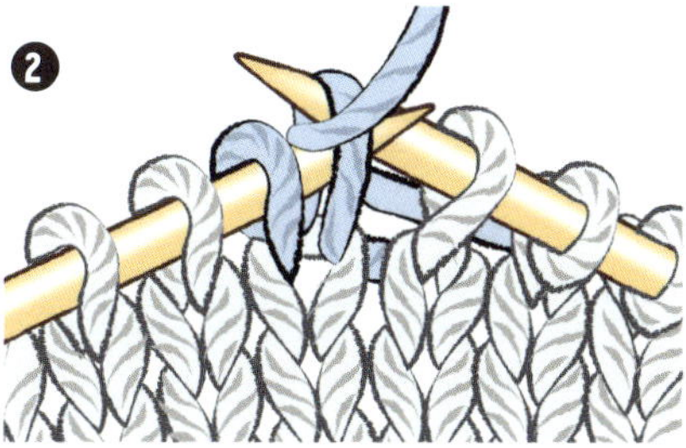

3

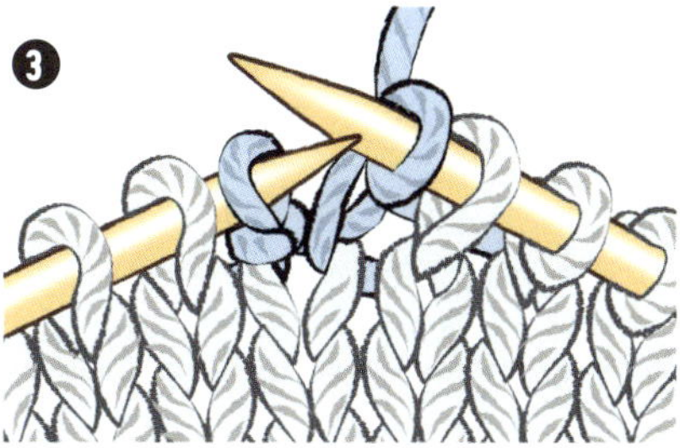

4

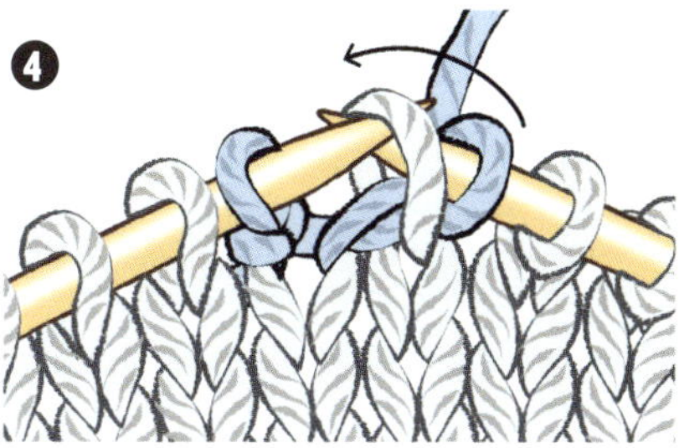

Voilà! Loch gefüllt.

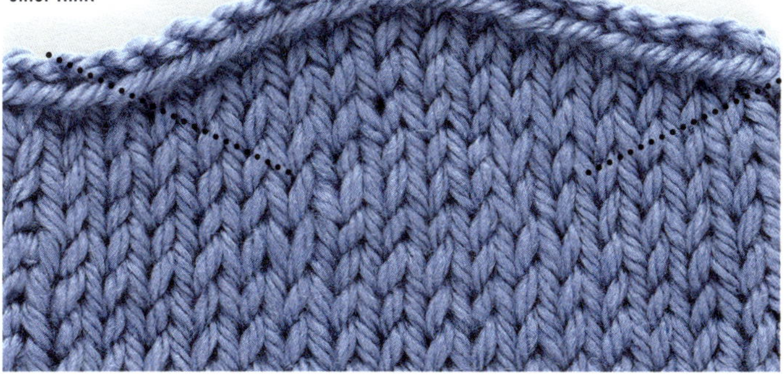

Abketten in Runden: Stufenlos glücklich

Wenn wir fertig abgekettet haben und denken, wir haben alles perfekt gemeistert, auf unser Gestricktes schauen und dann das sehen …

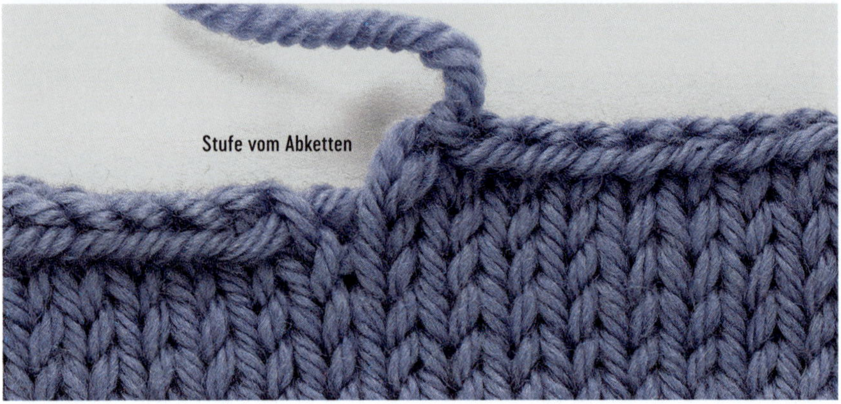

Da wir eine Spirale stricken, entsteht diese Stufe am Anschlag und beim Abketten. Die erste abgekettete Masche liegt eine Reihe unter der letzten. Wie beim Anschlag müssen die beiden verbunden werden. Das heißt, es ist mal wieder Zeit fürs Abheben.

1. Den Markierer des Rundenbeginns entfernen und die erste Masche der Runde wie zum links Stricken abheben. Diese Masche wird also als letzte abgekettet. Der Arbeitsfaden kommt nun von der zweiten Masche auf der rechten Nadel.

2. Zum Abketten in die ersten zwei Maschen auf der linken Nadel arbeiten und die erste Masche darüberziehen. Wie beim Anschlag gibt es hinter der abgehobenen Masche einen kleinen Spannfaden.

3. Wenn die letzte Masche (die abgehobene erste der Runde) abgekettet wird, sind die letzte und die erste Masche verbunden. Den Faden abschneiden und durch die letzte Masche ziehen.

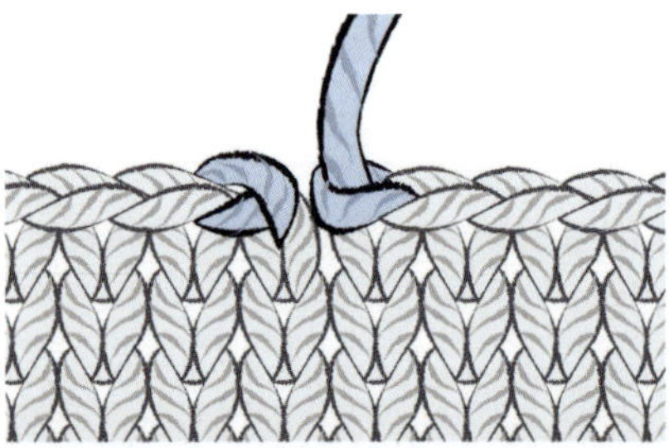

Da der Ring jetzt geschlossen wurde, verbinden wir die Abkett-Kette. Diese Kette besteht aus liegenden Vs aus den abgeketteten Maschen. Wir müssen bloß noch eine Masche hinzufügen und da ist das Fadenende unser Held.

1. Den Faden in eine Stopfnadel fädeln und ins V der ersten abgeketteten Masche einstechen.

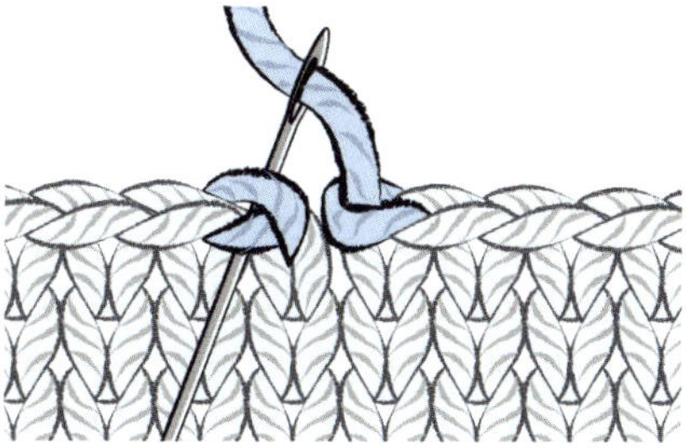

2. Jetzt diese zusätzliche Masche beenden, dafür die Nadel durch die Mitte des Vs führen, aus welcher der Faden stammt, und ihn dann vernähen. Die erste und letzte abgekettete Masche sind verbunden.

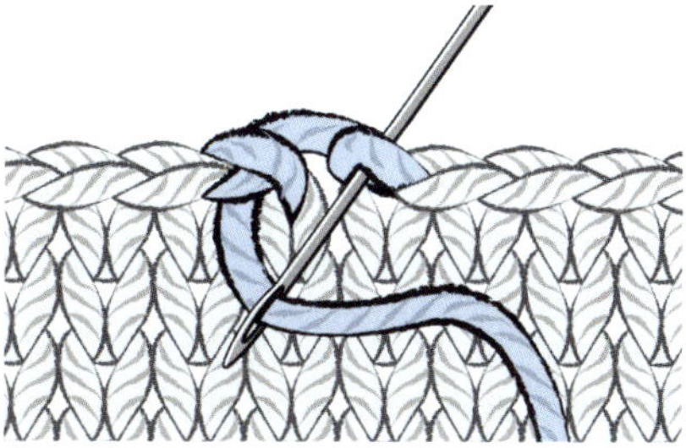

Wie durch Zauberei ist die Kette komplett und wir sagen: »Tschüss, Stufe!«

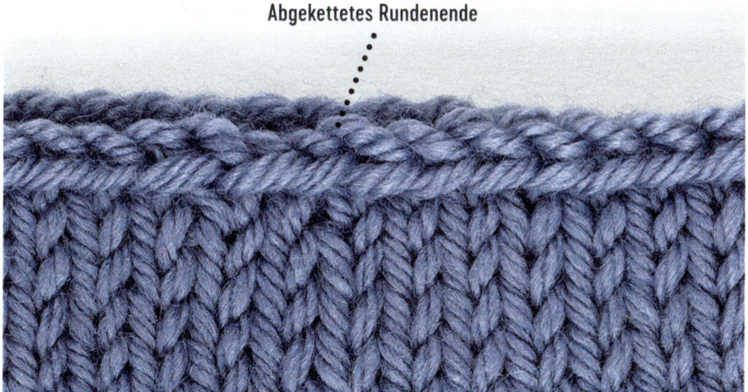

Rippenmuster: Mit Vergnügen

Wie beim Rundstricken tun sich auch bei Rippen Fallstricke auf. Von Lücken über Ecken bis zum Umklappen gehen wir alles an, damit das Ansehen und Stricken ein Vergnügen wird.

DIE MYSTERIÖSE LOCKERE MASCHE: ACHTUNG LÜCKE!

Bei breiten Rippen oder Zöpfen (die ja bloß verzopfte Rippen sind) fällt oft auf, dass die letzte Masche einer Rippe groß und locker ist. Bei genauerer Betrachtung sieht man eine Lücke zwischen rechter und linker Masche, aber umgekehrt nicht. Hier 3 rechts, 2 links Rippen, man sieht, dass die dritte rechte Masche größer ist als die ersten beiden.

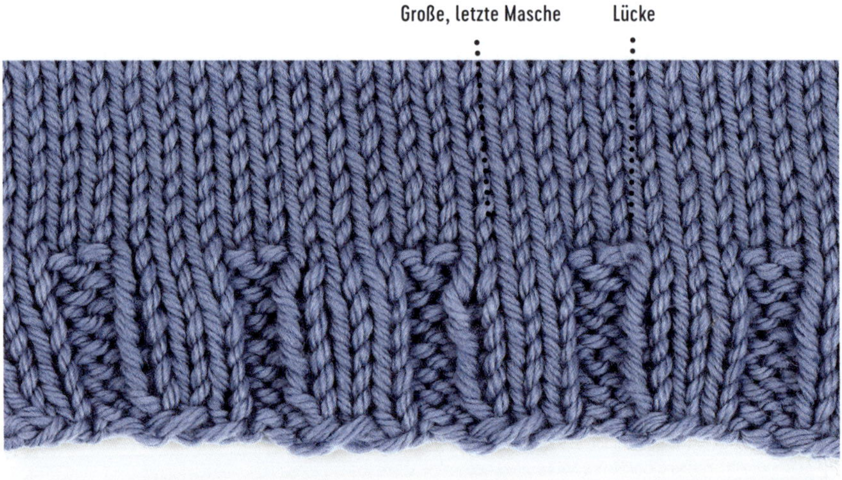

Das ist ein klassisches Beispiel von »Es liegt nicht an Ihnen, sondern an den Maschen«. Ganz genau, die sind schuld. Genauer: Es ist der Fluch im Leben vieler Stricker:innen und der Grund, warum es oft schiefläuft – die linke Masche.

Erinnern Sie sich, was wir beim Optimieren von SSK (s. Kapitel 5) über den Weg des Fadens gelernt haben? Wenn man eine rechte Masche strickt, spannt das ganz automatisch die vorhergehende Masche an, weil beide miteinander verbunden sind. Doch diese Verbindung kann dazu führen, dass der lockere Faden einer größeren Masche sich auf die vorhergehende Masche auswirkt. Dazu kommt noch der längere Weg des Fadens, bevor es losgeht, und schon hat man ein Problem.

Bei rechten Maschen befindet sich der Faden hinten, um den kürzeren Weg von unter der Nadel über sie drüber zu nehmen. Das bedeutet, dass der Faden nicht nur einen kurzen Weg um die Nadel hat, sondern auch einen kürzeren Hinweg bis zu diesem Punkt. Als würde man einen schnellen Flug nehmen UND der Flughafen direkt nebenan liegen.

Aber bei linken Maschen nach einer rechten muss der Faden nicht nur den Weg von hinten nach vorn zurücklegen, sondern auch nach oben und über die Nadel drüber. Wir müssen nicht nur quer durchs Land fliegen, sondern auch noch einen Shuttlebus zum Flughafen nehmen!

Längerer Weg des Fadens über der Nadel

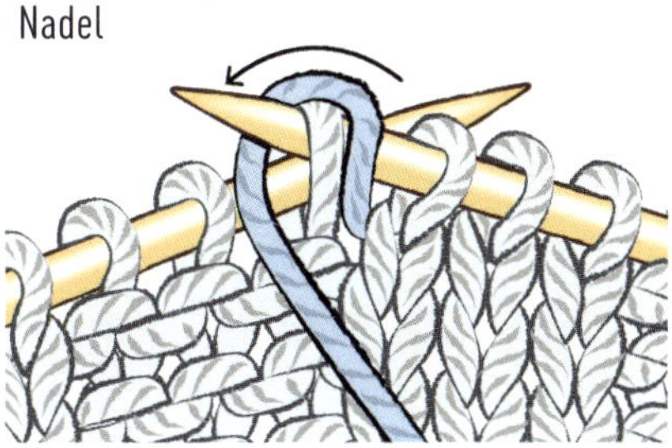

Kürzerer Weg des Fadens unter der Nadel

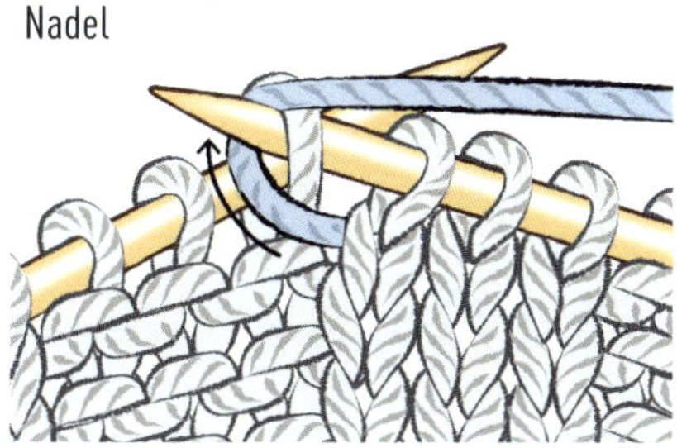

Man kann nichts daran ändern, dass der Faden nach vorn muss, aber wir können seinen Weg um die Nadel verkürzen, indem wir uns was vom östlichen und kombinierten Stricken abschauen: Bei der ersten linken Masche nach einer Reihe rechter den Faden UNTER der Nadel führen (anstatt darüber). Der Spitzname dafür ist *faule linke Masche*, denn beim kontinentalen Stricken befindet sich der Faden unter der Nadel und wird dann nur noch durchgedrückt. Dieser Weg entspricht dem für eine rechte Masche.

Dadurch entsteht ein kurzer, ordentlicher Faden ohne Überschuss, der die vorhergehende Masche vergrößert.

Wir WISSEN jetzt, was in der nächsten Reihe ansteht, stimmt's? Da die Richtung, in welche der Faden über die Nadel geführt wird, entscheidet, wie er auf der Nadel sitzt, müssen wir diese Masche verschränkt stricken (durch das führende Maschenglied). Viele Worte, um zu sagen, die Nadel sticht ins Loch (s. S. 94.).

Jetzt sind die Rippen ordentlich und gleichmäßig.

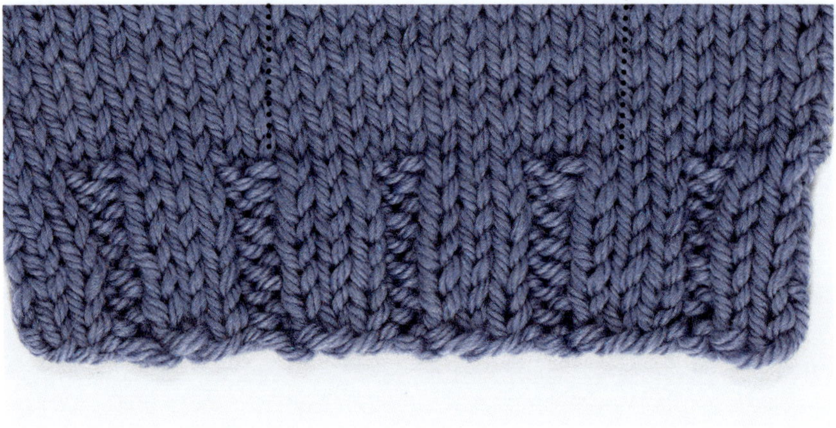

TIPP: Nutzen Sie diesen Trick, um Rippen oder Zöpfe ordentlicher zu stricken.

GERIPPTE STREIFEN: ECKEN VERSTECKEN

Streifen in Rippen haben immer so eine Ecke bei den linken Maschen, bei den rechten sind sie glatt. Wir wissen natürlich, warum: Bei den linken Maschen legt sich der Kopf der unteren Masche nach vorn. Das kann man als dekoratives Element einsetzen, aber manchmal wollen wir das nicht.

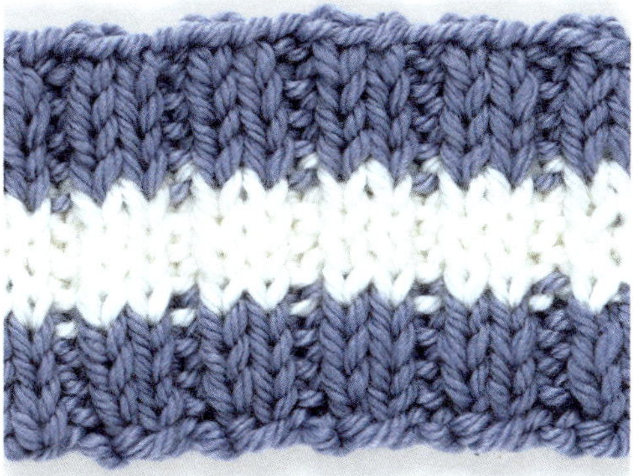

Die Lösung ist so simpel, dass man kaum glauben kann, dass sie funktioniert, aber das tut sie, und das Beste: Keiner wird es bemerken. Bereit? Beim Farbwechsel stricken Sie keine Rippen. WAS? Richtig, die erste Reihe mit der neuen Farbe, eine Hinreihe, einfach rechts stricken – danach wieder Rippen. Ich verspreche Ihnen, niemand wird es bemerken, wenn Sie es nicht verraten!

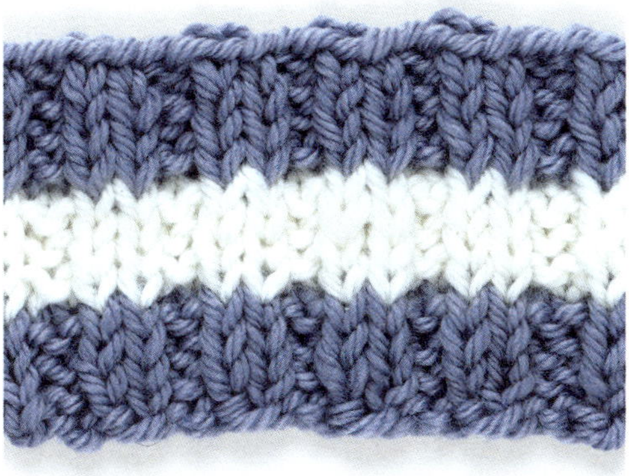

RIPPENBUND: KEIN LÄSTIGES UMKLAPPEN MEHR

Der Übergang von einem Rippenbund zu glatt rechts hat mir nie gefallen. Je nach Wolle und Anleitung hatte er manchmal einen komischen Buckel, und bei Strickjacken klappte er sogar hoch. WARUM?

Hier in Pattyland ist klar, wenn wir wissen, warum etwas passiert, dann finden wir auch eine Lösung dafür.

Wir wissen, dass der Faden bei Rippen einen längeren Weg zurücklegen muss als bei glatt rechts, weil man mehr Wolle braucht. Das erklärt auch, warum in Anleitungen für den Bund entweder dünnere Nadel angegeben oder weniger Maschen gestrickt werden, um dann neue zuzunehmen. Das hilft zwar gegen das Abstehen, aber nicht gegen das Hochklappen.

Denken Sie an das, was wir über die Charakteristik der linken Masche in Kapitel 1 gelernt haben. (Erinnern Sie sich an die Freundinnen am Strand auf S. 15) Senkrecht gestapelte linke Maschen treten zurück (wie bei Rippen), aber waagerecht treten sie hervor (wie bei kraus rechts). Beim Wechsel von Rippen zu glatt rechts stehen die Knubbel der linken Maschen heraus, weil keine linke Reihe folgt, die sie zurückdrängt. Dadurch entsteht der Buckel, und bei einer offenen Strickjacke kann der auch hochklappen.

Buckeliger Übergang

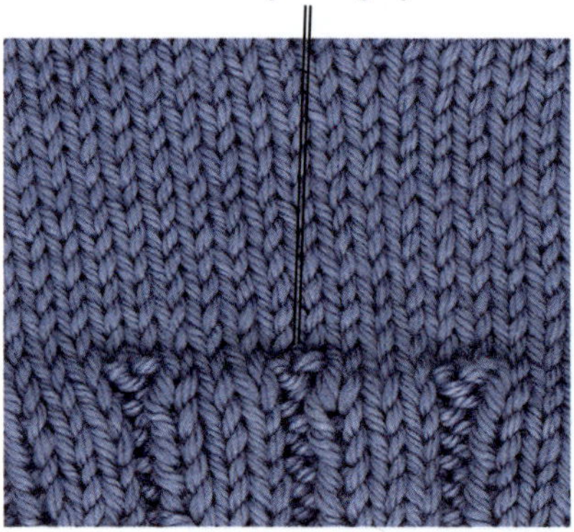

Buckeliger Übergang

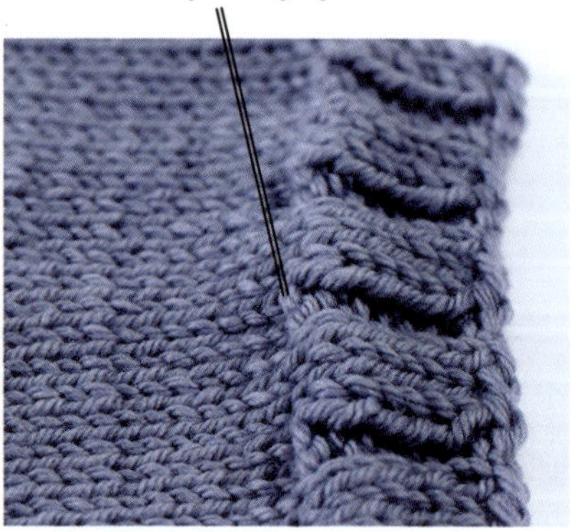

Um diesen Übergang zu glätten, werden die rechten Maschen durch ein paar abgehobene Maschen verlängert. Natürlich wird wie zum links Stricken abgehoben, und zwar in der letzten Rückreihe der Rippen.

IN REIHEN

Die erste und letzte Masche der Reihe stricken, alle anderen linken Maschen mit dem Faden vor der Arbeit abheben, sodass auf der Rückseite Spannfäden entstehen. Den Faden fest vor den Maschen anziehen, dann zwischen den Nadeln zum rechts Stricken nach hinten bringen.

(RückR) Li M mit Fdn vorn abh

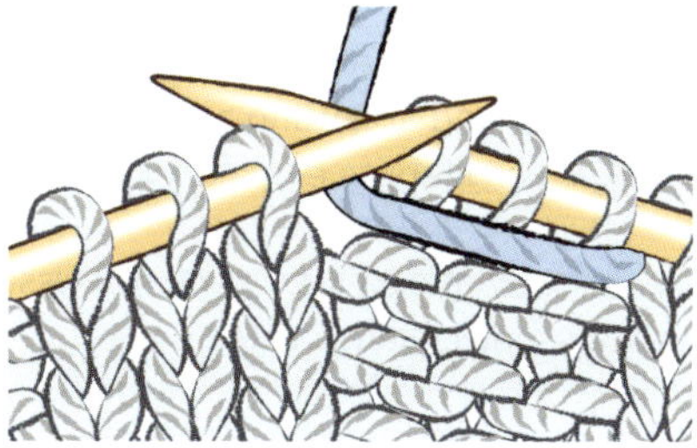

(HinR) Re M mit Fdn hinten abh

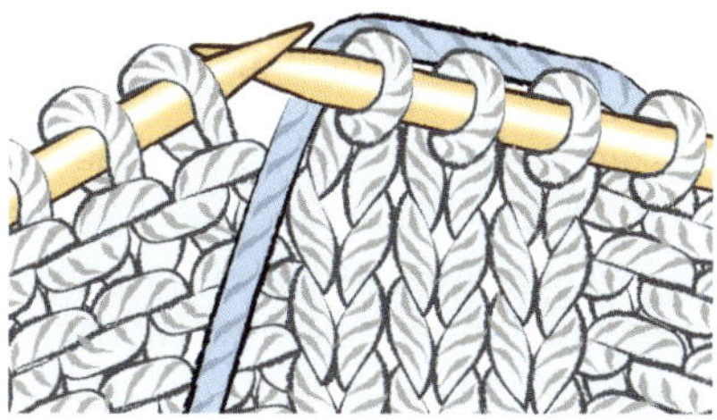

IN RUNDEN

Die rechten Maschen mit dem Faden hinter der Arbeit abheben. Den Faden fest hinter den Maschen anziehen, dann zwischen den Nadeln zum links Stricken nach vorn bringen.

Dieser Trick funktioniert nur gut, wenn man den Faden hinten fest spannt. Bonus: Die Spannfäden wirken wie ein Gurt, sodass die Rippen bei Garn ohne »Erinnerung« nicht ausleiern.

Abheben vermeidet Klappen und Buckeln.

Spannfäden auf der Rückseite

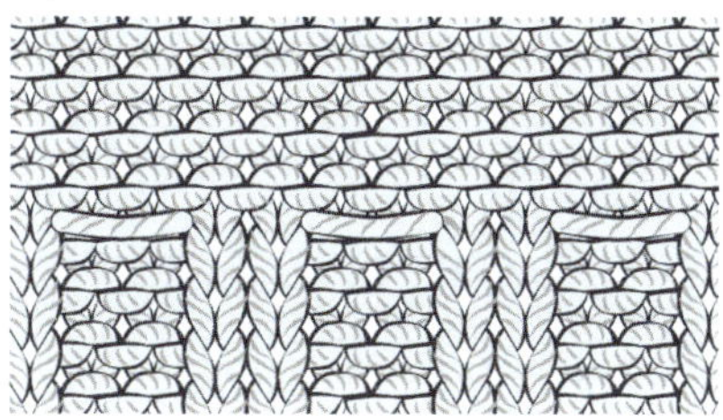

Lange re M, glatter Übergang

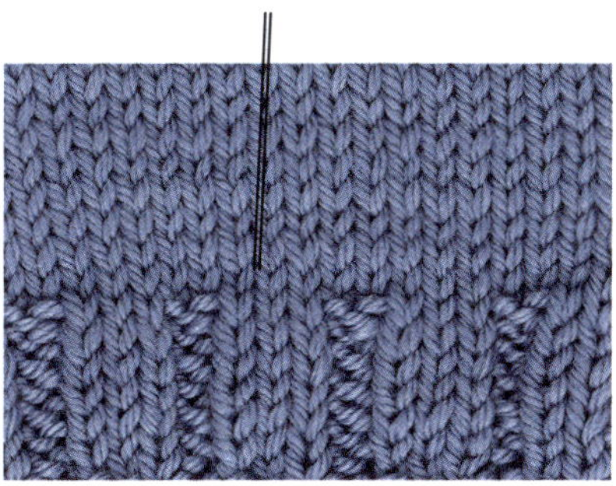

Lange re M, glatter Übergang

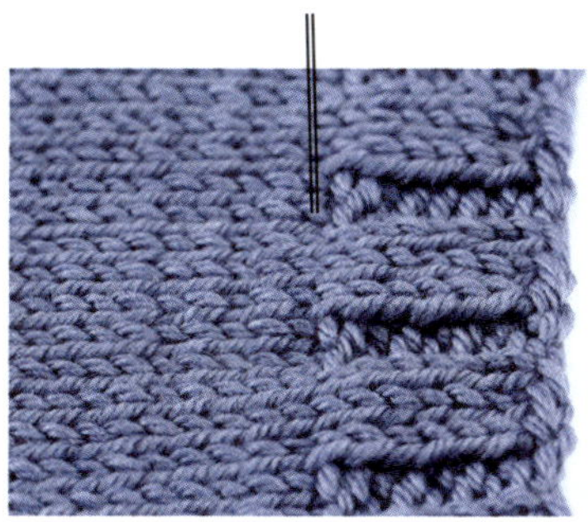

Profipullis

Es ist so toll, wenn man seine Fähigkeiten beim Pulloverstricken einsetzen kann. Denn eine Anleitung erklärt nur die Grundlagen, wie man stricken soll, das heißt aber nicht, dass Sie nicht auch Ihre eigenen Tricks zur Pulloverparty mitbringen können. Hier ein paar meiner Favoriten.

SCHULTERN: DAS SCHRÄGE ABKETTEN

In den meisten Anleitungen wird eine Maschenzahl angegeben, die man an jeder Schulter gruppenweise abketten sollen. Dabei entsteht eine Treppe, die uns beim Zusammennähen nervt. Da man nur zu Reihenbeginn abketten kann, entsteht die Stufe durch die Reihe, die zwischen jedem Abketten gestrickt wird. So kann es z. B. heißen, man solle zu Beginn der nächsten vier Reihen je fünf Maschen abketten, also wie folgt zehn Maschen pro Schulter:

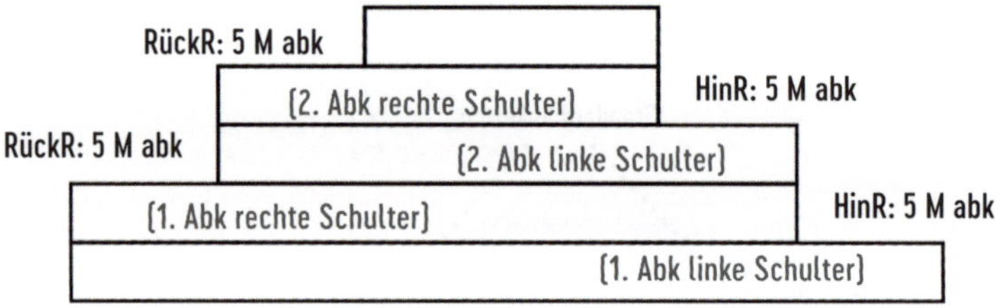

Meine Lieblingstechnik, um die Stufen zu begradigen, ist das schräge Abketten. Es fängt genauso an: Die erste Gruppe Schultermaschen in der HinR abketten, bis ans Reihenende stricken, wenden und die Schultermaschen in der Rückreihe abketten. Jetzt kommt der Trick.

1. Bis zur letzten Masche stricken.

2. Wenden, die erste Masche von der linken auf die rechte Nadel abheben.

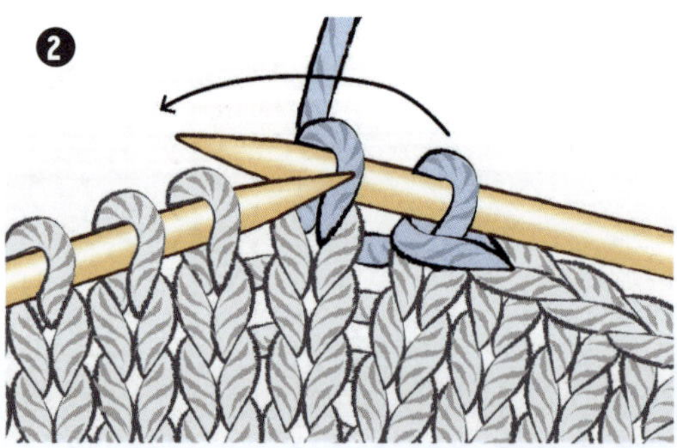

3. Die nicht gestrickte Masche über die abgehobene ziehen. Das ist die erste abgekettete Masche. Dann wie angegeben in der Reihe abketten.

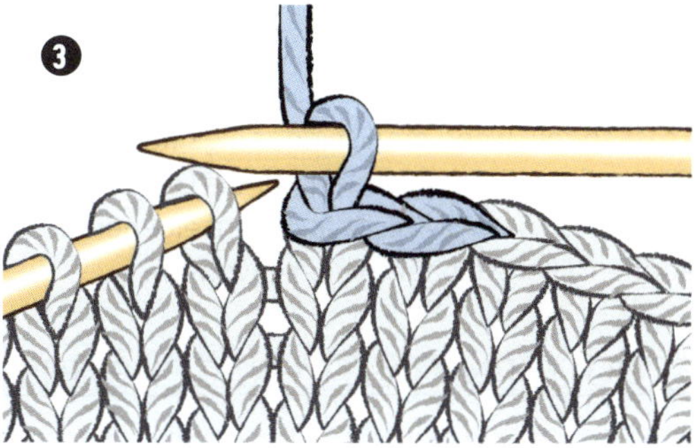

Schritte 1–3 wiederholen, bis alle Schultermaschen abgekettet sind.

Die abgehobene Masche überbrückt die Stufe, was das Zusammennähen leichter macht. Hier ein Vergleich mit dem ursprünglichen Treppenabketten. Man erkennt, dass das schräge Abketten eine hübsche Schulterform ergibt, die sich leichter einnähen lässt.

Standard Abketten

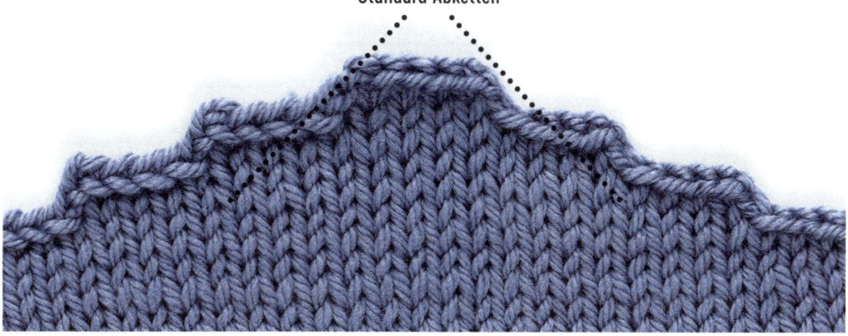

Schräges Abketten

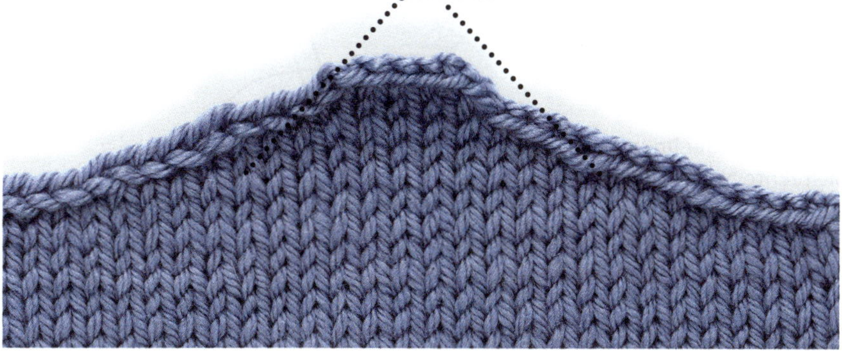

SCHRÄGER ANSCHLAG? WARUM NICHT?

Ich habe mal einen Pulli mit Fledermausärmeln gestrickt, für die bei jedem Reihenbeginn neue Maschen angeschlagen wurden. Treppenärmel machen auch nicht mehr Spaß beim Zusammennähen als Treppenschultern. Ich dachte, wenn man die Stufen oben mit schrägem Abketten glätten kann, wieso dann nicht auch einen schrägen Anschlag probieren?

Wenn man laut Anleitung z. B. am Beginn der nächsten 6 Reihen 5 Maschen im Aufstricken anschlagen soll, dann benutzt man in der Hinreihe das rechte Aufstricken und in der Rückreihe das linke Aufstricken (s. S. 84–85). Den tollen Trick aus Kapitel 4 fürs Ende noch nicht nutzen, den heben wir uns für die letzten Reihen mit Anschlag auf.

Es geht los wie beim schrägen Abketten. Die ersten 2 Maschen wie üblich anschlagen: In der Hinreihe anschlagen, bis zum Reihenende stricken, wenden, die Maschen anschlagen, die Rückreihe stricken. Und jetzt kommt der Trick.

1. Bis zur letzten Masche stricken.

2. Wenden und die ungestrickte Masche von der rechten auf die linke Nadel heben. Die nächste Masche zwischen der zuletzt gestrickten und der ungestrickten Masche anschlagen.

Schritte 1 und 2 wiederholen, bis alle Ärmelmaschen angeschlagen sind und den letzten rechten und linken Anschlag mit dem perfekten Aufstrick-Ende (s. S. 86–87) arbeiten. Und schon haben Sie einen glatten Fledermausärmel, der sich leicht zusammennähen lässt. Hier habe ich einmal die Maschen wie üblich angeschlagen und einmal schräg. Welche Ärmel würden Sie lieber zusammennähen?

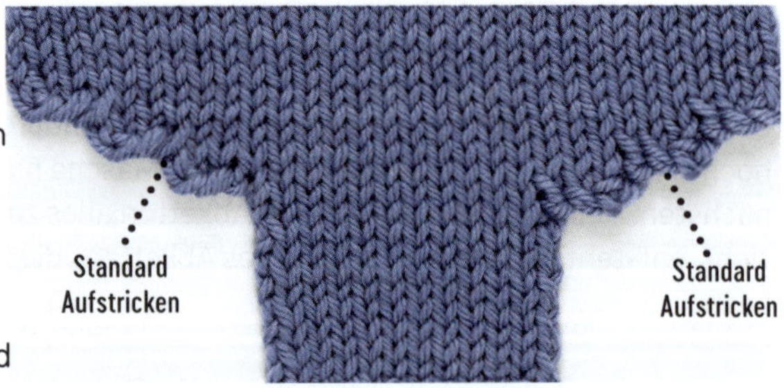

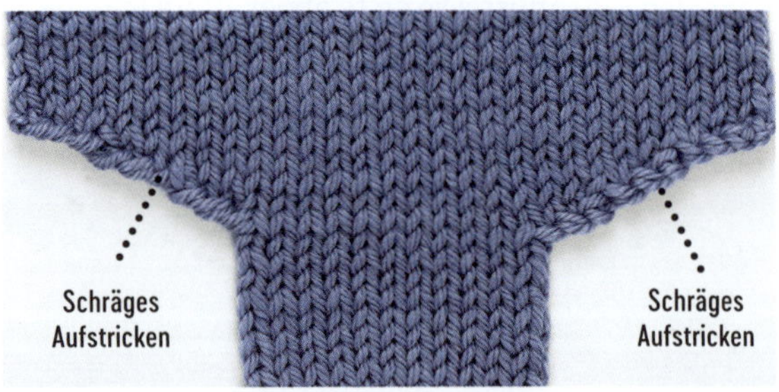

DER PERFEKTE HALSAUSSCHNITT

Für einen Halsausschnitt soll man meist bis zu einem bestimmten Punkt stricken, einen neuen Faden ansetzen, die mittleren Maschen abketten und zum Reihenende arbeiten. Dann werden die beiden Seiten getrennt, nacheinander oder gleichzeitig, gestrickt.

Das birgt drei Probleme: die Lücke, die Senke und das Loch. Beseitigen wir sie alle!

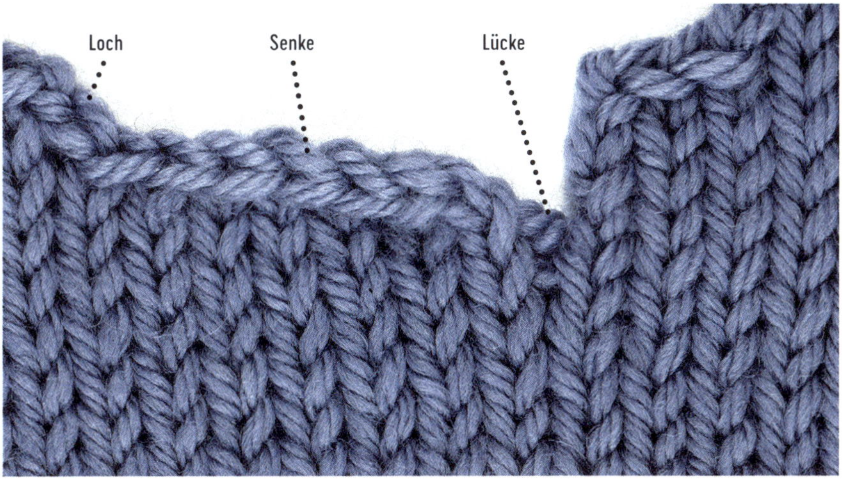

Beim Abketten zieht man eine Masche über die andere. Da Maschen breiter als hoch sind, reicht die abgekettete, liegende Masche nicht bis zur Mitte der nächsten. Deswegen zieht sich beim Abketten alles zusammen. Wie man oben sieht, entsteht dadurch am Beginn des Abkettens die Senke und am Ende das Loch.

Und dann ist da die Lücke. Wenn man in der Reihenmitte abkettet, unterbricht man den Fadenfluss. Die erste abgekettete Masche ist nicht mehr mit der davor verbunden. Diese Lücke wird noch stärker, wenn man einen neuen Faden nimmt, weil die beiden Maschensäulen nicht mehr verbunden sind. Die Lösung: Verbinden wir sie.

1. Bis zur Stelle des Abkettens stricken, dann eine Masche li tief zunehmen (s. S. 124).

2. Einen neuen Faden nehmen (Knäuel 2) und die nächste Masche stricken, dann die zugenommene Masche von Knäuel 1 über die neue Masche von Knäuel 2 ziehen. Das zählt nicht als abketten. Man wird bloß die zugenommene Masche wieder los.

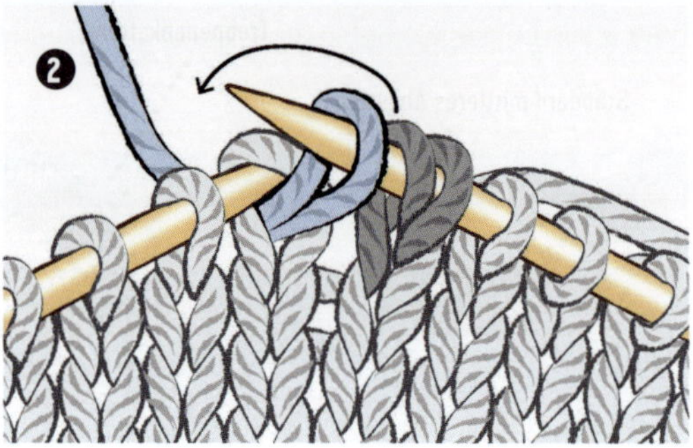

Den Faden von Knäuel 1 anziehen. Jetzt sind beide Maschensäulen verbunden, und keine Lücke oder Senke mehr zu sehen.

3. Jetzt beginnt das eigentliche Abketten. Die erste Masche ist schon gestrickt, also die nächste stricken und darüberziehen. Wiederholen, bis eine Masche weniger als in der Anleitung angegeben abgekettet ist.

Jetzt ist es Zeit, dass wir uns um das Loch kümmern.

4. Anstatt diese letzte Maschen abzuketten, strickt man eine SSK-Variante. Die nächste Masche wie zum rechts Stricken abheben, die linke Nadelspitze durch die vorderen Maschenglieder der abgehobenen und zuletzt gestrickten Masche stechen und dann beide Maschen zusammenstricken.

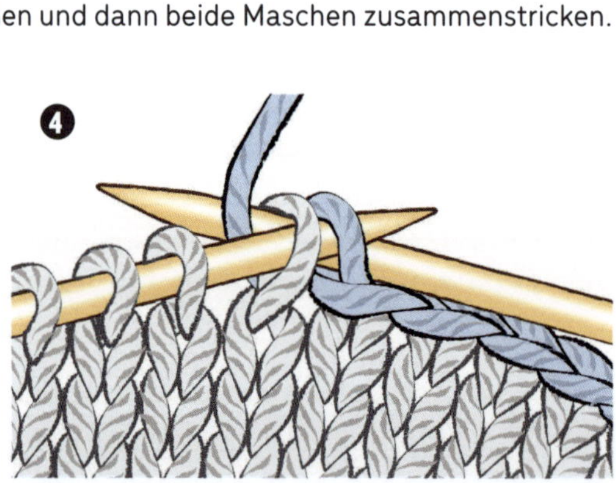

Am Halsausschnitt kettet man oft zunächst ein paar Maschen ab, bevor man mit den Abnahmen beginnt. Wenn man das perfekte mittlere Abketten mit dem schrägen Abketten kombiniert, ist der Halsausschnitt glatt und rund, ganz ohne Lücken oder Löcher!

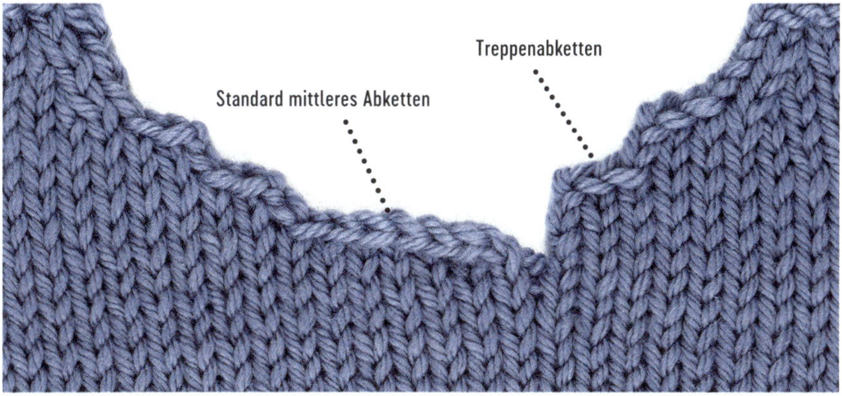

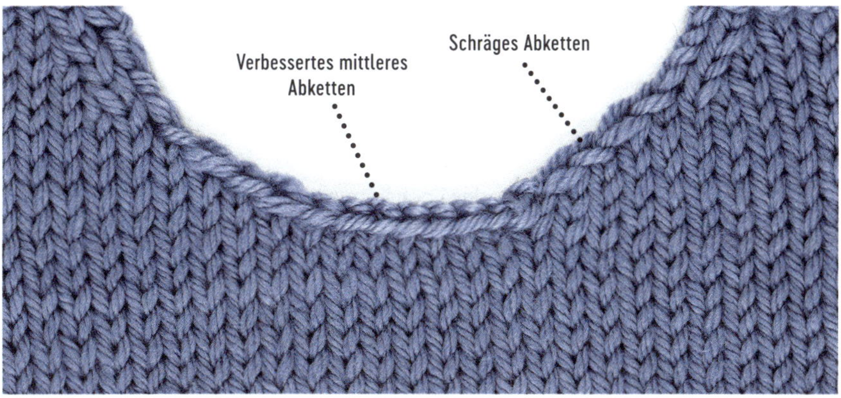

Wenn Ihnen also das nächste Mal jemand sagt, »Man muss immer« oder »Man sollte nie« oder (schauder) mein Favorit, »So ist das eben«, lächeln Sie und fragen: »Warum?«

Worte der Weisheit

—

ÜBERALL LOSE FÄDEN

Und Sie mittendrin?

EINFACH

einstricken

UND WEITER

STRICKEN!

Happy Ends!

Wir haben alle Teile gestrickt und sind im Endspurt. Doch für viele von uns birgt das letzte Stück vom Weg noch einige Gefahren. Sei es zu enges Abketten, schlechtes Spannen oder Angst vorm Ausarbeiten. Man könnte denken, dass der herausforderndste Teil unserer Strickreise noch vor uns liegt.

Ich glaube ja, unser Strickstück kann Angst riechen, bleiben Sie also stark, liebe:r Leser:in — jetzt müssen wir brillieren und den Maschen zeigen, wer hier der Boss ist!

In diesem Kapitel geht es um ein paar meiner Lieblingstricks für professionelles Ausarbeiten.

Schöneres Abketten

Bevor wir zum Ausarbeiten kommen, müssen wir abketten, etwas ganz Einfaches, das so tragisch schiefgehen kann.

Jede:r Stricker:in kennt diese zwei kleinen Worte, die uns zu veräppeln scheinen: »locker abketten«. Von der Senke über den Würgegriff bis zur komischen Schleife am Ende gehen wir alle Hindernisse an und räumen sie für eine schönere Abkettkante aus dem Weg.

BESSERER START: DAS RUNDE MUSS ECKIG

Im letzten Kapitel haben wir gelernt, warum das Abketten so viel Ärger machen kann. Da Maschen breiter als hoch sind, erreichen sie die Mitte der nächsten Masche nicht mehr, wenn sie liegen. Dadurch senkt sich das Strickstück am Anfang ab und zieht sich über die Abkettkante zusammen.

Bei unserem perfekten Halsausschnitt haben wir dieses Problem gelöst, indem wir die erste abkettete Masche mit der davor zuletzt gestrickten Masche verbunden haben. Aber was, wenn davor nichts kommt, wie bei einem Schal? Für einen hübsch eckigen Reihenstart klauen wir beim Häkeln!

Damit beim Häkeln die Ecken eckig sind, häkelt man eine Wendeluftmasche (eine oder mehrere Luftmaschen nach dem Wenden), bevor man die nächste Reihe beginnt, um den Arbeitsfaden für diese Reihe auf die richtige Höhe zu bringen.

Beim Abketten entsteht im Grunde eine Luftmaschenkette, ergänzen wir also eine Wendeluftmasche.

1. Eine Masche rechts.

2. Einen Umschlag auf der rechten Nadel machen. Die linke Nadelspitze in die erste Masche stechen und die über den Umschlag ziehen.

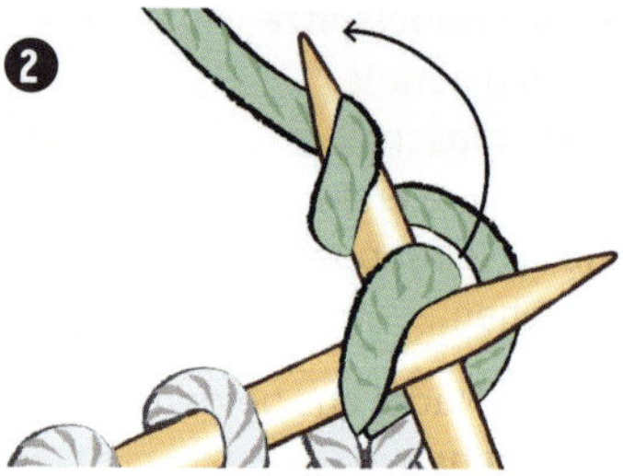

Sie haben eine Wendeluftmasche gemacht! Jetzt können Sie einfach abketten. So eine kleine Bewegung macht einen großen Unterschied.

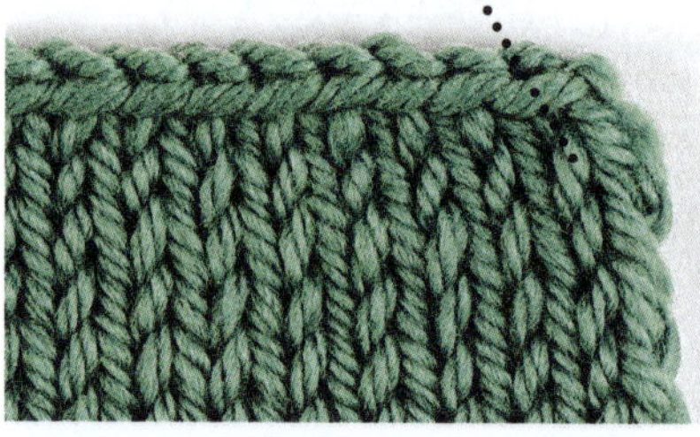

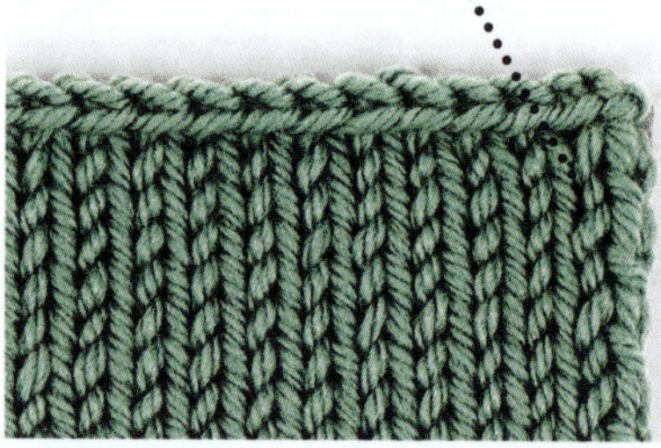

ZU FESTES ABKETTEN: SCHLUSS MIT DEM WÜRGEGRIFF!

Jetzt, da wir wissen, warum locker abketten leichter gesagt als getan ist, können wir etwas dagegen tun. Wir müssen jede Masche höher machen, sodass sie liegen kann, ohne die nächste Masche in den Würgegriff zu nehmen.

Eine einfache Lösung ist es, mit einer dickeren Nadel abzuketten, aber manchmal ist einem der Wechsel zu viel. Hier also eine supersimple winzige Änderung des Standardabkettens, die wirkt.

Zunächst eine Masche rechts stricken.

1. Die nächste Masche rechts stricken, aber auf der linken Nadel lassen.

2. Die Nadeln auseinanderziehen. Dadurch erhält die gerade gestrickte Masche mehr Arbeitsfaden und wird höher.

3. Die linke Nadelspitze vorn um die gerade gestrickte Masche drehen, um die erste Masche zu schnappen und überzuziehen.

4. Die linke Nadel aus beiden Maschen ziehen.

So wird die abgekettete Kante jedes Mal perfekt.

2

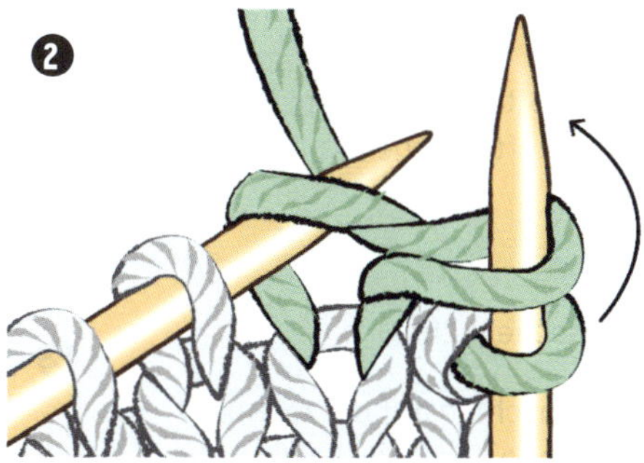

4

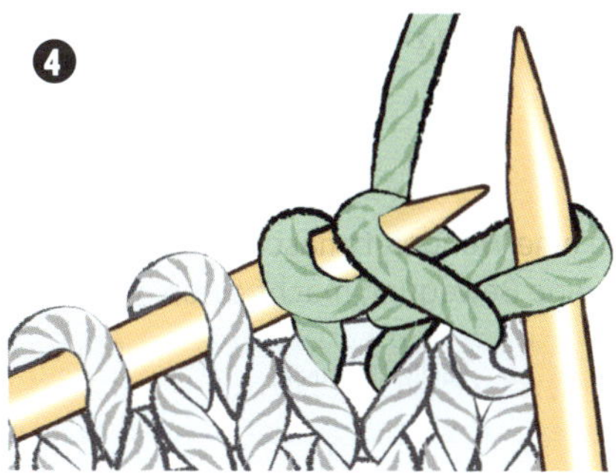

Dieser Trick funktioniert mit rechten wie linken Maschen, womit wir bei unserem nächsten einfachen Trick wären.

IM MUSTER ABKETTEN: WEG MIT DER ABKETT-KETTE

Wenn es heißt, im Muster abketten, dann folgt man dem Muster, Rippen, Zöpfe oder Perlmuster, beim Abketten. Bei Rippen heißt das, die rechten Maschen rechts und die linken links abketten. Hier ein Rippenmuster rechts abgekettet und eines, das im Muster abgekettet wurde.

Standard Anschlag und Abketten

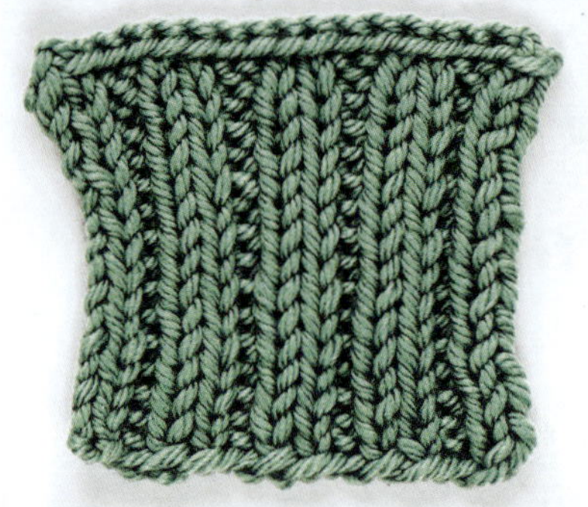

Im Muster angeschlagen und abgekettet

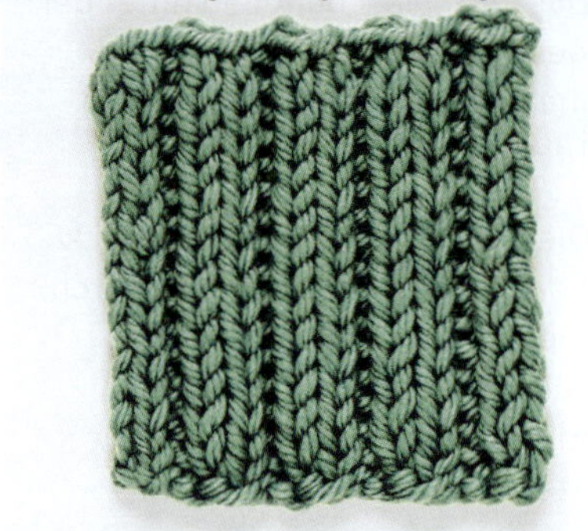

Da folgt die Abkettkante den Rippen, wodurch der Halsausschnitt oder der Bund einer Tasche einen viel glatteren Rand hat.

GUTES ENDE: UNTERBROCHENER FADEN (MAL WIEDER)

Nachdem jetzt der Anfang und die Mitte bereinigt sind, ist es Zeit, sich um das Durcheinander am Ende zu kümmern. Wir alle haben diese riesige Schlaufe an der zuletzt abgeketteten Masche und wissen jetzt auch, warum. Wieder einmal ist der Lauf des Fadens unterbrochen. Aber anders als bei anderen Tricks (wie bei SSK oder der ersten Masche einer Reihe) kommt beim Abketten danach nichts mehr— Ende Gelände. Keine Masche daneben, keine darüber, bloß ein großer, schlampiger Murks.

Große Schlaufe am Ende der Abkettkante

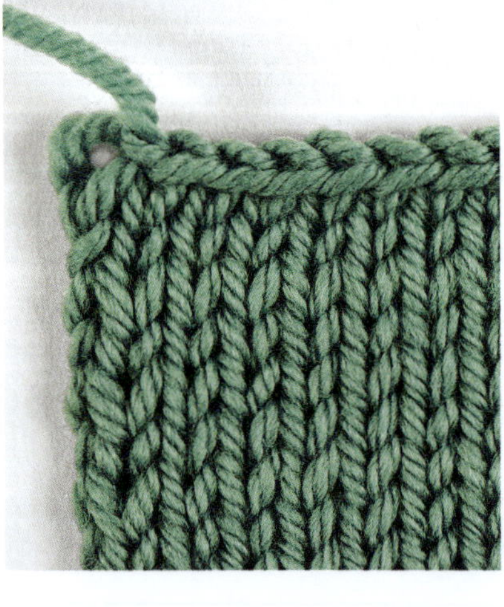

Um etwas dagegen zu tun, müssen wir irgendwas mit dem überschüssigen Faden machen. Ähnlich wie bei den Streifen liegt die Rettung in der Reihe darunter.

1. Abketten, bis sich auf jeder Nadel noch eine Masche befindet. Die letzte, ungestrickte Masche von der linken auf die rechte Nadel heben.

2. Das linke Maschenglied unter der ungestrickten Masche, also eine Reihe tiefer, von hinten nach vorn aufnehmen.

3. Die ungestrickte Masche zurück auf die linke Nadel heben. Dadurch landet die echte Masche innen und die aus der unteren Reihe außen. Beide zusammenstricken und die letzte Masche darüberziehen.

4. Faden abschneiden, auf die Nadel nehmen und durch die letzte, gerade gestrickte Maschen ziehen, und das war's. Aller Überschuss landet auf der Rückseite, und Sie haben einen sauberen, eckigen Abschluss.

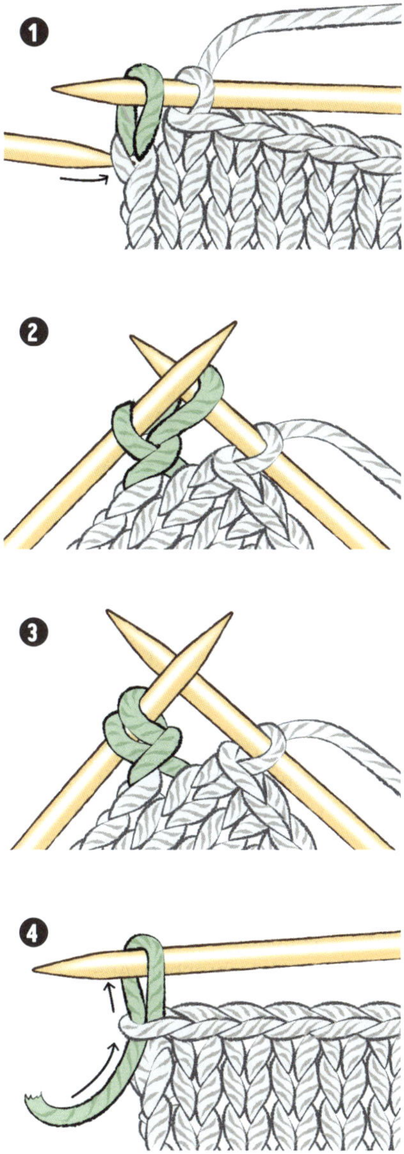

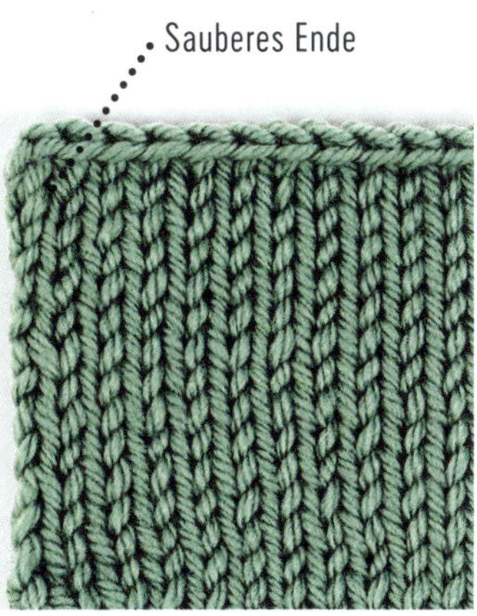

Spannen: Der letzte Schliff

Ich erinnere mich, wie erstaunt ich war, als ich zum ersten Mal gesehen habe, was Spannen ausmachen kann. Spannen ist wie Wellness für die Maschen. Wasser, Seife, Dampf oder Sprühen entspannt sie, sodass sie ihre wahre Natur zeigen. Und da wir nicht immer perfekt stricken, hilft das Spannen dabei, dass gierige Maschen mit den geizigen Maschen teilen, sodass sie gleichmäßiger werden und perfekt aussehen.

Dieser einfache Prozess wird oft unnötig verkompliziert. Es werden mehr gute Strickprojekte durch schlechtes Spannen ruiniert als schlecht Gestricktes durch gutes Spannen gerettet. Hier einige meiner Toptipps fürs Spannen und mein Lieblings-Hack.

SPANNTEST

Jede potenzielle Spanntragödie kann verhindert werden, wenn man die Maschenprobe laut den Angaben auf der Banderole spannt. Wenn Sie dann feststellen, dass die Wolle Ihres Einstrickmusters nicht farbecht ist oder dass die Pailletten im Garn beim Dämpfen schmelzen, dann haben Sie nur das Probestück ruiniert, nicht das ganze Projekt. Ein Spanntest hilft also, das Richtige zu tun.

NICHT ZU TODE BÜGELN

Spannen heißt nicht, das Strickstück zu bügeln – jedes Mal, wenn Sie ein Bügeleisen auf ihr Gestrick pressen, verliert ein Engel seine Flügel. Ich weiß, dass manche ihre Stricksachen gern bügeln, damit sie leicht glänzen, aber ich finde, damit verlieren die Maschen ihre Lebendigkeit. Ein Strickstück ist ein dreidimensionaler Stoff, bügeln Sie ihn nicht zu Tode.

NÄHVORBEREITUNG

Spannen Sie die Einzelteile vor dem Zusammennähen. Die Nähte sind dann viel leichter und gerader zu arbeiten. Es ist auch wichtig, zu spannen, bevor man Maschen aufnimmt. Eine Naht oder ein Knopfband kann man für den letzten Schliff immer noch dämpfen.

MACH'S EINFACH

Bei vielen Garnen reicht es, das Stück in Wasser mit Wollwaschmittel einzuweichen, dann in ein Handtuch zu rollen, sanft das meiste Wasser auszupressen und schließlich im Liegen trocknen zu lassen.

Abgesehen von Spitzentüchern müssen (und sollten) nur wenige Stricksachen wirklich gespannt werden. Einen Pullover kann man eventuell ein winziges bisschen weiter oder länger spannen, aber trocken wird er wieder seine ursprüngliche Form annehmen. Vertrauen Sie also lieber auf die Maschenprobe, anstatt zu versuchen, auf die gewünschte Größe zu spannen.

LIFEHACK SPANNEN: RAHMEN WIR ES EIN!

Wie viele Stricker:innen benutze auch ich ein Spannbrett und Nadeln für meine Pullis, aber nicht so, wie Sie jetzt denken. Nicht nur, dass man nicht aggressiv spannen muss, wenn die Kanten sich ganz natürlich einrollen, hilft das sogar beim Zusammennähen. Mein Lieblingstrick beim Spannen ist, zuerst einen Rahmen abzumessen – den Umriss des Pullovers. Und dann können Sie die Macht der Maschenprobe bewundern!

1. Nutzen Sie die Schnittzeichnung und messen Sie aus, wo Sie die Nadeln in das Brett stecken müssen, um so einen Umriss, einen Rahmen für den Pulli zu bekommen. Stecken Sie je eine Nadel an beide Seiten von Hüfte, Taille, Brust, Rücken, Schulter und Hals.

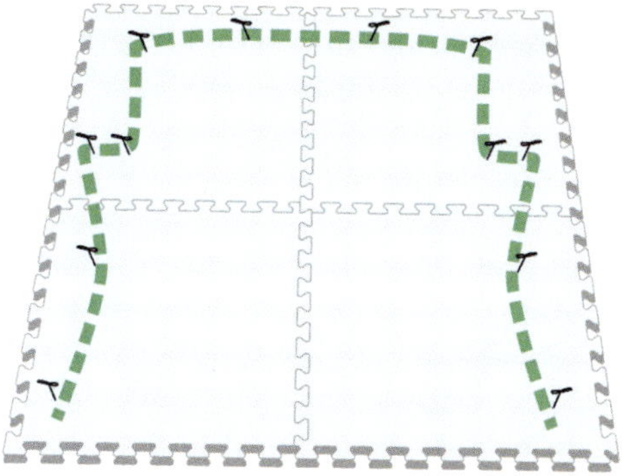

2. Wenn das Wasser aus dem Pullover gedrückt ist, legt man ihn auf dem Spannbrett in den Rahmen. Glätten Sie ihn in Richtung der Nadeln und lehnen Sie sich dann zurück, um die Magie der Maschenprobe zu bewundern, wenn alles passt.

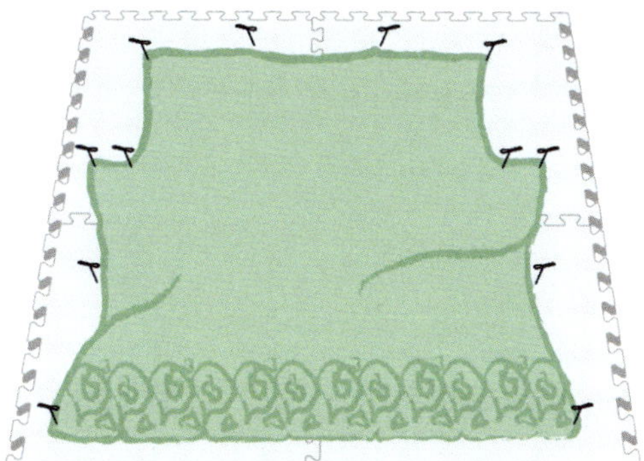

3. Wenn Sie möchten, stecken Sie ein paar Nadeln rein, man kann damit Brustweite und Hüftumfang etc. markieren, einfach in die Ecken der Strickteile stecken.

Das Schöne an der Rahmenmethode ist, dass man den Pulli nur einmal ausmessen muss und dann Vorder- und Rückenteil darin spannen kann. Sie werden dann sicher passen. Genauso kann man mit den Ärmeln verfahren.

Enden vernähen: Vorne hui hinten pfui?

Es gibt viele Varianten, die Fadenenden zu vernähen, aber die meisten haben nur eine gelernt: den Faden in die linken Knubbel einzuweben, im Grunde ein linker Maschenstich auf der Rückseite. Für ein doppelseitiges Strickstück wie einen Schal ist das eine tolle Methode.

Doch wenn es egal ist, wie die Rückseite aussieht, ziehe ich es meist vor, beim Vernähen das Garn aufzusplitten und die Richtung zu wechseln. Diese Methode trägt weniger auf.

1. Den Faden auf eine Stopfnadel fädeln und direkt durch die linken Knubbel durchführen. Bei kraus rechts kann man einer Reihe folgen und in den Kanal zwischen den Reihen nähen, bei glatt rechts diagonal vernähen.

Kraus rechts

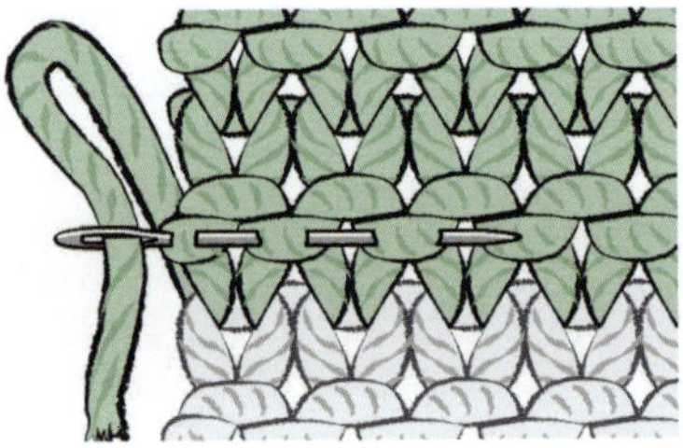

Glatt rechts

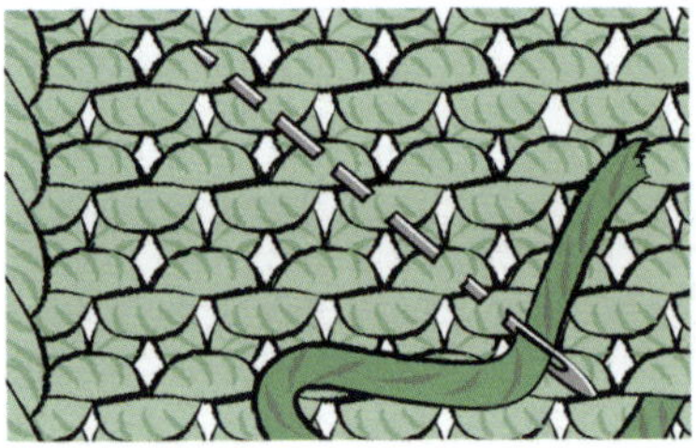

2. Den Faden durchziehen und für gut 2 cm die Richtung wechseln. In kraus rechts eine Reihe nach oben oder unten gehen, bei glatt rechts im Winkel die Richtung wechseln.

Kraus rechts

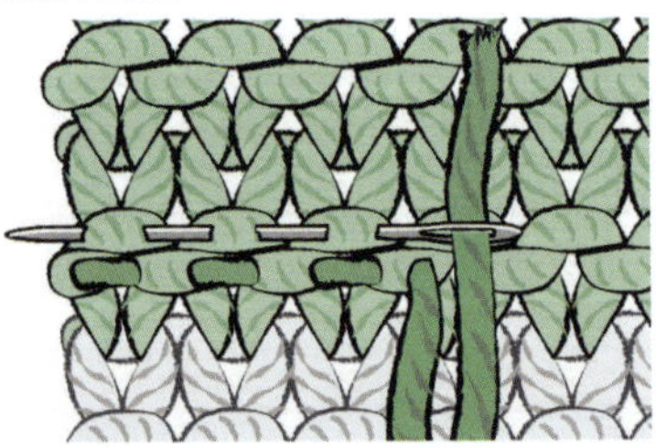

Glatt rechts

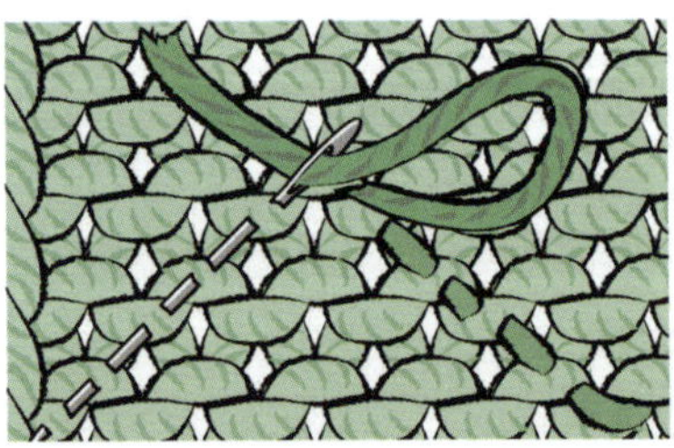

3. Den Faden durchziehen, an den Stellen des Richtungswechsel etwas Spiel lassen.

4. Schließlich das Strickstück in der Breite etwas ziehen, um sicherzugehen, dass der Richtungswechsel nicht zu eng ist, und den Faden abschneiden.

DEN FADEN ABSCHNEIDEN

Apropos den Faden abschneiden, es gibt eine heftige Diskussion, wann man die Fäden vernähen sollte, vor oder nach dem Spannen, das ist die Frage. Manche meinen vorher, weil die Enden beim Spannen im Gestrick verschwinden. Andere meinen nein, denn beim Spannen verschieben sich die Fäden oder schauen heraus. Meine Meinung ist irgendwo in der Mitte.

Wenn man Spitze stark gedehnt spannen will, dann sollte man die Fäden danach vernähen. Bei anderen Teilen vernähe ich sie lieber vorher, schneide den Faden aber erst nach dem Spannen ab.

Um das gefürchtete Rein-Raus (vernähen, der Faden ploppt raus, vernähen, der Faden ploppt raus und so weiter und so fort) zu verhindern, verleihe ich meinen Fadenenden einen Stopper, damit sie bleiben, wo sie sind.

1. Wenn die Fäden vernäht sind, das Strickstück zu voller Breite dehnen. Dann den Faden bis auf 0,5 cm abschneiden.

2. Das Garnende mit der Scherenspitze aufspleißen und zerfransen.

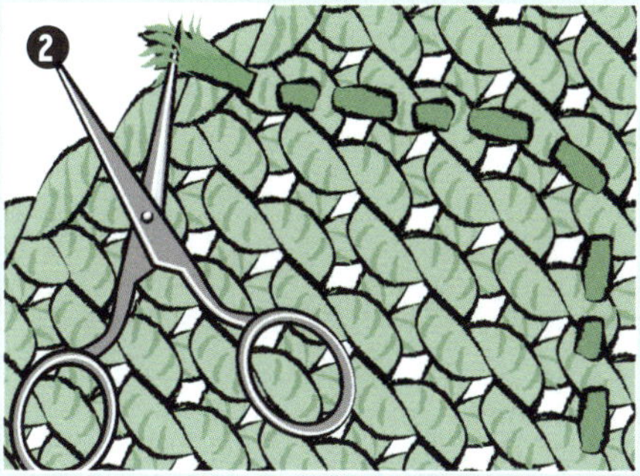

3. Das gesplissene Ende ins Gestrick stopfen (super technischer Strickbegriff).

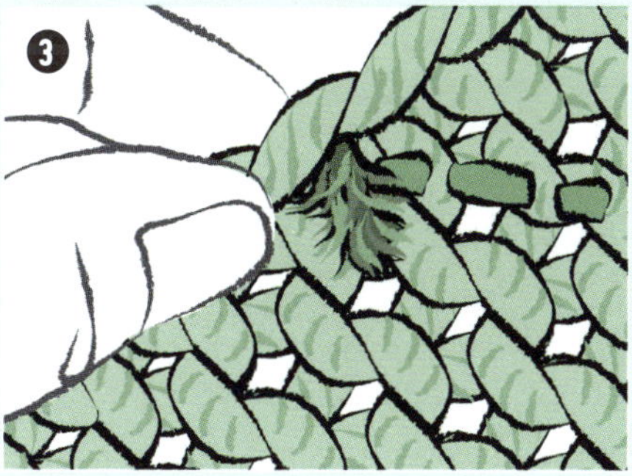

Das Ende wird nicht mehr rausschauen!

Leiterstich: Ein geheimer Anfang

Es gibt Millionen von Büchern übers Ausarbeiten (ich übertreibe nur leicht) und genauso viele Videos zum Zusammennähen, und doch spricht niemand über den Elefanten im Raum. Welchen Elefanten? Den schiefen Leiterstich natürlich.

Der Leiterstich verbindet zwei Stücke mit einer vertikalen Naht. Dafür sticht man die Nadel an jeder Seite unter einen Querfaden und näht hin und her, wodurch ein Zickzack entsteht. Es sieht aus wie Maschen, die auf der Seite liegen.

Leiterstich

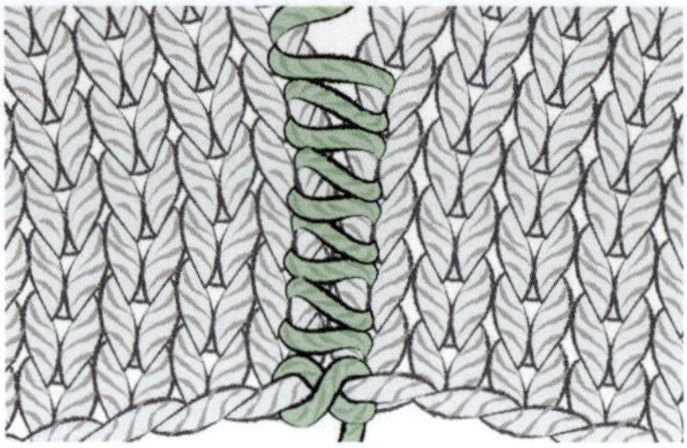

Es heißt, man soll die beiden Stücke sorgfältig nebeneinander ausrichten. Es heißt, man soll Reihe um Reihe nähen. Es heißt, wenn wir am Schluss den Faden anziehen, wird es perfekt aussehen. Stimmt NICHT. Wieder einmal existiert hier ein Schweigekomplott.

Alle tun so, als würde das funktionieren, was dabei rauskommt ist …

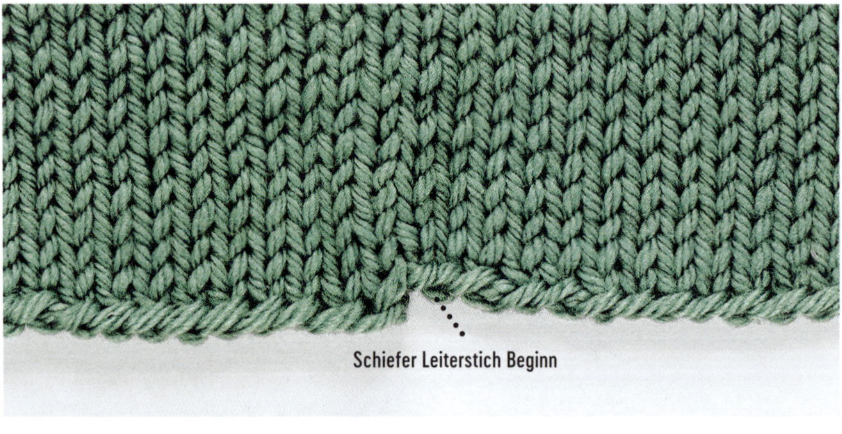

Um diese unschöne Stufe zu verhindern, müssen wir die beiden unteren Kanten anders zusammenlegen. Fangen wir am Anfang an.

Wir beginnen mit einer **Verbindung in Form einer Acht.**

1. Beide Stücke liegen mit der rechten Seite oben nebeneinander, nennen wir das rechte Teil A und das linke Teil B. Die Nadel mit dem Garn von hinten nach vorn zwischen Rand- und Nachbarmasche direkt über dem Anschlag an Teil A einstechen.

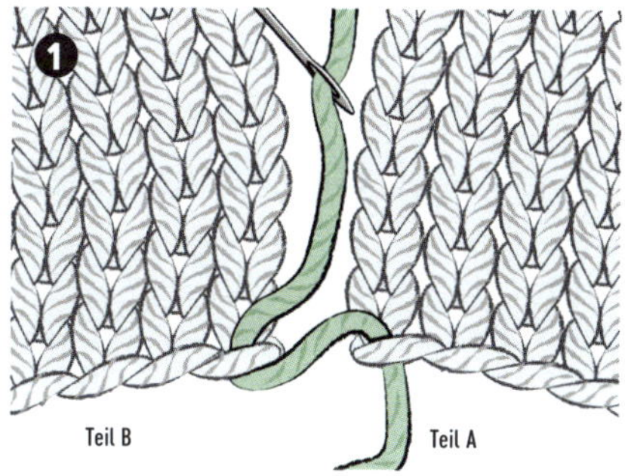

2. Jetzt dasselbe am anderen Teil machen. Die Nadel von hinten nach vorn zwischen Rand- und Nachbarmasche direkt über dem Anschlag von Teil B einstechen.

3. Die Acht vervollständigen, indem man die Nadel wieder von hinten nach vorn an derselben Stelle wie in Schritt 1 an Teil A einsticht. Sanft am Faden ziehen, um die Teile zu verbinden.

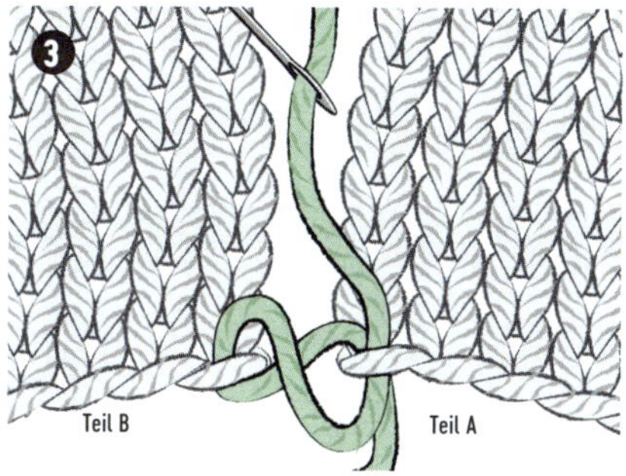

Hier das Geheimnis, das NIEMAND verrät: Nicht langsam von einem Querfaden zum anderen gehen, sondern hoch joggen.

4. An Teil B die Nadel von vorn nach hinten an derselben Stelle, aus der der Faden austritt, einstechen, dann EINEN Querfaden nach oben joggen.

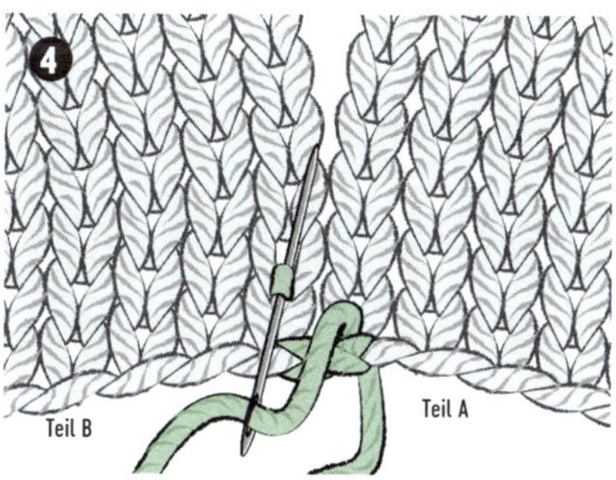

5. Jetzt die Nadel von vorn nach hinten an Teil A an derselben Stelle einstechen, an der der Faden austritt, dann ZWEI Querfäden hochjoggen.

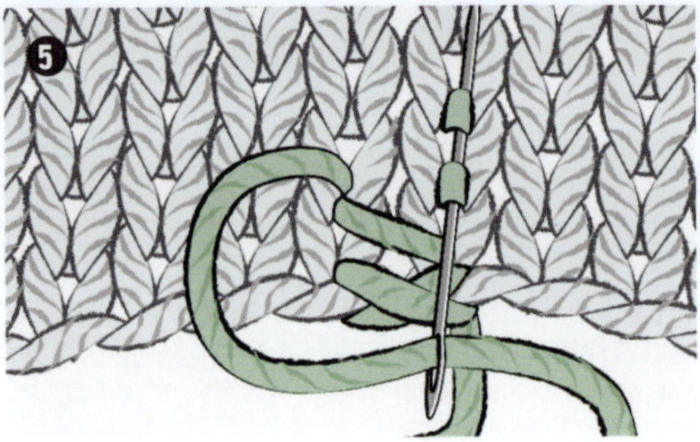

6. Stechen Sie jetzt in dieselbe Anzahl Querfäden an jeder Seite. Die seitlichen Zickzackmaschen sehen ein bisschen schräg aus.

Ziehen Sie den Faden an und eine perfekt gerade Kante ist zu sehen.

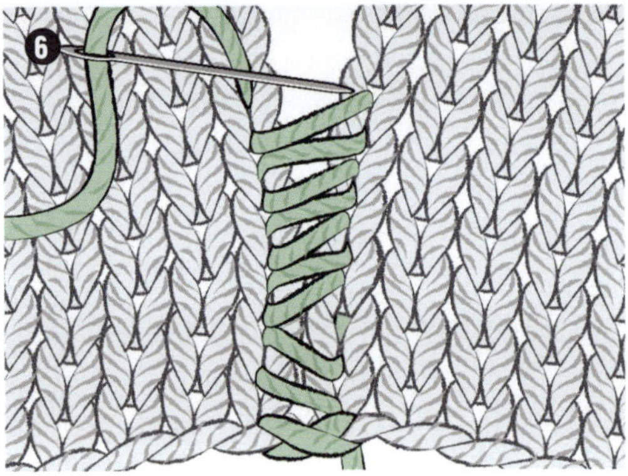

Moral der Geschichte: Manchmal ignoriert man am besten das, was einem erzählt wird!

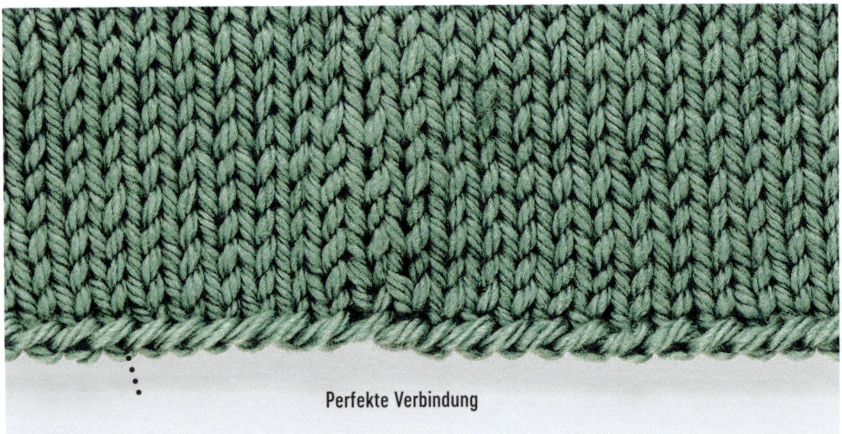

Perfekte Verbindung

Maschen aufnehmen: Rebellieren Sie

Soll die Maschenaufnahme faszinieren, müssen wir ignorieren, was die Anleitungen diktieren!

Vielleicht ist das ein alter Hut, aber ich muss es noch einmal wiederholen: Vor dem Maschenaufnehmen müssen die Strickstücke gespannt werden. Ich weiß, das war mir auch unbekannt, als ich anfing. Man muss die eigene, endgültige Maschenprobe bei Reihen und Maschen kennen, um das EIGENE Masche-Reihen-Verhältnis zu finden. Wenn Sie dieses Verhältnis kennen, können Sie die Anleitung ignorieren. Schauen wir uns das mal an.

WIE VIELE MASCHEN: IGNORIEREN SIE DIE ANLEITUNG

An Anschlag- oder Abkettkante (also horizontal) nimmt man eine Masche aus jeder Masche auf. Aber bei senkrechtem oder schrägem Aufnehmen passt die Maschenzahl nicht mehr zur Reihenzahl – und dann müssen wir herausfinden, welche Anzahl für uns richtig ist!

Früher hieß es oft: »Die für Ihre Maschenprobe passende Anzahl Maschen aufnehmen, teilbar durch 2 + 1.« Heute legen viele Anleitungen genau fest, wie viele Maschen aufgenommen werden sollten. Doch es gibt unzählige Gründe, warum wir die Anleitung ignorieren sollten. (Eine Anleitung ist nicht unfehlbar!) Vielleicht weicht unsere Maschenprobe bei den Reihen oder Maschen ab, vielleicht haben wir die Länge oder den Halsausschnitt verändert, oder vielleicht gibt es andere Gründe.

Die Anzahl der aufzunehmenden Maschen sollte sich nach IHREM Strickstück richten, nicht dem des Designers.

Es gibt viele Methoden, simple und komplexe, um auszurechnen, wie viele Maschen aufgenommen werden sollten. Betrachten wir zwei mathematische Methoden und eine faule (Pattys Favorit!).

METHODE NR. 1:

Mit Ihrer Maschenprobe & Ihren Maßen: Es ist IHRE Strickjacke!

Wenn Ihre Maschenprobe in Reihen oder Maschen nicht der Anleitung entspricht, können Sie auch nicht deren Maschenzahl verwenden. Nein, Sie müssen Ihre eigene errechnen. Nehmen wir die Knopfleiste einer Strickjacke als Beispiel. Dafür brauchen wir:

- **Die Kantenlänge.** Messen Sie also z. B. die Vorderteilkante, wo die Maschen für die Knopfleiste aufgenommen werden.
- **Die gespannte Maschenprobe der Knopfleiste.** Ja, das bedeutet, dass Sie ein Probestück mit dem Muster der Knopfleiste stricken müssen. Hören Sie auf zu stöhnen, ich kann Sie hören!
- **Den Teiler der Knopfleiste.** Man wird auf- oder abrunden müssen, damit die Maschenzahl entsprechend teilbar ist.

Sagen wir, die Vorderteilkante ist 40,5 cm lang; die Maschenprobe beträgt 1,5 M auf 1 cm, das Muster ist teilbar durch 4 + 2.

Multiplizieren Sie die Länge der Kante mit Ihrer Maschenprobe (und wenn nötig, runden Sie ab oder auf).

40,5 (Länge der Knopfleiste) x 1,5 (M pro 1 cm) = 60,75 M, aufgerundet auf 61 M.

Damit sie teilbar durch 4 + 2 sind, werden 58 oder 62 M aufgenommen.

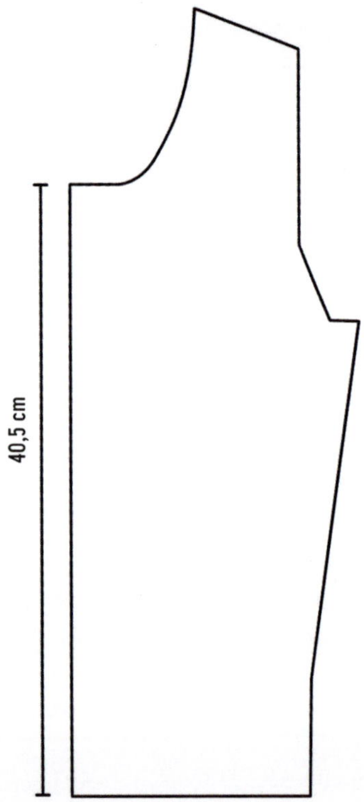

METHODE NR. 2:

Die Anleitung nutzen (ein bisschen)

Wenn Ihre Maschenprobe in Reihen und Maschen exakt der Anleitung entspricht, Sie aber die Länge geändert haben, können Sie nicht die in der Anleitung angegebene Maschenzahl aufnehmen. Aber Sie *können* die Anleitung als Wegweiser nutzen. Gehen wir von derselben Strickjacke aus. Sie brauchen:

- Länge der Vorderteilkante (s. Schnittzeichnung)
- Anzahl der aufzunehmenden Maschen laut Anleitung
- Länge der fertigen Vorderteilkante (gespannt)

Zunächst teilt man die laut Anleitung aufzunehmenden Maschen durch die gemessene Vorderteillänge. Das ergibt die Maschenzahl pro Zentimeter.

Jetzt werden die Maschen pro Zentimeter der Anleitung mit der Vorderteillänge multipliziert.

In unserem Beispiel misst die Jackenkante vorn 40,5 cm.

Laut Anleitung soll man 71 Maschen aufnehmen.

Die Länge des Pullis beträgt 45,5 cm bis zum Halsausschnitt.

71 M ÷ 40,5 cm = 1,75 M auf 1 cm

1,75 x 45,5 cm = 79,625 cm

Überprüfen Sie es noch mal an dieser Stelle, vertrauen Sie auf Ihre Stricklogik – meine Strickjacke ist vorne länger, also nehme ich mehr Maschen auf. Passt.

Jetzt runden Sie auf oder ab, damit die Anzahl entsprechend teilbar ist. Diese Knopfleiste wird 1 M rechts, 1 M links gestrickt, und zwar beginnend und endend mit einer rechten Masche, d. h. die Maschenzahl muss durch 2 + 1 teilbar sein. Für eine 45,5 cm lange Leiste muss man also 79 Maschen aufnehmen.

METHODE NR. 3:

Das Strickstück nutzen

Mathe ist super, aber habe ich schon erwähnt, dass ich der Überzeugung bin, dass die tollsten Erfindungen aus Faulheit geboren sind? Warum nicht das Strickstück als Leitfaden nutzen?

Maschen & Reihen abzählen

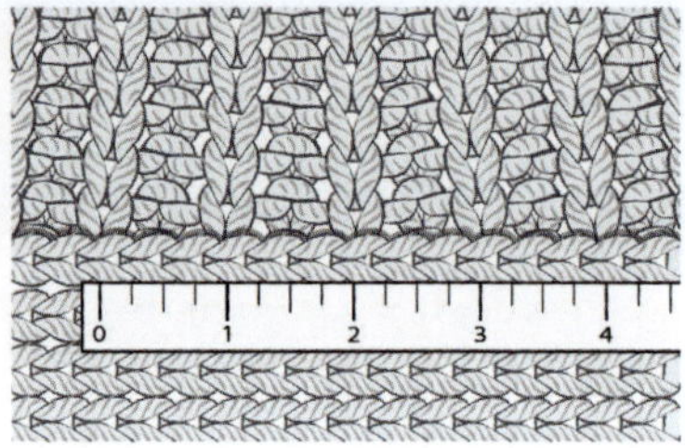

Oft haben Bund und Knopfleiste dasselbe Muster. Ich spanne gern meine Vorderteile und halte dann den Bund des einen an die Vorderkante des anderen. Dann zähle ich einen Abschnitt Reihen und Maschen ab und erhalte so das Verhältnis, wie viele Maschen ich auf wie viele Reihen aufnehmen muss.

Wenn Sie z. B. über dieselbe Strecke 12 Reihen an der Jackenkante und neun Maschen am Bund zählen, dann beträgt das Verhältnis 9 M auf 12 R (zum einfacheren Rechnen teilen wir beide Zahlen durch drei, also ein Verhältnis von 3 auf 4). Das bedeutet, dass man über 3 Reihen je 1 Masche aufnimmt und dann 1 Reihe überspringt (3 Maschen über 4 Reihen aufnehmen). Das ist das korrekte Verhältnis für Ihre Maschenprobe. Jetzt können Sie damit arbeiten, um eine Maschenzahl aufzunehmen, durch die das Muster teilbar ist.

Was uns hierzu bringt:

Wie funktioniert »teilbar durch«?

Am besten zieht man erst die zusätzlichen Maschen ab und teilt die Maschenzahl dann. Wenn keine ganze Zahl herauskommt, dann runden Sie auf oder ab.

- *61 - 2 = 59*
- *59 ÷ 4 = 14,75*
- *14,75 abrunden auf 14*
- *14 x 4 = 56 + 2 = 58*
- *14,75 aufrunden auf 15*
- *15 x 4 = 60 +2 = 62*

GLEICHMÄSSIG MASCHEN AUFNEHMEN: TEILEN & PIKSEN

Wir haben errechnet, wie viele Maschen aufgenommen werden müssen, aber wie geht das möglichst gleichmäßig?

Zwei nervenschonende Tipps: in kleinen Abschnitten arbeiten und piksen, um zu planen. Denken Sie daran, dass das hier mehr Kunst als Wissenschaft ist. Machen Sie sich keinen Stress, es muss nicht perfekt sein.

In kleine Abschnitte aufteilen

Wenn man z. B. 62 Maschen für die Knopfleiste aufnehmen muss, teilt man diese zunächst in kleinere Abschnitte.

1. Die Kante aufeinander falten und in der Mitte markieren. Das sind zwei Abschnitte.

2. Jetzt auch diese Abschnitte halbieren und die Mitte markieren - Vier kleinere Abschnitte.

3. Jetzt die Gesamtmaschenzahl durch die Anzahl Abschnitte teilen (hier 62 ÷ 4 = 15,5). In 2 Abschnitten nimmt man 15 Maschen auf, in 2 Abschnitten 16.

Man muss immer ein bisschen schummeln, aber mit kleineren Abschnitten und piksen, um zu planen, ist es leicht, gleichmäßig Maschen aufzunehmen.

Piksen und Planen

Die Masche wird zwischen der Randmasche und der daneben aufgenommen, dieselbe, in die man beim Leiterstich sticht.

1. Mit der Nadelspitze in jede mögliche Stelle zum Aufnehmen piksen und die Reihen in jedem Abschnitt zählen.

2. Ziehen Sie jetzt die Anzahl aufzunehmender Maschen von der Reihenzahl ab, so viele Reihen muss man überspringen.

Zum Beispiel: Es wurden 21 R (zum Aufnehmen) in einem Abschnitt gezählt und 16 M sind aufzunehmen.

21 - 16 = 5

5 mögliche Stellen zum Aufnehmen werden über die 21 gleichmäßig verteilt übersprungen. Wenn man die möglichen Stellen zum Aufnehmen durch die zu überspringenden teilt, dann erhält man die Anzahl Reihen, aus denen man aufnehmen muss, bevor man eine Reihe überspringt.

21 ÷ 5 = 4,2 (auf 4 abrunden)

Zack, in den nächsten vier Reihen je eine Masche aufnehmen, dann eine Reihe überspringen.

PERFEKTE KANTEN: WEG MIT WELLE UND ROLLE

Selbst wenn wir das perfekte Aufnahmeverhältnis berechnet und gleichmäßig aufgenommen haben, gibt es noch zwei Probleme, die bei einer gerippten Knopfleiste auftreten können. Ich nenne sie die Welle und die Rolle. Korrigieren wir beide.

DIE WELLE

Mit der Welle ist der Bogen gemeint, in dem sich die gerippte Knopfleiste unten anhebt, was blöd aussieht. Das lässt sich jedoch leicht beheben, achten Sie einfach darauf, an der richtigen Stelle mit dem Maschenaufnehmen zu beginnen.

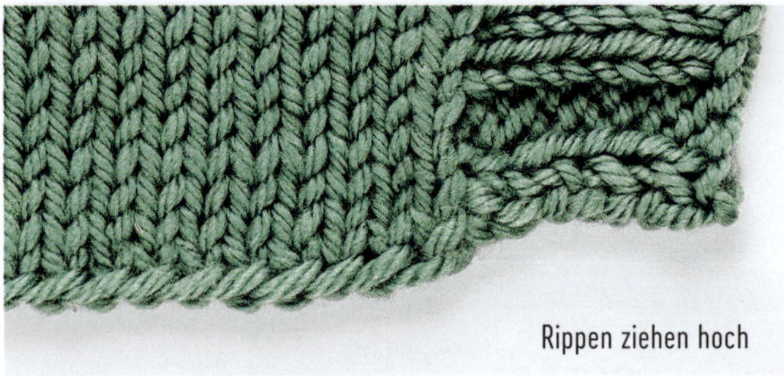

Rippen ziehen hoch

Jackenvorderkanten haben oft eine runde Ecke, sodass man nur schwer erkennt, wo man mit dem Aufnehmen anfangen soll. Man beginnt zwar scheinbar in der ersten Reihe – bloß ist sie es nicht.

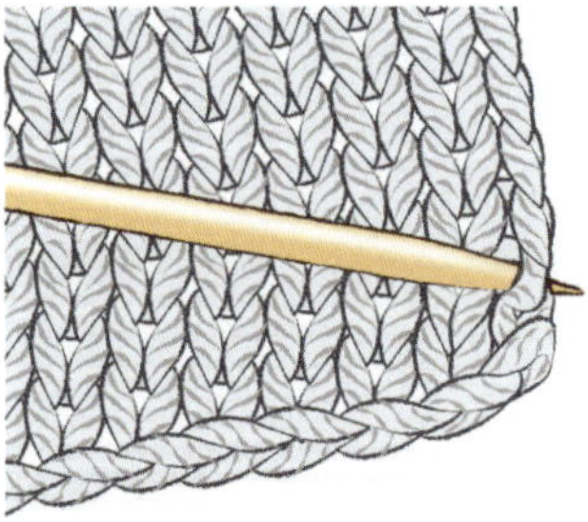

Nicht zu hoch mit dem Aufnehmen beginnen

Wenn man die Kante etwas nach unten zieht und mit der Nadel einsticht, findet man eine tiefere Stelle, direkt über dem Anschlag, und zwar dieselbe, an der wir die Achterverbindung nähen.

Dadurch verschwindet die unförmige Welle

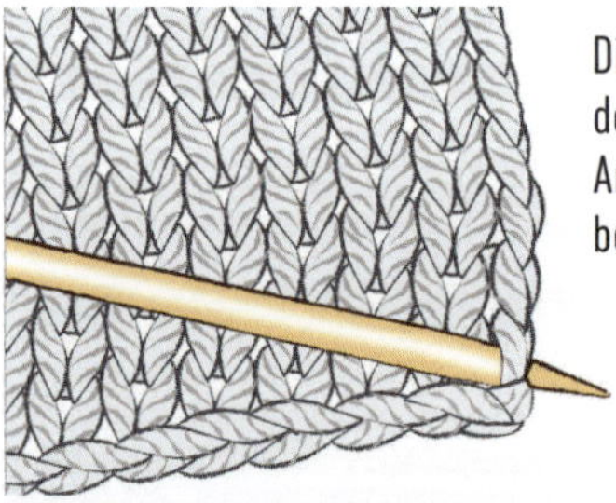

Direkt über dem Anschlag beginnen

DIE ROLLE

Mit der Rolle ist gemeint, dass die Unterkante der Knopfleiste sich nach hinten einrollen kann. Dadurch sehen die 2-Maschen-rechts-, 2-Maschen-links-Rippen aus, als begännen sie mit einer abgehobenen rechten Masche.

Glatt rechts Gestricktes rollt sich immer ein. Wenn die Knopfleiste mit einer rechten Masche beginnt, rollt sie sich nach hinten. Daher sieht bei zwei rechts, zwei links, wie in der Anleitung angegeben, die Unterkante immer glatt rechts aus und will sich einrollen. Zum Glück kann man das supereinfach verhindern.

Nehmen Sie eine Masche zusätzlich zu der angegebenen Maschenzahl auf. Wenn es 1 x 1 Rippen sind und die aufzunehmende Maschenzahl daher teilbar durch 2 + 1 (damit man mit einer rechten Masche beginnt und endet), nehmen Sie stattdessen eine Maschenzahl teilbar durch 2 auf, damit an der Unterkante 2 rechte Maschen sind. Bei 2 x 2 Rippen, teilbar durch 4 + 2, nimmt man 4 + 3 auf, damit unten 3 rechte Masche sind.

Hier eine Knopfleiste mit 2 Maschen rechts, 2 Maschen links, aber die Unterkante beginnt tatsächlich mit 3 rechten Maschen. Die unterste Masche rollt sich natürlich ein, sodass es wie 2 Maschen rechts, 2 Maschen links aussieht.

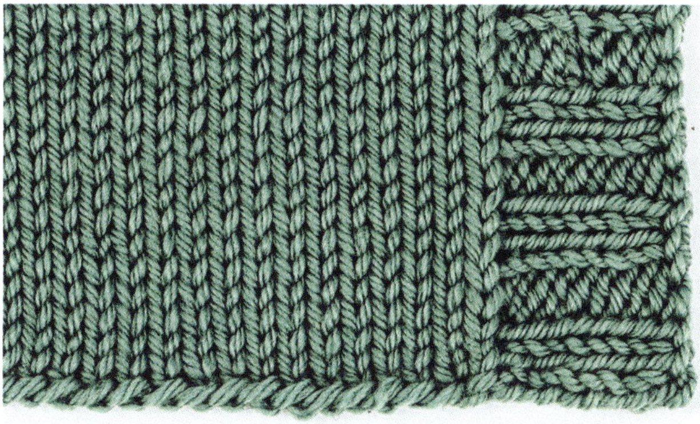

Perfekt aufgenommene Maschen

Mut zur Rolle! Wenn direkt über dem Anschlag mit einer Extramasche aufgenommen wird, wird die Unterkante perfekt.

V-AUSSCHNITT: UM DIE ECKE

Dann gibt es noch ein ganz spezielles Problem zu lösen, nämlich die Ecke an einem V-Ausschnitt. Beim Aufnehmen für eine Knopfleiste an einem V-Ausschnitt verläuft die Leiste zuerst gerade, dann muss sie um die Kurve, die durch den V-Ausschnitt entsteht. Oft verzieht sich das Gestrick an dieser Stelle.

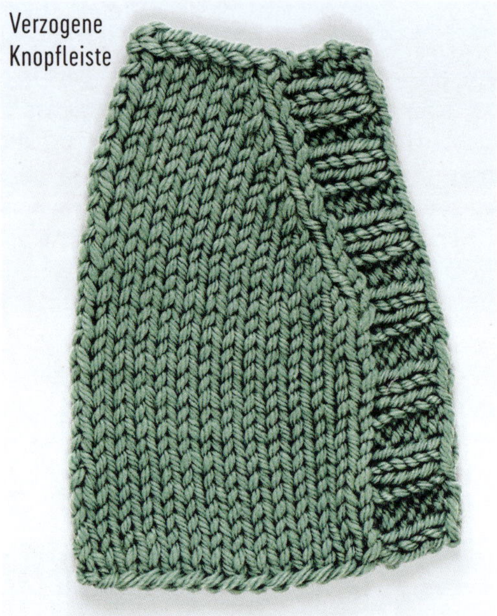

Bei diesem Trick klauen wir wieder mal vom Häkeln, sodass wir mehr Maschen haben, um die Ecke zu formen. Wir ergänzen die aufgenommenen Maschen um zwei Umschläge. Denken Sie daran, diese beiden Umschläge als Maschen mitzuzählen, wenn Sie die aufgenommenen Maschen zählen.

1. Die Ecke des V-Ausschnitts markieren, an der Stelle zwischen der Randmasche und der benachbarten. Laut dem errechneten Verhältnis bis zur Markierung Maschen aufnehmen.

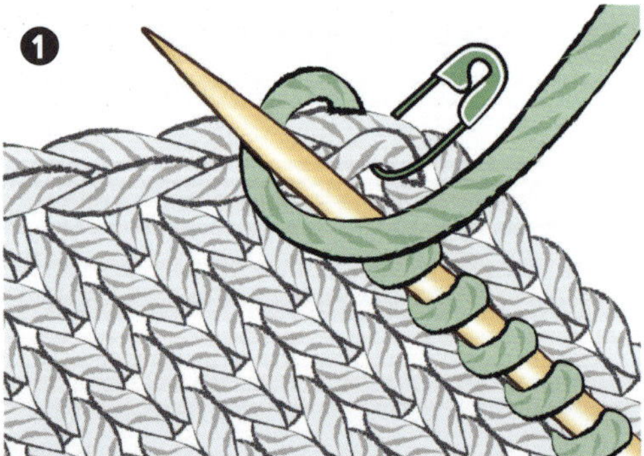

2. Jetzt wird beidseitig dieser Ecke je eine Masche zugenommen. Machen Sie einen Umschlag und nehmen eine Masche aus der Eckmasche (die markierte) auf. Dann noch ein Umschlag und bis zum Ende aufnehmen.

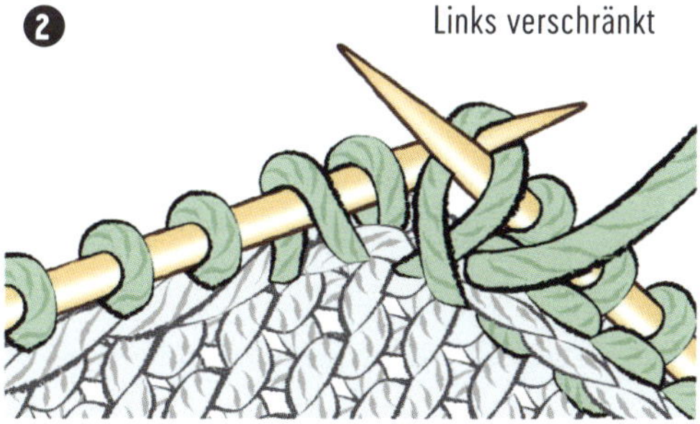

3. In der nächsten Reihe im Muster stricken und die Umschläge links oder rechts verschränkt abstricken.

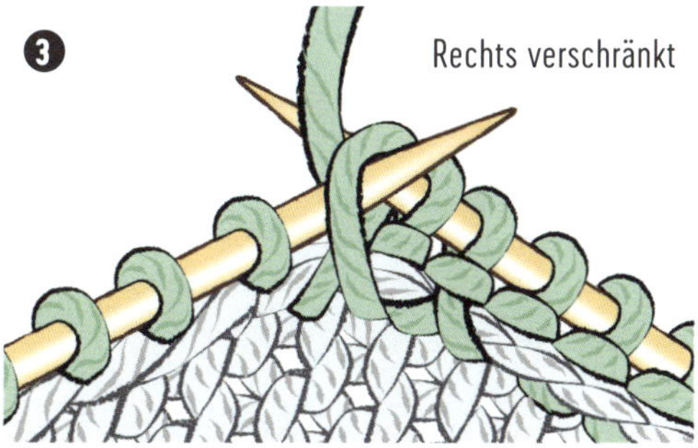

Bitte schön, perfekt aufgenommene Maschen rund um die Ecke.

2 Umschläge

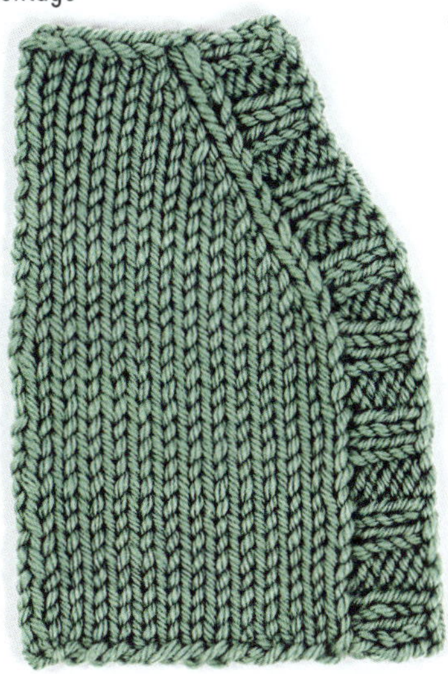

Das absolut beste Knopfloch

Am häufigsten wird ein Knopfloch über zwei Reihen gestrickt. Scheint ganz simpel: In einer Reihe die gewünschte Maschenzahl fürs Knopfloch abketten, in der nächsten dieselbe Maschenzahl anschlagen. Ganz einfach, stimmt's? Was kann da schon schiefgehen?

Beim Halsausschnitt haben wir gesehen, welche Probleme beim Abketten mitten in einer Reihe entstehen. Beim Knopfloch ist es dasselbe: Da sind die Lücke und die Senke am Beginn des Abkettens und der Würgegriff am Ende. Dazu dann noch die Lücke beim Anschlag, und das ist das Resultat:

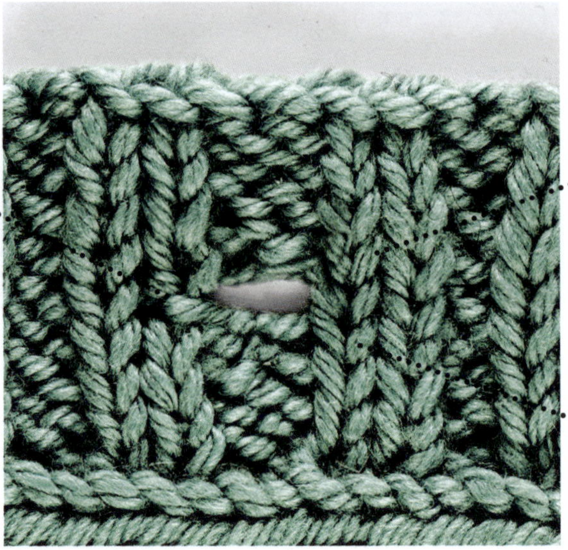

Auf zu einem besseren Knopfloch! Wenn es von rechten Maschen umgeben ist, wirkt es geradezu magisch. Probieren Sie z. B. ein 3-maschiges Knopfloch in 1 M rechts, 1 M links Rippen, ein 2-maschiges sieht großartig aus bei 2 M rechts, 2 M links.

Wie beim perfekten Halsausschnitt verbinden wir die Maschen am Beginn des Abkettens mit einer Zunahme und ersetzen das Ende des Abkettens mit einer Abnahme. Wir nutzen aber andere Zu- und Abnahmen als am Hals, damit das Knopfloch noch sauberer aussieht.

1. Bis zu einer Masche vor dem Knopfloch stricken, dann aus einer Masche zwei stricken (s. S. 122). Eine Masche zugenommen.

2. Die nächste Masche links, dann die zugenommene darüberziehen. Das zählt noch nicht zum Abketten, da man nur die zugenommene Masche loswird.

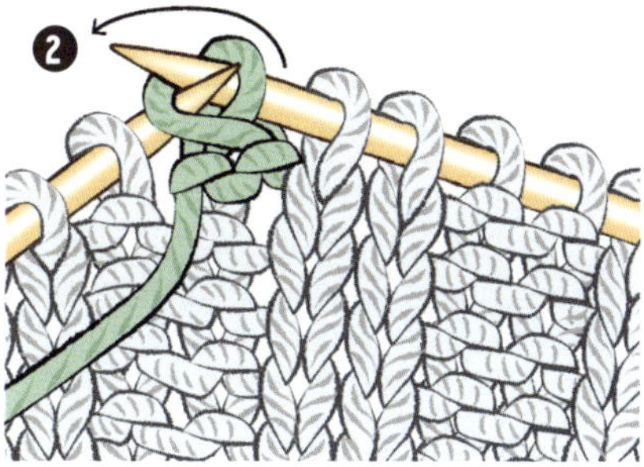

3. Jetzt beginnt das Abketten. Eine linke Masche ist schon gestrickt, die nächste links stricken und die erste darüberziehen. Eine Masche abgekettet.

4. Anstatt diese letzte Masche abzuketten, stricken Sie 2 M re zus. Die zuletzt gestrickte Masche von der rechten auf die linke Nadel heben und 2 M re zus.

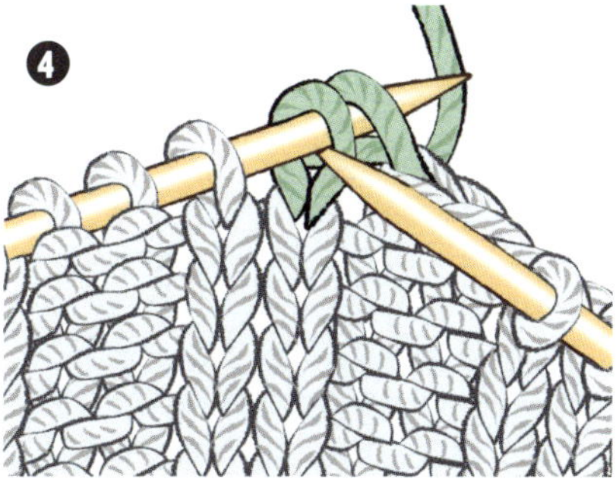

Schritte 1–4 für jedes Knopfloch wiederholen. Bis zum Reihenende stricken. Nun wird über den Knopflöchern angeschlagen. Jetzt wird Limonade aus den Zitronen!

5. In der nächsten Reihe (RückR) bis zur Lücke stricken, wo fürs Knopfloch abgekettet wurde. Eine Masche weniger, als abgekettet wurde, aufschlingen (s. S. 119). In diesem Beispiel wurden zwei abgekettet, also wird eine Masche aufgeschlungen. Die aufgeschlungene Masche am Arbeitsfaden festziehen.

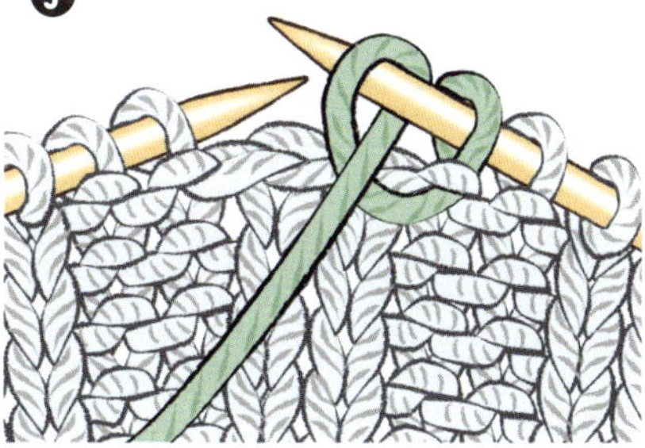

Im Muster bis zum nächsten Knopfloch stricken und Schritt 5 für jedes Knopfloch wiederholen. Die entscheidende Magie geschieht in der nächsten Reihe (HinR).

6. Bis zum Knopfloch stricken, wenn man die aufgeschlungene Masche erreicht, sind da eine riesige Lücke und ein langer Arbeitsfaden von der zuletzt gestrickten Masche zur aufgeschlungenen (das ist die Zitrone).

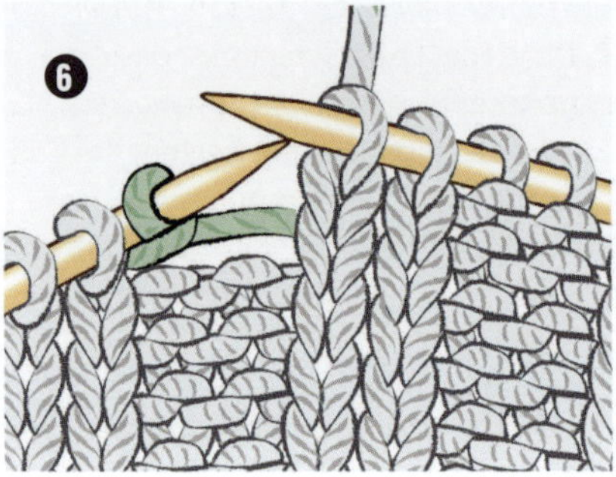

7. Nutzen Sie diesen Faden, um die zweite Masche aufzuschlingen (und schon wird es Limonade!). Heben Sie ihn mit den Fingern, einer Häkel- oder Ihrer Stricknadel an, verdrehen Sie ihn (wie zum Zunehmen aus dem Querfaden), um eine zweite Masche auf die Nadel zu schieben. Achten Sie darauf, in dieselbe Richtung zu drehen wie die erste aufgeschlungene Masche.

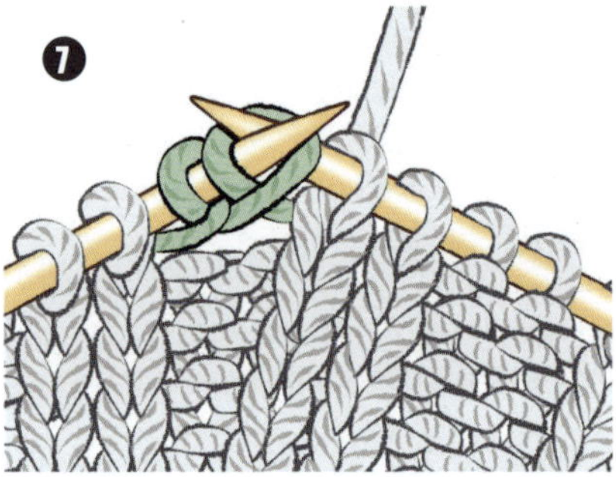

Im Muster bis zum nächsten Knopfloch stricken und Schritt 7 für jedes Knopfloch wiederholen.

Voilà! Das perfekte Knopfloch!

Tragen Sie diesen Cardigan voller Stolz offen!

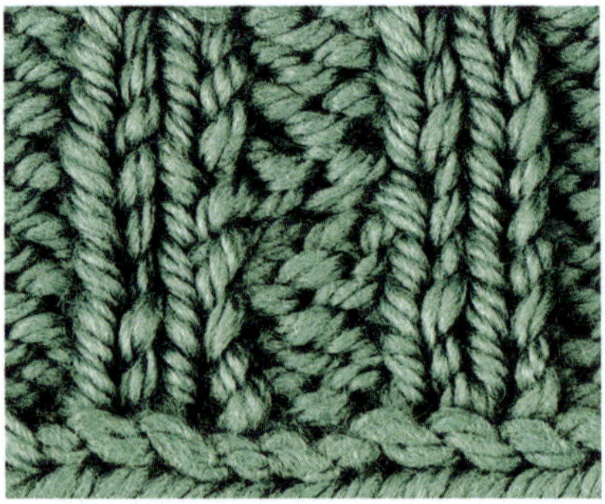

Perfektes Knopfloch

Einen Ärmel einsetzen

Es stimmt schon, am besten sitzt ein klassischer eingesetzter Ärmel. Aber es stimmt auch, dass kaum etwas Stricker:innen so schnell panisch werden lässt wie die Worte »die Ärmel einsetzen«. Kein Grund zu hyperventilieren. Atmen wir in eine Papiertüte und machen uns klar, dass es VIEL einfacher ist, als es aussieht.

Hier nun drei kleine Tricks, die Ihre Sicht aufs Einnähen verändern werden.

VON OBEN NACH UNTEN

Früher habe ich den Nähfaden immer am Knäuel gelassen. Ich musste also unterm Arm anfangen und rundherum bis zur anderen Seite arbeiten. Dabei ist es viel einfacher, von der Schulter nach unten zu nähen. Sollte man dann noch ein bisschen schummeln müssen, landet das unterm Arm. (Und solange Sie nicht Eva Perons Balkonszene aus Evita nachspielen, wird das niemand bemerken.)

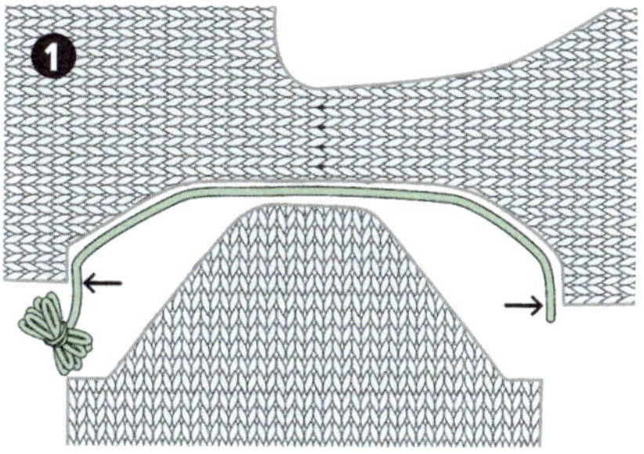

1. Wenn die Schultern geschlossen sind, misst man einen Faden ab, der vier Mal so lang wie das Armloch ist. Fädeln Sie ihn auf eine Stopfnadel.

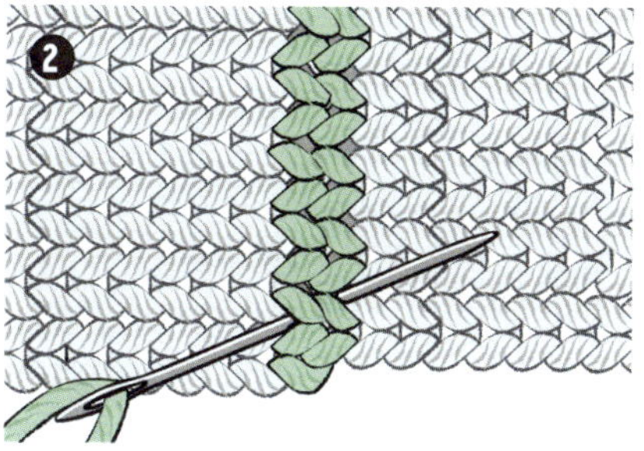

2. Den Faden zieht man ganz oben an der Schulter durch. Die rechte Seite oben, beginnt man an einer Seite der Schulternaht, sticht zwischen Rand- und benachbarter Masche ein und durch dieselbe Stelle an der anderen Seite der Schulternaht aus.

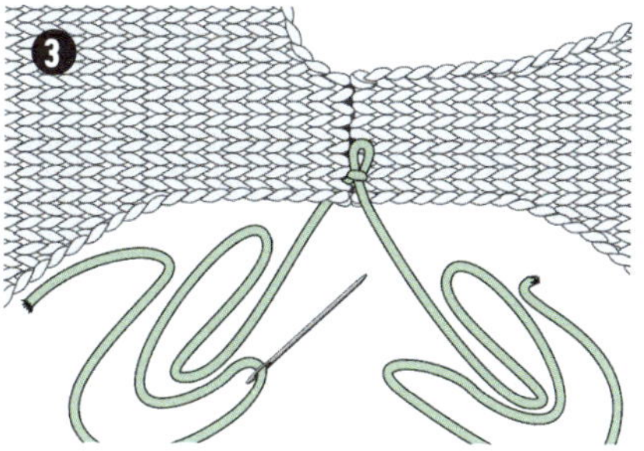

3. Jetzt wird der Faden durchgezogen, bis er auf beiden Seiten der Naht gleich lang ist. Machen Sie an einer Seite einen Knoten, damit er nicht durchflutscht. Jetzt haben Sie genug Faden, um beide Seiten zu nähen.

Da der Faden jetzt bereit ist, um eine Ärmelhälfte nach der anderen einzusetzen, lernen Sie jetzt den Nähtrick, der Ihr Leben ändern wird ...

EINHALTEN: RUND UM DIE KURVE

Das Armloch ist höher als die Armkugel, und wenn wir beides flach auf einem Tisch zusammennähen wollen, scheint nichts zu passen. Oft steht dann in der Anleitung »den Ärmel einhalten«. Ähm ... und wie bitte?

1. Zuerst die Armkugel im Armloch feststecken. Mit einem Markierer die obere Mitte der Armkugel markieren und oben an der Schulter feststecken. Dann die Abkettkanten aneinanderlegen. Das Ende der Abkettkante des Armlochs markieren und am Ende der letzten Abkettkante der Armkugel feststecken.

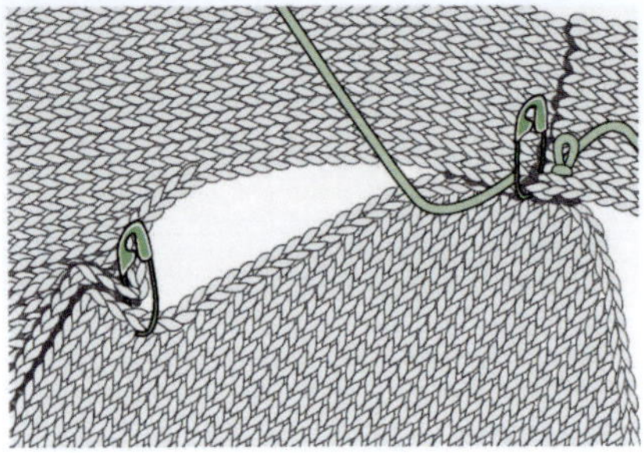

Die Armkugel ist natürlich so geformt, dass sie rund über der Schulter liegen soll, es ist also schwierig, sie flach auf dem Tisch einnähen zu wollen. Wenn wir die Armkugel ins Loch stecken wollen, scheint nichts zusammenzupassen.

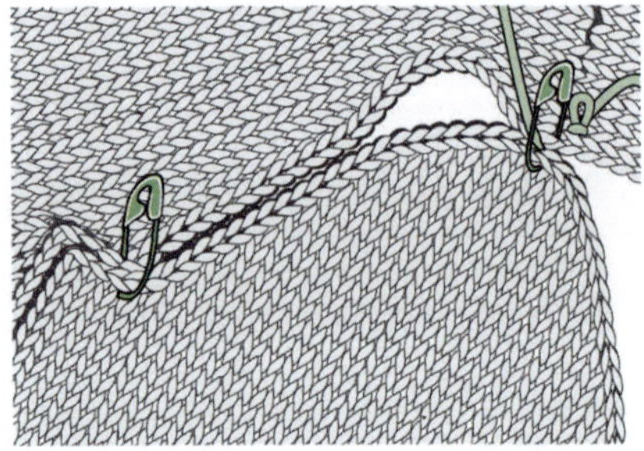

Heißen Sie Ihren neuen besten Freund willkommen: das Bügelkissen. Das ist ein fest gestopftes Kissen, das beim Bügeln benutzt wird, um gebogene Stücke an der Kleidung zu formen, aber wir nutzen es als Hilfe beim Zusammennähen.

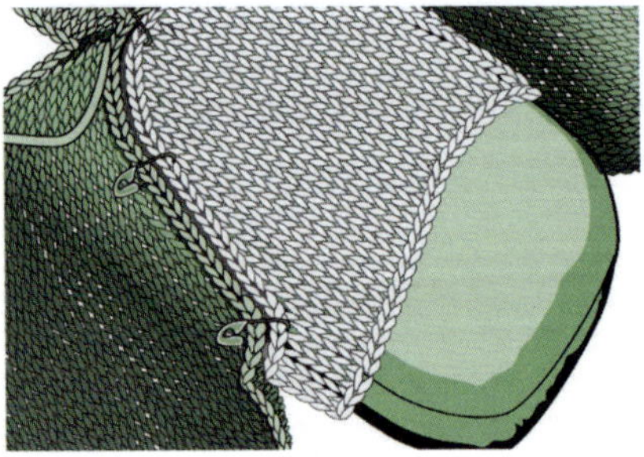

2. Ein Bügelkissen ermöglicht es, um die Kurve zu nähen. Legen Sie die Armkugel auf das Kissen, es wird perfekt passen. Jetzt noch einen Markierer setzen. Die Armkugel nun auf halber Strecke zwischen der Schulter und der Abkettmarkierung feststecken.

GLEICHMÄSSIG: EINE FÜR DICH, ZWEI FÜR MICH

Jetzt geht es an den letzten Schritt vor dem perfekt eingesetzten Ärmel. Das Armloch hat mehr Reihen als die Armkugel, deswegen muss man beim traditionellen Leiterstich etwas schummeln.

1. Oben an der Kugel entlang und dann seitlich hinunter nähen. Aber nur bis Sie die seitliche Markierung erreicht haben.

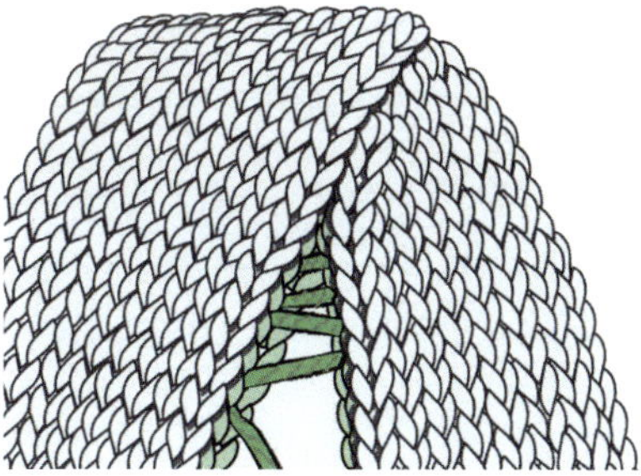

2. Zählen Sie nun alle Stellen, an denen man Kugel und Armloch zusammennähen kann, z. B. 15 freie Maschen an der Armkugel und 18 am Armloch. Das bedeutet, anstatt bis unten jeweils eine Masche an eine Masche zu nähen, näht man drei Mal in eine Masche an der Armkugel und in zwei am Armloch.

Wenn man unterm Arm ankommt, passt alles gleichmäßig zusammen. Das nenne ich exzellentes Ausarbeiten!

Worte der Weisheit

Wenn man nicht weiß, was man nicht stricken kann…

KANN MAN ALLES

STRICKEN!

Achtsam stricken

Geschafft! Wenn Sie bis hierhin gekommen sind, sind Sie entweder abenteuerlustig und haben begeistert gelernt, wie und warum Sie Ihr Stricken kontrollieren können, oder Sie gehören zu den Menschen, die immer zum letzten Kapitel springen, um zu sehen, wie das Buch endet. Ich gehe jetzt mal von Ersterem aus.

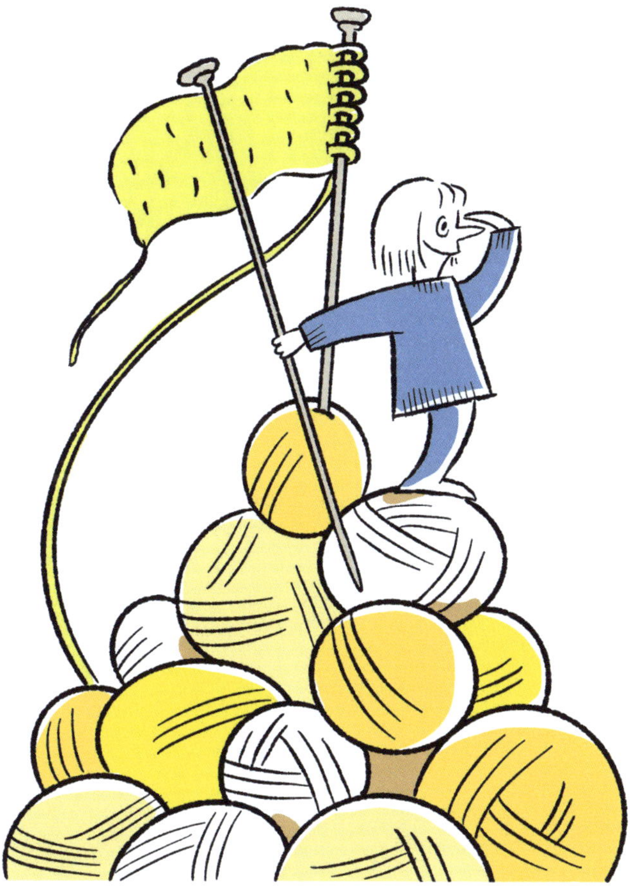

Was nun? In meinen Kursen ende ich immer mit meinen weisen Worten, hier sind sie ...

DIE MASCHEN LESEN

Die wertvollste Fähigkeit ist, Ihre Maschen lesen zu können. Üben Sie es.

Zu Beginn habe ich mich auf die Probe gestellt. Ich stoppte bewusst mitten in der Reihe eines Spitzenmusters und legte es beiseite. Am nächsten Tag versuchte ich dann herauszufinden, in welcher Musterreihe ich war. Nur so viel: Ich habe VIEL aufgezogen, und ich wurde richtig gut darin, meine Maschen zu lesen.

Der erste Schritt zum achtsamen Stricken ist das Erkennen. Der nächste Schritt ist die Analyse.

VERSTEHEN, WIE ETWAS AUFGEBAUT IST

Mein Bruder renoviert Häuser und meinte mal: Man kann nichts reparieren, wenn man nicht weiß, wie es gebaut wurde.

Ich habe doch von der Spitze erzählt, die ich immer wieder aufziehen musste? Das lag daran, dass ich beim Versuch, einen Fehler zu korrigieren, noch mehr Chaos angerichtet habe. Das klingt für einige sicher bekannt. Da Faulheit zu Erfindungen führt und ich weniger aufziehen und mehr stricken wollte, habe ich mir beigebracht, wie Maschen entstehen.
Schlagen Sie die Maschenprobe an und stricken Sie achtsam, sehen Sie, wo der Faden verläuft. Versuchen Sie zu verstehen, wo die Nadel landet und warum. Wenn Sie begriffen haben, wie eine Masche zustande kommt, können Sie sie korrigieren.

NICHT DENSELBEN FEHLER ZWEIMAL MACHEN: ANDERE FEHLER MACHEN!

Richtig, machen Sie absichtlich Fehler. Das mächtigste Gefühl ist, die eigenen Fehler korrigieren zu können. Anstatt darauf zu warten, dass es bei Ihrem Kaschmirpulli nötig wird, machen Sie es jetzt.

Wenn Ihr achtsames Probestück fertig ist, ruinieren Sie es. Korrigieren Sie eine Abnahme oder verschieben Sie eine Zunahme. Wenn Sie einen Teil eines Zopfmusters fallen lassen und reparieren können, fühlen Sie sich wie ein:e Superheld:in.

DAS WARUM ZÄHLT

Haben Sie schon mal eine neue Technik gelernt, wie Patent oder Magic Loop oder den italienischen Anschlag, sie während des Projekts beherrscht, aber als sie diese später noch mal anwenden wollten, mussten Sie erneut nachlesen, wie's geht? Ich auch. Ich habe ewig gebraucht, um Patent zu lernen, weil ich es eigentlich nicht gelernt habe, sondern nur nachgemacht.
Auswendig Gelerntes kann man vergessen, aber was man wirklich begriffen hat, vergisst man nie.

SOUVERÄNITÄT BEIM STRICKEN

All das führt zu diesem unglaublichen Gefühl, nämlich der Souveränität beim Stricken. Sie folgen nicht bloß Anweisungen, Sie treffen Entscheidungen. Sie machen nicht nur Videoanleitungen nach, Sie begreifen. Und, am wichtigsten, hinterfragen Sie ALLES.

Das wichtigste Wort beim Stricken ist WARUM. Lassen Sie sich immer vom Warum zum Wie führen.

Und wenn Sie das nächste Mal jemand bittet zu erklären, wie etwas gemacht wird, dann lächeln Sie und sagen: »Ich zeige dir, warum es gemacht wird, dann weißt du auch, wie.«

TECHNIK

Anschläge

Kreuzanschlag

1. Das Fadenende über die Nadelspitze nach vorn legen. Mit der rechten Hand Nadel und Faden halten, das Fadenende von vorn nach hinten um den Daumen legen. Den Arbeitsfaden über den linken Zeigefinger führen und in der Handinnenfläche festhalten (A).

2. Die Nadel nach oben in die Schlaufe am Daumen einstechen. Dann den Arbeitsfaden für eine neue Masche durch die Schlaufe ziehen (B).

3. Den Daumen aus der Schlaufe und die Masche anziehen. So bis zur gewünschten Maschenzahl wiederholen (C).

Aufstricken

1. 2 Maschen im Kreuzanschlag anschlagen, die Nadel dazwischen einstechen (D).

2. * Den Faden wie zum rechts Stricken holen und für eine neue Masche durchziehen.

3. Die neue M wie gezeigt auf die linke Nadel heben. Ab * wiederholen, immer zwischen den letzten beiden Maschen der linken Nadel einstechen (E).

Aufschlingen

Mit der linken Hand eine Schlinge in den Faden machen, halb nach rechts drehen und auf die Nadel heben, dann anziehen. Bis zur gewünschten Maschenzahl wiederholen (F).

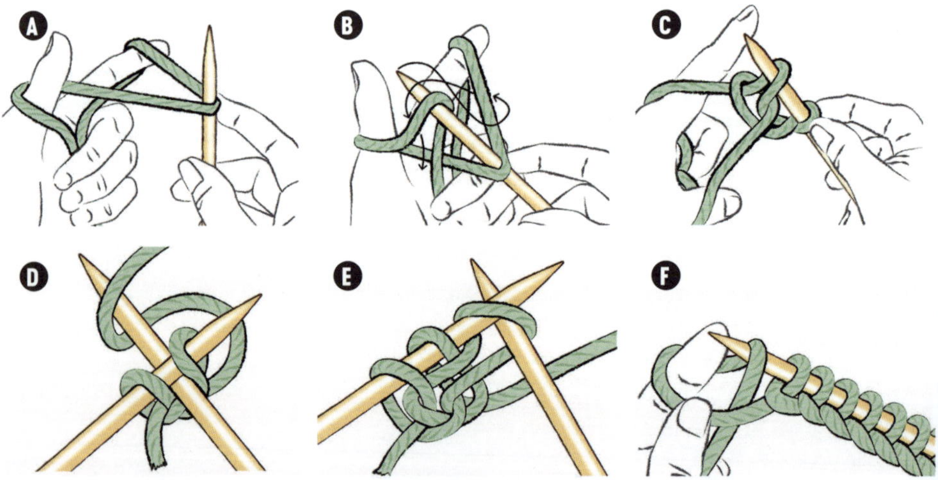

Zunahmen

Aus 1 M 2 M str

1. Eine Masche rechts stricken und auf der Nadel lassen (G).

2. Dieselbe Maschen verschränkt abstricken (H).

3. Beide von der Nadel heben.

1 M links neigend zun (M1L)

1. Von vorn in den Querfaden zwischen den Maschen einstechen (I).

2. Den Faden rechts verschränkt stricken (J).

1 M rechts neigend zun (M1R)

1. Von hinten in den Querfaden zwischen den Maschen einstechen (K).

2. Den Faden rechts stricken (L).

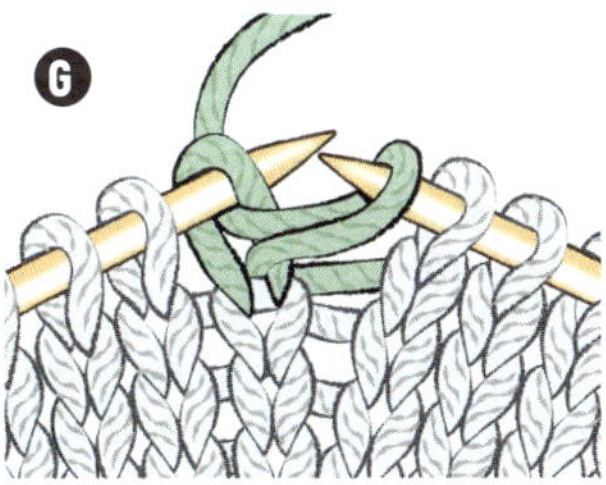

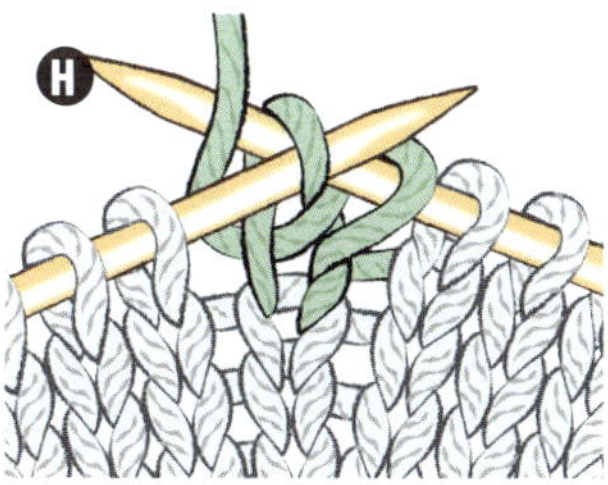

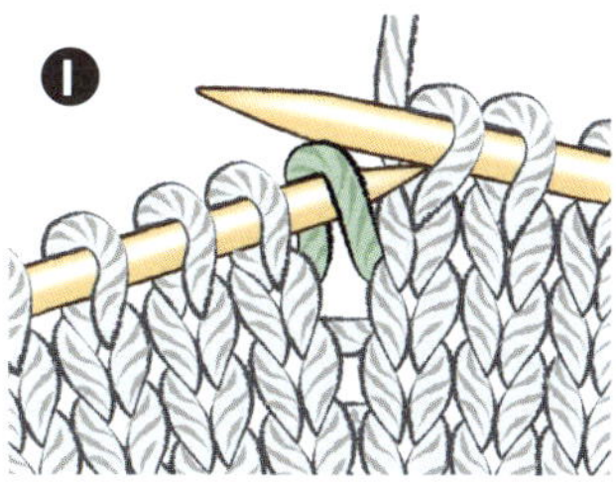

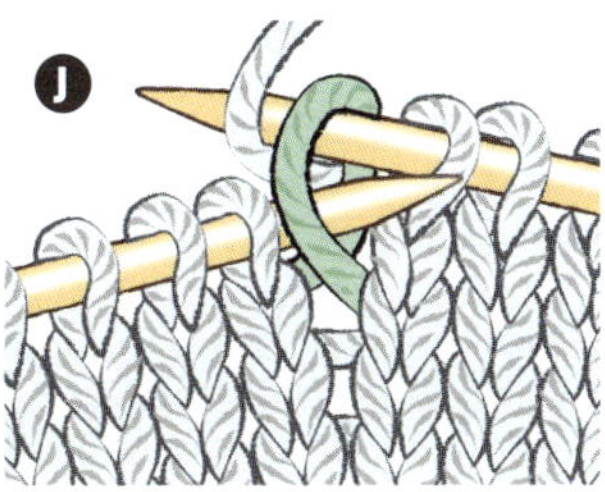

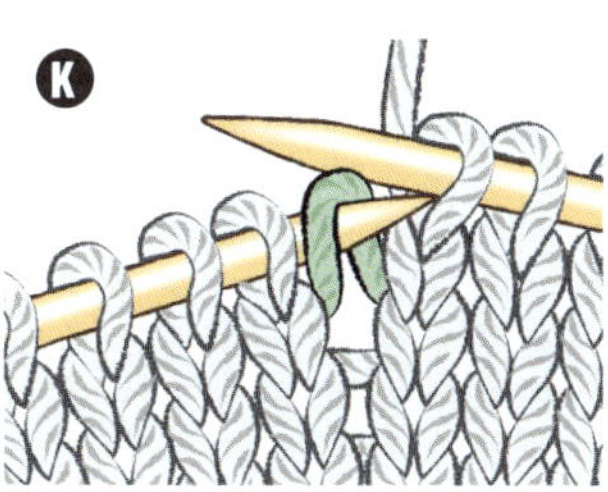

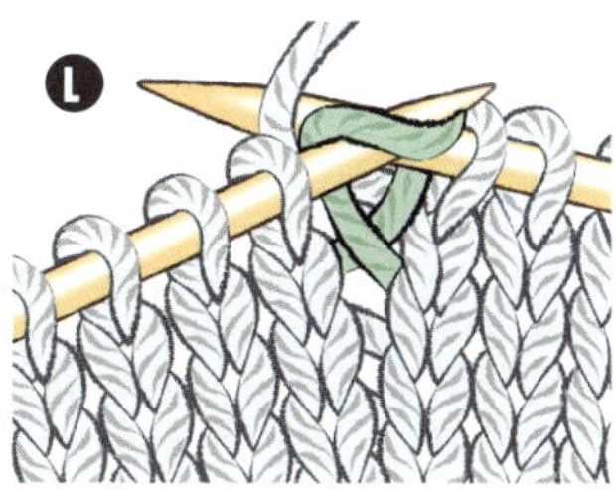

Verkürzte Reihen

MIT DOPPELMASCHE (DM)

DM (Doppelmasche) nach dem Wenden in einer rechten Reihe

Bis zum Wendepunkt rechts stricken, wenden. Die nächste Masche wie zum links Stricken abheben. Den Faden über die rechte Nadel nach hinten ziehen, dabei werden die Maschenglieder unter der abgehobenen Masche auf die Nadel gezogen (sieht wie eine Doppelmasche aus). Den Faden zwischen den Nadeln zum links Stricken nach vorn bringen.

DM (Doppelmasche) nach dem Wenden in einer linken Reihe

Bis zum Wendepunkt rechts, wenden. Den Faden zwischen den Nadeln nach vorn bringen. Die nächste Masche wie zum links Stricken abheben. Den Faden über die rechte Nadel nach hinten ziehen, dabei werden die Maschenglieder unter der abgehobenen Masche auf die Nadel gezogen (sieht wie eine Doppelmasche aus).

Die Doppelmasche verbergen

In Reihen: Bis zur Doppelmasche stricken, beide Glieder 2 rechts oder 2 links zusammenstricken.

MIT WICKELMASCHE

Die Masche wie zum links Stricken abheben. Den Faden zur anderen Seite der Arbeit führen (bei rechten Maschen nach vorn, bei linken nach hinten), die Masche wie zum links Stricken wieder auf die linke Nadel heben. Den Faden zurück auf die ursprüngliche Seite legen (bei rechten Maschen nach hinten, bei linken nach vorn). Die Arbeit wenden.

Die Wickel verbergen

Rechte Reihen: Die Nadel von unten nach oben und von vorn nach hinten in den Wickel und die Masche einstechen, dann beides rechts zusammenstricken.

Linke Reihen: Die Nadel von hinten einstechen, um den Wickel auf die linke Nadel zu heben, und mit der Masche zusammen links stricken.

Über die Autorin

PATTY LYONS ist eine bekannte Stricklehrerin und -technikexpertin, die in ganz Amerika unterrichtet und eigene Ferienkurse anbietet. Sie ist bekannt, weil sie das »Warum« unterrichtet, nicht nur das »Wie«, um achtsames Stricken zu lehren. Ihre beliebten Kurse gibt es auch auf DVD und online auf ihrer Website education.pattylyons.com.

Pattys Designs und Artikel wurden in Vogue Knitting, Interweave Knits, Knit Purl, Knitter's Magazine, Cast On, Knit Style, Creative Knitting, Twist Collective und Modern Daily Knitting veröffentlicht, dort schreibt sie eine monatliche Kolumne übers Stricken, »Ask Patty«.

Infos zu neuen Kursen und Anleitungen: pattylyons.com

Machen Sie mit: https://www.facebook.com/pattylyonsknitting/

Noch mehr Stricker:innen: https://www.ravelry.com/groups/the-patty-lyons-fan-club

Posten Sie Ihre Fotos: http://www.instagram.com/pattyjlyons (#pattylyonsbagoftricks)

Danksagung

Dieses Buch würde nicht existieren ohne die Inspiration durch Elizabeth Zimmermann und Meg Swansen, die Generationen von Stricker:innen ermutigt haben, alles auf ihren eigenen Nadeln herauszufinden. Ich möchte dem gesamten Team von David and Charles danken: Sarah Callard, die angefragt und kein Nein akzeptiert hat, und Jeni Chown und Anna Wade, die das Buch haben wahr werden lassen. Danke Linda Schmidt für ihre unglaublichen technischen Illustrationen und Franklin Habit für seine großartigen NICHT-technischen Illustrationen. Danke den wunderbaren Leuten bei WEBS, Steve und Kathy Elkins, für all die Wolle im Buch. Danke an Pam Lefkowitz fürs Anschlagen und Austesten von jedem Trick des Buchs, damit sie auch wirklich funktionieren. Danke den Besten im Business, Melissa Leapman, Zontee Hou und Trisha Malcolm, für all ihre Unterstützung und Ratschläge. Danke meiner Familie und Brooke und Michelle, weil sie immer an mich geglaubt haben. Danke der umwerfenden Cat Bordhi und Lucy Neatby, durch deren frühe Ermunterung ich dachte, ich habe was zu sagen. Und schließlich einen großen Dank an meine liebe Freundin und tolle Lektorin Carol Sulcoski, weil sie mich zu einer besseren Autorin gemacht und mich nicht aufgegeben hat.

REGISTER

Liebe Leser:innen,

wir freuen uns, dass wir Sie mit diesem Buch inspirieren und Teil Ihrer kreativen Reise sein dürfen. Noch mehr Inspiration, originelle Ideen und besondere Themen finden Sie auf unserer Verlagsseite www.stiebner.com.

Lassen Sie uns zusammen kreativ werden!

Wir sind immer offen für Ihre Anregungen, Wünsche und Kritik – schreiben Sie uns gerne unter verlag@stiebner.com.
Da geteilte Freude bekanntlich doppelte Freude ist: Zeigen Sie uns Ihre kreativen Ideen und fertigen Projekte auf Social Media! Markieren Sie uns mit @stiebnerverlag oder nutzen Sie die folgenden Hashtags:
#PattyLyonsWundertüte #PattyLyonsStricktricks #StiebnerKreativ

Erstmals erschienen unter dem Titel »Patty Lyons' Knitting Bag of Tricks« bei David and Charles, Ltd

4. Auflage 2026

Lothstraße 4, 80335 München | E-Mail: verlag@stiebner.com
Text: Patty Lyons
Fotografie: Jason Jenkins
Illustration: Franklin Habit, Linda Schmidt
Übersetzung aus dem Englischen: Christine Heinzius
Covergestaltung: Danai Afrati
Buchdesign: Anna Wade, Ali Stark
Projektleitung und Lektorat: Stefanie Klapetek
Druck: Balto print, Litauen

MIX
Papier | Fördert gute Waldnutzung
FSC® C107574

ISBN 978-3-8307-2152-9

Bibliografische Information der Deutschen Nationalbibliothek:
Die Deutsche Nationalbibliothek verzeichnet diese Publikation in der Deutschen Nationalbibliografie; detaillierte bibliografische Daten sind im Internet über http://dnb.dnb.de abrufbar.

www.stiebner.com